▶ MTI翻硕书课包系列

MTI 翻硕书课包

3周搞定翻译技巧

讲解册　乔迪 ◎ 编著

北京理工大学出版社
BEIJING INSTITUTE OF TECHNOLOGY PRESS

版权专有　侵权必究

图书在版编目（CIP）数据

MTI 翻硕书课包：3 周搞定翻译技巧. 讲解册 / 乔迪编著. -- 北京：北京理工大学出版社，2023.6
ISBN 978 - 7 - 5763 - 2406 - 8

Ⅰ. ① M… Ⅱ. ①乔… Ⅲ. ①英语 - 翻译 Ⅳ. ① H315.9

中国国家版本馆 CIP 数据核字（2023）第 093219 号

出版发行 /	北京理工大学出版社有限责任公司
社　　址 /	北京市海淀区中关村南大街 5 号
邮　　编 /	100081
电　　话 /	（010）68914775（总编室）
	（010）82562903（教材售后服务热线）
	（010）68944723（其他图书服务热线）
网　　址 /	http://www.bitpress.com.cn
经　　销 /	全国各地新华书店
印　　刷 /	三河市良远印务有限公司
开　　本 /	787 毫米 × 1092 毫米　1/16
印　　张 /	12.5
字　　数 /	312 千字
版　　次 /	2023 年 6 月第 1 版　2023 年 6 月第 1 次印刷
定　　价 /	56.80 元（全 2 册）

责任编辑 / 武丽娟
文案编辑 / 武丽娟
责任校对 / 刘亚男
责任印制 / 李志强

图书出现印装质量问题，请拨打售后服务热线，本社负责调换

前　言

编辑老师让我写个前言，其实我也不知道怎么写。不会就得学，于是我便去学习了很多"前言"，归纳总结了一番，坐在电脑前准备大干一场。但写了几稿之后终于发现，我确实不太擅长写这种东西。写点鸡汤吧，煲汤的手艺不行；打点鸡血吧，我自己都不给自己打鸡血，勉强敲出来的几句更是"惨不忍睹"。但写着写着就突然福至心灵——为什么要看别人是怎么写的呢？这样便有了下面这些看起来没什么用，但确实很真心的话。

写这本书的缘由是我在疫情期间闲极无聊，开始在 B 站上更新视频，赏析张培基先生的《英译中国现代散文选》系列（现在也在龟速更新）。断断续续更新了几期之后，有编辑老师来私信我，说想合作出一本书。一开始我真的觉得，我"何德何能"能出一本书啊！但后来又觉得，自己学了这么多年，又从业这么久，讲了这么多课，译了这么多本书，如果能把自己积累下来的一些心得感受和自己看过的经典著作进行归纳总结，可能真的会对有志于走上翻译这条道路的后来者有点帮助。

我在刚开始学习翻译的时候，也曾质疑过所谓"翻译理论"的用途。当时疑惑，这些所谓的"翻译理论""翻译技巧"究竟有什么用？真正动笔翻译的时候谁能想起来这些理论技巧？但在学习和从业了这么久之后，我体会到"理论指导实践"并不是一句空话，之前觉得"假、大、空"的翻译理论和技巧真的能够指导翻译实践。其实，就算译者在翻译的过程中并未有意识地使用某些翻译技巧、应用某个翻译理论，这些技巧与理论也体现在译者的每一次选词、引申、调整和处理中，默默影响着译者在翻译过程中做出的每一个选择。这些理论技巧的作用就好像"世界观、人生观、价值观"，虽然看不见摸不着，却在我们站在人生岔路口时，真真切切地影响着我们的选择。

于是，我便觉得之前读过的著作、理论，之前从翻译实践中积累的经验心得确实值得被梳理、归纳和总结。因此，这本书就这样跟大家见面了。

这本书包含两册，分别为"讲解册"与"同步练"。"讲解册"分为三个部分，分别为"中英语言差异""英译汉""汉译英"。这三个部分在"同步练"中均配有思维导图，且除第一部分"中英语言差异"之外，第二部分"英译汉"和第三部分"汉译英"均配有习题，方便同学们在理解理论的同时进行实际操练，更好地内化书中讲到的理论技巧。同时，本书也配了视频课程，以期对同学们理解书中内容有所帮助。

这本书着重于理论技巧，因此如果是备考 MTI 的同学，可以选择在备考前期花上三周时间通读一遍，然后在后续的翻译练习过程中理解并内化相关技巧。理论其实不枯燥，某些理论虽然看起来特别像"正确的废话"，但请相信，它真的能指导翻译实践，只是需要我们大量练习，深入思考罢了。

这里，我就本书的学习给大家做了简要规划，整体学习周期为21天，正好三周。大家也可以依照自己的复习情况加以调整。

时间	学习内容
DAY 1~DAY 6	中英语言差异，每天一章，可结合同步练的思维导图，复盘内容
DAY 7~DAY 12	英译汉技巧，每天一章
DAY 13	结合同步练的思维导图和习题，复盘内容
DAY 14~DAY 20	汉译英技巧，每天一章
DAY 21	结合同步练的思维导图和习题，复盘内容

这样，三周即可完成本书内容的学习。但需要注意的是，学习了不等于学会了。对翻译技巧的深刻理解和融会贯通还需要不断进行大量翻译实践。同学们可以在后续的各类翻译练习与实践中多加思考，体会翻译理论和技巧的综合运用。

如前所述，这本书其实来源于我学习及从业十多年来的心得体会，而这些心得体会自然不是凭空而来的，都是站在"巨人的肩膀上"得来的，相当于我替大家看了很多书，这样同学们就可以省下宝贵的备考时间，不需要再去啃那么多本大部头的经典著作了。但如果大家有时间和精力，我自然还是建议大家自己去看看那些著作，比如余光中先生的《翻译乃大道》、刘宓庆先生的《文体与翻译》、张培基先生的《英汉翻译教程》、叶子南先生的《高级英汉翻译理论与实践》、北京大学丁林棚老师的《高级汉英翻译实务》、北京外国语大学庄绎传教授的《译海一粟：汉英翻译九百例》、北京外国语大学李长栓教授的《非文学翻译理论与实践》、厦门大学连淑能教授的《英汉对比研究》，等等。同时，书中的例句也都引自权威材料。英译汉的例句大多来自权威词典、小说、散文和各大外刊，以及我之前翻译过的相关书籍；汉译英的例句大多来自政府公文，如各类领导人讲话及白皮书等，当然也有从名家散文和小说中选取的单句。

这本书能从想法、总结、教案变成书，自然也不只有我自己的心得体会，本书的编辑团队厥功至伟。可以说，没有她们，就没有这本书。这里也衷心地感谢本书的策划马丹和编辑刘雪老师，以及北京时代云图图书有限责任公司和北京理工大学出版社所有为本书得以出版付出了努力的编辑老师们。

书中所有的例句和练习均配有译文，但这些译文并不是唯一答案。其实，翻译并没有唯一答案，所以本书中所有的译文都仅供大家参考。若书中的译文能对使用本书的各位有一点点启发，就是我作为作者的莫大幸事了。

接下来该写"免责声明"了，通常都是"由于作者才疏学浅，再加上时间有限……"之类的话。之前读书的时候看别的作者写前言，最后免不了要有这样一句。我当时看的时候颇不以为然，觉得"你都能出书了，还谈什么才疏学浅，时间有限"，但轮到自己动笔，才知作者情真。现在我只想感叹一句：写书真不如上课容易。

所以，这里我无比真切地写下这段话：

由于本人才疏学浅，再加上时间有限，书中内容难免会有疏漏，译文的选取及打磨上也难免有欠缺之处。若有错误或不当，不求读者谅解，敬请各位不吝指正。可在 B 站上搜索"Kelly 的小肚子"给我留言，这是我本人的账号，可以直接联系到我本人。

最后，感谢各位选择这本书，希望它能陪你走过备考的一段时光。文字的美浑然天成，但语言之间的转换过程艰难又曲折，然翻译的快乐恰在这方寸之间的辗转腾挪之中，像是荸荠芯儿里那一点点清甜，化在舌尖，余韵悠长。

所以，希望你也能同我一样，在墨香里感受那些抓耳挠腮之后的恍然乐趣，但如果暂时不能也没关系，哪怕只有一点点收获，过去的这些时光，便有了它们独特的意义。

再次感谢各位。

目 录

第一部分 中英语言差异

  第一章 形合与意合 ... 3
  第二章 物称与人称 ... 11
  第三章 静态与动态 ... 21
  第四章 前重心与后重心 ... 31
  第五章 替换与重复 ... 37
  第六章 长句与短句 ... 46

第二部分 英译汉

  第一章 词义的选择与引申 ... 53
  第二章 词类转译 ... 62
  第三章 增译与减译 ... 72
  第四章 重复与反面着笔 ... 84
  第五章 从句的处理 ... 93
  第六章 长句与润色 ... 104

第三部分 汉译英

  第一章 理解词义与增减译 ... 125
  第二章 分合句与选主谓 ... 134
  第三章 确定修饰成分 ... 147
  第四章 并列与主从 ... 156
  第五章 成语与修辞 ... 165
  第六章 长难句的处理 ... 173
  第七章 古文的翻译 ... 185

第一部分
中英语言差异

—

很多同学可能会说,我买书是来学翻译技巧的,你这本书刚开始不讲翻译技巧,反倒是先讲这些虚无缥缈的语言差异,这是为何呢?但请大家想一想,翻译这门学科为什么会存在呢?翻译,其实就是语言间的转换,而两种语言之所以需要转换,就是因为有所不同,而且还是很大的不同,导致说不同语言的人无法理解彼此,这才需要把一种语言译成另一种语言。而我们之所以会在中英语言转换中遇到各种各样的困难,其实就是因为中英语言间存在差异,也正是因为语言间有差异,才衍生出这样或那样的翻译技巧,以帮助译者在翻译的过程中,产出恰到好处的译文。

所以,恳请翻开本书的各位同学耐住性子,先把这部分读完。我知道大家着急,不过只要读了,就算没有细细读完也无所谓。等到大家飞速看完这一部分,进入翻译技巧的相关学习时,只要读过这一部分,有些印象,就会想起来那么一鳞半爪的信息,最终便体会到所有的翻译技巧其实都是用于解决语言差异的。

同时,中英语言间的差异多如牛毛,一点点细写,恐怕写上几百章也写不完。这一部分主要选取了翻译实践中的一些常见差异,来帮助大家理解中英两种语言。

第一章　形合与意合

　　形合（hypotaxis）与意合（parataxis）是王力先生在其《中国语法理论》一书中提出的两个概念。很多同学在学习翻译的过程中都听到过这样一句话：英文是形合的，而中文是意合的。但究竟什么是"形合"，怎样又才算"意合"呢？

　　所谓形合，可以简单理解成"以形式表达含义"。这里的"形式"可以指词缀变化，也可以指句间连接词（如连词）等连接手段，而以这种形式表达语法意义和逻辑关系的语言，就可以称之为形合的语言，例如英语。

　　所谓意合，则可以简单理解为"以意象表达含义"，句子并不需要通过语言形式手段连接，而是通过词语或分句就可表达语法意义和逻辑关系。这里的"意象"是认知语言学中的核心理论之一，简单来说，就是指大脑经过认知理解之后，客观事物投射在大脑中并经过加工之后的形象。比如中国古诗里的"乌鸦"，就是个很典型的意象，用来描述衰败荒凉之景。我们很熟悉的《天净沙·秋思》中有云："枯藤老树昏鸦，小桥流水人家。"这时，中文并不需要连接词或连接手段，也不需要词形变化，仅凭意象的堆叠便能描写出黄昏时分的萧瑟景象，这便是意合之妙。

　　其实，这些语言现象在两种语言中很常见，只不过同学们在学习语言的漫长时光里，可能未曾注意过语言本身所展示出的这些"特点"。这里，我选取了一些典型实例，来帮助大家理解。

一、词汇差异

　　首先来看中英两种语言在词汇方面的差异。受各种因素的影响，中英两种语言在词汇的构成和使用上均有不同。

1. 词汇构成与变化不同

　　英文中有三种常见的构词方式：转化、合成、派生。其中"派生词"十分常见，很多同学都会结合"词根、词缀"来背单词，这便是英文形合的体现之一。如：

reason	expect	understand
reason**able**	expect**ed**	understand**ing**
unreasonable	**un**expected	**mis**understanding

　　其中前缀大多改变词的含义，而后缀大多改变词的词性。例如前缀 dis-，表示"不……"，

extra- 表示"以外的，超过的"；后缀 -ibility 把原词改成名词词性，含义为"具备……性质"，-ible/-able 把原词改成形容词词性，含义为"能……的"。这些构词形式都有自己的含义，是英文形合的重要体现之一。

与此同时，英文中，词汇的不同变化也会代表不同含义，名词的复数和动词的时态变化便是其中最常见的两点，例如"两个苹果"，中文中的"苹果"没有任何变化，但英文中，apple 就要变成 apples；又比如"去过"，中文中表示"去"这个动作的字没有任何变化，而是用"过"来表示动作已经发生，但英文中的 go 就要变成 went，有时要结合时态变成 gone，这也是英文形合的重要体现之一。

中文的构词方式非常复杂，鉴于我们不是汉语言文学专业的学生，就不在此赘述。不过大体上讲，汉语中的词大多是通过"复合"这一方式而来的。例如，"山脚"这个词是由独立的名词"山"和独立的名词"脚"复合而成，构成一个新词，表达新的意象概念；再比如"手术刀"，也是由"手术"和"刀"两个名词合成一个新词，表达新的含义。

2．词汇使用习惯不同

中英两种语言在词汇的使用习惯上也有所不同，比较典型的便是介词的使用。

英文中介词使用频繁，常伴随名词或动词出现，起到连接句子的作用，而中文中，同样的含义可以不用介词，只用动词来表达。例如：

❶ Burning with curiosity, she ran across the field after it, and was just in time to see it pop down a large rabbit-hole under the hedge.

她好奇心切，跟着兔子跑过田野，刚好看见那兔子钻进篱笆下的一个大兔子洞里。

这句话里，英语中一共出现了六个介词，但译文中一个介词也没有，大多换成了动词。且译文的分句与分句之间并不需要连接手段，自然而然就连接在一起了。

同时，中文中，介词可以兼作谓语，例如：

❷ 他在读书。

He is reading.

这个句子的"在"兼作谓语，表示"读书"这个动作正在进行，汉语中有些介词可以兼作其他词类用，但英文中的介词无此用法。

除此之外，英语中还有一类中文中不存在的词，便是"冠词"。冠词的作用，在中文中是通过"数词 + 量词"来实现的，比如中文的"一本书"，英文为 a book，a 这个冠词本身便承担了"一"这个数词和"本"这个量词的作用。而同时，中文中如果提到"书"，一个字便足够了，但英文不行，非得分清楚到底是 a book、the book，还是 books。究其原因，大半是由于英文是形合的语言。

二、句法差异

除词汇之外，英汉两种语言的句子构成方式和规则也不尽相同。从语法角度上讲，以下三点比较典型。

1. 英文的句子成分相对固定，中文的句子成分相对灵活

英语的形合要求英语句子必须符合一定规范。在书面语中，一个正常的句子里必须存在主谓结构，如果句子里没有谓语，那么就不能成为一个句子。例如：

❸ I don't like him.

　　我讨厌他。

❹ Can I sit next to you?

　　我可以坐在你旁边吗？

❺ He who laughs last laughs best.

　　笑到最后，笑得最好。

❻ Get a livelihood, and then practise virtue.

　　先谋生而后修身。（钱钟书译）

在以上几个英文句子中，无论是简单句还是复杂句，陈述句还是疑问句，每个句子都有自己的谓语，句子的语法结构比较固定。英语中也要求每个句子都应有一个主语，没有主语就是省略（如例6），中文中却不一定。在中文中，如果主语"显而易见"，则很容易省略，并不需要外显在句子之中，这也造成中文有很多无主句，如上例5、例6的译文，都省略了泛称主语"……的人"或"人们"。

正如王力先生所言，"西洋语言是法治的，中国语言是人治的。法治的不管主语用得着用不着，总要呆板地求句子形式的一律；人治的用得着就用，用不着就不用，只要能使对话人听得懂说话人的意思，就算了"。[1]

2. 英文要求主谓一致，中文不作要求

英语的形合要求英语句子必须符合一定规范，主谓一致也是其中很重要的一条。例如大家都很熟悉的"第三人称单数"形式的使用，便是主谓一致很重要的体现之一，如：

❼ She wants to have many toys.

　　她想要很多玩具。

❽ Someone has parked the car in the street.

　　有人把车停在了路上。

---

1. 王力：《王力文集·第一卷 中国语法理论》，山东，山东教育出版社，1984：53页。

例 7 中，主语是 She，在一般现在时态中，谓语动词要求变成其"第三人称单数"形式。而例 8 的主语 Someone 是不定代词，作主语时对谓语动词有同样的要求。

主谓一致困扰很多同学的另一点，大多体现在主语与谓语在"数"的一致上，例如：

❾ **Traffic police are** always very busy.

交警总是很忙。（复数名词作主语，谓语动词要求使用复数）

❿ **Twenty years is** a long time.

二十年是一段很长的时间。（表示时间的复数名词作主语，谓语动词用第三人称单数形式）

⓫ **The number of people** who travel by plane in China today **is** larger than ever before.

中国如今乘飞机旅行的游客数量比以往任何时候都多。（"the number of + n."作主语，谓语动词用单数）

英文是形合的语言，语言形式可以表达含义，所以要求谓语动词的人称和数与主语保持一致，但中文并没有这种要求。中文的主语几乎可以由充当任何句子成分的词来充当，究其原因，可能是因为中文中的"主语"并不像英文中的"主语"一样，起到统领全句的作用，而是大多充当某个"话题"，其他分句或成分用来对其加以阐述。这一点会在该部分第四章"前重心与后重心"中加以详述。

3．英文强调时态语态变化，中文不作特殊强调

英文对谓语的要求真的很高，除了要求谓语与主语的人称和数保持一致，时态的变化也要通过谓语动词的不同形式来体现，例如：

⓬ We **were discussing** the plan at this time yesterday.

昨天这个时候我们正在讨论这个计划。

⓭ My parents **have been married** for twenty years.

我父母结婚 20 年了。

⓮ He **had been ill** for a week when he went to see the doctor.

他去看医生时，已经病了一个星期了。

在以上几个句子中，英文中每个句子的谓语都根据时间状语作了不同变化，以体现不同时态；而中文的动词"讨论""结婚""病"并没有在字形上发生任何变化，而是通过添加"正在""了"这样的词汇来辅助表达时间含义，读者要读完整个句子，了解了句意后，才能知道这句话的动作究竟发生在什么时候，是什么状态。

除此之外，在语态的表示上，两种语言也不相同。英文中的语态是通过动词的形式变化体现的，而中文并不尽然。如：

⑮ The town was hit by bombs again last night.

这个镇子昨晚又一次遭到轰炸。

⑯ This kind of flower is called carnation.

这种花叫作康乃馨。

⑰ Basic human rights, including freedom of speech, are now guaranteed.

现在，包括言论自由在内的基本人权已得到保障。

在以上几个句子中，英文均使用了被动语态，动词形式发生了变化（动词原形变成过去分词），但中文中，均未使用"被"，而是选择使用其他字代替（如例 15 的"遭到"）或干脆省略（如例 16），或转成主动的形式（如例 17），这样更符合中文的表达习惯。实际上，相对于英文而言，中文中被动的使用更少，更多是用主动语态来描述事件，这点会在下一章"物称与人称"中进一步阐述。

三、语义连接手段差异

英语重形合，句与句之间往往会依靠各种语言形式连接，如连接词、介词等；但中文重意合，分句之间常依靠内部逻辑关系连接在一起，所谓"形散而神不散"，重复堆叠是比较常见的句意连接手段。例如：

⑱ When I am in a serious humour, I very often walk by myself in Westminster Abbey, where the gloominess of the place, and the use to which it is applied, with the solemnity of the building, and the condition of the people who lie in it, are apt to fill the mind with a kind of melancholy, or rather thoughtfulness, that is not disagreeable. (*Thoughts in Westminster Abbey* by Joseph Addison)

每逢心情沉郁之际，我总要独自一人去威斯敏斯特教堂走一走，那里氛围低沉郁抑，用途崇高神圣，建筑肃穆庄重，还有安息之人长眠于此，这一切无不使人陷入哀思，或不妨说令人沉思，却并未带来任何不快之感。（约瑟夫·艾迪生所著《西敏寺漫游》）

在这句话里，英文用了很多介词、连词来帮助构句，而这些介词和连词在英译汉的过程中，全部意合在句子内部了。英文造句基本离不开这些介词或连词，但中文很少用这些介词或连词，而更愿意使用意象的重复与堆叠来帮助构句，如：

⑲ 作为国际社会的重要一员，中国高举和平、发展、合作、共赢的旗帜，坚持维护世界和平、促进共同发展，坚持以合作促发展，以发展促人权，全面参与全球人权治理，努力推动世界人权事业发展进步。

As a key member of the international community, China raises high the banner of peace, development, cooperation, and mutual benefits, staunchly safeguarding world peace, promoting common development, and advancing development through cooperation while promoting human rights through development. It fully participates in global human rights governance, and works strenuously to advance the international cause of human rights.

汉译英时，中文原文的分句之间并没有连词，看起来分句与分句之间也没有主次之分，但英文译文不仅断了句，还通过划分主次结构、使用连词与介词等语义连接手段来帮助构建句子。[1]

正因英文常用介词、连词构建句子，所以经常会将逻辑语义显化在外，同理，显化在外的逻辑语义也要求英文使用逻辑连词；但中文相对少用逻辑连词，逻辑语义隐含在内。例如：

⑳ 她不老实，我不能信任她。=（因为）她不老实，（所以）我不能信任她。
   Because she is not honest, I can't trust her.
   I can't trust her, because she is not honest.

㉑ 很多人没有来，会议只好延期。=（因为）很多人没有来，（所以）会议只好延期。
   We had to put off the meeting since so many people were absent.
   As so many people were absent, we had to put off the meeting.

㉒ 人不犯我，我不犯人。= 人（若）不犯我，我（则）不犯人。
   We will not attack unless we are attacked.

在以上几个例子中，中文的逻辑语义并未通过"因为""所以""若"等逻辑连词显化在外，但读者依然能够通过语义读懂内在的逻辑联系，但如果英文中也将 because、since、as、unless 等逻辑连词删掉，那句子就无法表达确切含义。这便是英文形合，逻辑显化，而中文意合，逻辑内含之故。

四、语序差异

除语义连接手段之外，中英两种语言在语序上也有差异。在英语中，修饰性词语和从句的位置要比汉语灵活，而汉语的语序相对固定。

1. 定语位置差异

英语中的修饰性成分，如定语，既可以放在被修饰的名词前面，也可以放在被修饰词的后面，而中文的定语一般以"的"为标志，通常出现在被修饰词的前面，如：

㉓ a very fine performance
   一场十分精彩的演出

---

1. 中文长难句的英译需要较强的综合技能，这部分内容详见"汉译英：长难句的处理"部分。

㉔ The buildings around were badly damaged.

周围的楼房都被严重损坏了。

㉕ The books on the top shelf were just bought.

书架最上层的那些书是刚买的。

㉖ I know the boy who left just now.

我认识刚刚离开的那个男孩。

以上这些句子中，英文的定语短则前置，长则后置，而中文中只要不太长，都可以放在名词前作前置定语。中文中若有长定语，则更倾向于拆分成短句，如：

㉗ Expressionism is an art movement that produced a wealth of wonderful works of art, and the lives of the artists who created them were no less colorful and exciting.

表现主义是一场艺术运动，产生了大量优秀的艺术作品，创造这些作品的艺术家们的生活也精彩纷呈，毫不逊色。

㉘ To some extent, the situation in Japan can be explained by its continued struggles with the coronavirus, which have kept shoppers at home.

在某种程度上，日本出现这种情况是由于持续抗击新冠疫情，因为疫情让消费者无法出门。

㉙ Both tell the story of a man whose previously charmed path to success is suddenly interrupted, running into a catastrophe that will haunt him to his last breath.

这两人的人生轨迹并无二致：前半生一路辉煌，突然半路生乱，一头撞进弥天祸事之中，最终抱憾终身。

除此之外，英语中也会出现后置定语没有紧跟被修饰名词的情况，中间会插入状语或谓语等其他成分，这部分会在第三部分第三章中的"定语的处理"部分详细说明。

2．倒装与倒置

总的来说，英文的语序相对灵活，而中文的语序相对固定。因少有连接词，中文的语序从某种程度上来说，也可以体现逻辑语义，相比而言，英文中则常见倒装、倒置。

㉚ What on earth are you going to talk about?

你究竟想说点儿什么？（疑问倒装）

㉛ Come! You!

你！过来！（命令倒装）

㉜ Had it not been for your help, I would have gone bankrupt.

要不是你帮忙，我肯定破产了。（虚拟语气省略倒装）

㉝ Inexpressible was the astonishment of the two keepers when they returned the next morning to find that the leopard had disappeared.

这两个饲养员第二天早上回来，发现豹子不见了，惊得目瞪口呆。（平衡倒装）

㉞ **Such is** the elegance of this typeface that it is still a favourite of designers.

这种字体很优美，至今仍深受设计人员喜欢。（衔接倒装）

㉟ Not a finger **did I** lay on him.

我一根手指头都没碰过他。（否定倒装）

　　在英文中，这些倒装、倒置现象部分是由于语法的需要，部分是出于修辞的需要；而中文中除某些惯用句式之外，语序的改变大多会引起句法功能的改变，例如"这是一场十分精彩的演出""这场演出十分精彩"或"他喝了很多酒""酒，他喝了很多"，等等。英语中之所以能有如此灵活的倒装、倒置，与其丰富的形态变化和多种多样的连接词关系颇深。与之相比，汉语缺乏形态变化，少用或不用连接词，语序本身就能表达含义，因此语序相对固定。

　　其实，无论是中文还是英文，都既存在形合构句，也存在意合构句，但总的说来，英文更注重形合，多用词形变化、介词、连接词、从句等外显的语言手段来完成句子构建，最终形成"主谓搭架，枝叶上挂"的树形语言结构；而中文重意合，分句间少用连接手段，每个分句像竹子的竹节一般句句相连，构成"流水句"，最终形成"主题为先，意尽为界"的竹形语言结构。希望同学们在阅读英汉对照译本时能多加思考，体会"英文重形合，中文重意合"的语言特点。

第二章　物称与人称

物称与人称也是中英转换中值得我们注意的部分。在讲这两个概念之前，我们先来看个句子。

一看到那条河，我便想起我的故乡。

大家会怎么翻译这句话呢？会不会译成：

As soon as I see this river, I will think of my hometown.

The moment I see this river, I will think of my hometown.

可能大部分同学会这样译。当然这样也没有错，但总好像差了点"洋味"。如果我们把它改成这样：

The sight of this river always reminds me of my hometown.

这样看起来是不是就更有"洋味"了？可这是为什么呢？我们来比较一下：

一看到那条河，我便想起我的故乡。

As soon as I see this river, I will think of my hometown.

The moment I see this river, I will think of my hometown.

The sight of this river always reminds me of my hometown.

这几句话有什么区别？相信大家都能看出来，前两句的主语都是 I，而第三句的主语换成了 The sight，这就让第三句看起来更像英文，读起来更有"洋味"。而这实际上就是人称主语与物称主语带来的差异。

接下来，我们便来看看人称主语与物称主语的具体应用。

一、人称主语与物称主语

由于描述的出发点存在差异，同样含义的句子可以选用不同的句式进行表达，选用不同的主语就是其中的一种方式。根据描述出发点的不同，句子的主语可以分为"人称主语"（personal subject）和"物称主语"（impersonal subject）两种类型。所谓"人称主语"，就是指句子的主语是"人"；而所谓"物称主语"，是指句子的主语是"物"。以"人"为主语构成的句子可称为"人称主语句"，从"人"的角度出发，整体含义比较"主观"；而以"物"为主语的句子可称为"物称主语句"，从"物"的角度出发，整体含义相对"客观"。如：

❶ What has happened to you?

你怎么啦？

❷ **An idea** suddenly struck me.

我突然有了个主意。

（试比较：I suddenly thought of an idea.）

❸ **Not a sound** reached our ears.

我们什么都没听见。

（试比较：We didn't hear anything.）

以上例子虽然数量有限，但也可以从中看出，由于思维的不同，中英两种语言在选择主语时也会有所不同。中国人比较注重整体思维，这种思维在语言上也有所体现，中文往往从自我出发来描述客观事物，因而常用"人"作主语，表达"谁怎么样了"；而西方民族采用的是客体思维方式，强调"物我分离"，在语言上则表现为语言的客观严密，因而英文中，常用"物"作主语，强调"某事作用于某人"。

然而，并不是说中文只能用"人"作主语，而英文只能用"物"作主语。总体上讲，中文好用人称主语，而英文既可以用"人"作主语，也可以用"物"作主语，只是物称主语在英文中更常见。

二、英文中常用物称主语的情况

英语中用物称主语的情况大体可以分为两类，即无灵主语和被动语态。

1. 无灵主语

无灵主语，又称非人称主语或物称主语，指英语中将"非人称"名词放在主语位置，后接谓语的现象。例如本章开始的例子：The sight of this river always reminds me of my hometown. 这句话里的 The sight of this river 就是"没有灵魂"的"物"，用它来作主语，就可以被称为"无灵主语"。句子有了主语也得有谓语，不知道大家有没有注意到这句话的谓语是什么。是 reminds。按理说，reminds 这个动作是无法由 The sight 发出的，这样的动作只能由"人"发出，而类似这种用来表示人或动物特有的行为或动作的动词被称为"有灵动词"。

这种"无灵主语 + 有灵动词"的结构带有强烈的"拟人"或"拟物"色彩，会使语言变得更加生动、形象，也因为物称主语的使用使句子抽离了"人"的角度，从而变得相对客观。

英语中常见的无灵主语可以分为以下四种，分别是时间地点、抽象状态、动作事物和代词 it。接下来我们分别来看。

(1) 时间地点

首先是时间地点作主语，这种情况在英语中非常常见。例如：

❹ 去年发生了多起公共安全事件和重大生产安全事故。

Last year saw the occurrence of a number of public safety incidents and major workplace accidents.

这句话究竟是用"去年"作主语，还是用"事件和事故"作主语呢？主要得看谓语"发生"的主语到底是哪个。通过阅读我们会发现，应该是"事件和事故"发生，所以这句话如果按照正常思维，应该译成：A number of public safety incidents and major workplace accidents happened last year. 但这样就会导致主语过长，整个句子显得头重脚轻，所以可以采用"无灵主语"的方式，用"去年"这个时间作主语。

类似的句子还有很多，如：

❺ 过去40年来，人民居住条件显著改善。

The past 40 years have witnessed a remarkable improvement in housing conditions.

（试比较：Over the past 40 years, housing conditions of people have been remarkably improved.）

这句话也采用了时间作主语，在译文中用 The past 40 years 充当主语，译文整体显得紧凑简洁，又符合英文的表达习惯。除可以用时间作主语之外，还可以用地点来作主语，如：

❻ 西藏经济社会实现全面发展。

Tibet has witnessed all-round economic and social development.

（试比较：All-round economic and social development has been achieved in Tibet.）

这里，译文用 Tibet 作主语，有效避免了主语的冗杂，符合英文的表达习惯。

从以上几个例子中我们可以看出，句中有明确的时间或地点时，可以用时间或地点来作主语，这时谓语通常会用 see、witness、find 等动词。

（2）抽象状态

除时间地点之外，抽象概念和心理状态也常用来充当无灵主语。例如：

❼ **Anxiety** tore her into pieces.

她焦虑不安，快要崩溃了。

在这句话里，英文使用了 Anxiety 这个表示心理状态的词作主语，而中文直接用了原句中的人称主语"她"。如果中文写成"焦虑把她撕碎了"便有些不知所云，不符合中文的表达习惯，而如果将英文写成 She is so anxious and is about to break down. 便显得有些啰唆。

类似的句子还有：

❽ **Excitement** deprived me of all power of utterance.

我太兴奋了，什么话也说不出来。

❾ **Anger** choked his words.

他气得什么话也说不出来。

❿ **A wave of dizziness** swept over her all of a sudden.

她突然感到一阵眩晕。

在以上几个句子中，中文中均用了人称主语，但英文中均使用了抽象概念（例 10）或心理状态（例 8、例 9）来充当物称主语，符合各自的表达习惯。

（3）动作事物

与抽象概念和心理状态类似，客观的动作和事物也经常用来充当无灵主语，例如：

⓫ **The thick carpet** killed the sound of my footsteps.

我走在厚厚的地毯上，一点脚步声都没有。

⓬ **The sight of Harry Potter** always reminds me of my childhood.

一看到哈利·波特，我便想起了我的童年。

⓭ **The cancellation** of the seminar astonished and embarrassed him.

研讨会取消了，他既吃惊又不安。

从以上例子可以看出，在英语中，动作和事物也可以充当主语，比如例 11，中文用"我"来作主语统领句子，而英文换成了 The thick carpet，后面跟有灵动词 killed，整个句子生动了不少；例 12 和例 13 都是用带有动词含义的名词充当无灵主语，让叙述口吻变得客观中立。

（4）代词 it

最后一种常用来充当无灵主语的就是代词 it，它可以用来指代时间、距离、价值、天气、气候及温度，也可以用来构成强调句或充当形式主语，构成无灵主语句。例如：

⓮ 昨天下了一天的雨。

It rained all day yesterday.（It 指代天气）

⓯ 人总是在面临考验时，才发现自己的专长。

It is in the hour of trial that a man finds his true profession.（强调句）

⓰ 学英语很重要。

It is important to learn English.（It 作形式主语）

2. 被动语态

除无灵主语之外，被动带来的物称主语在英语中也不鲜见。可以说，正是由于英语中好用物称主语，才促成了其句式上多用被动，也正是由于被动句式的使用，促使英语中更多选用物称主语[1]。

那么，英语中，什么情况下会使用被动句式呢？咱们先来看看以下这几个句子。

---

[1]. 当然，英语中被动句的主语也可以是人，但无论是"人称被动句"还是"物称被动句"，都会让叙述变得"客观"，从而与物称主语一样，凸显语气上的客观中立。

⑰ When reports came to London Zoo that a wild puma had been spotted forty-five miles south of London, they were not taken seriously.

⑱ President Kennedy was assassinated in Dallas, Texas.

⑲ We were told you were going to deliver the goods today.

⑳ It must be admitted that a good deal of dissatisfaction is reflected in those reports.

以上这几个句子都为什么使用被动句式呢？

例 17 中，a wild puma 显然是在 45 英里外被看到的，但被谁看到的呢？并不重要，因为句子强调的是 puma 在哪里被看到，而不是被谁看到。这种无须指明施事者，或不知道施事者是谁的情况，经常使用被动语态。

例 18 中，肯尼迪总统遇刺，肯定要使用被动语态，因为肯尼迪不可能自己刺杀自己。但句中只强调了受事者（知道施事者是谁，但没说），这时也可以用被动语态。在这类句式中，一般会用 by 引出动作发出者，如：An English song will be taught by him on the gathering. 这里之所以用 An English song 作主语且使用被动，就是为了强调教的是"英文歌"，而不是什么其他事物，至于动作发出者，则由介词 by 引出放在了后面，或干脆省略。

例 19 中，We were told 使用了被动语态，表示"我们被告知"，至于是谁告知的，我们或许知道，但因为要照顾你的面子，或出于保密需要或其他需要，不想告诉你。类似这种由于某些原因不需要指出施事者，或者出于委婉表达的需要，也要使用被动语态。

例 20 中，It must be admitted that 本身已经固化为固定句式，类似这种由于句法需要而必须使用被动的情况，也十分常见。

以上便是英语中使用被动句式的常见情况，归纳起来分别是以下几点。

①无须指明施事者，或不知道施事者是谁

②强调受事者，可省略施事者，或用介词引出施事者

③由于特殊原因或出于委婉表达的需要，不需要指明施事者

④出于句法需要，通常为固定句式

这样的句子如何译成中文呢？以例 19 为例，可以译成"我们被告知……"吗？很显然不可以，这样的被动表达不符合中文的语言习惯。在中文中，被动语态的使用相对受限。中文里绝大部分及物动词更习惯以主动形态出现，不用于被动结构，同时，中文的被动句有"事施于人"的含义，总带有一些悲观或负面的色彩，比如"我被打了""他被骗了"，等等，很少出现"我们被告知""事情被做完"这样的句子。

以上几个句子应该如何译成中文呢？大家可以结合本章的相关内容先自己思考，容我卖个关子。在接下来的"英译汉中的处理策略"部分我将为你一一讲述。

三、翻译中的处理策略

1. 英译汉中的处理策略

结合"英文好物称，中文好人称"的语言特色，在英译汉的过程中，如果原文使用了无灵主语，可以尝试把无灵主语换成人称主语，如果原文使用了被动句式，我们可以尝试把被动句式换成主动句式。

（1）英文使用无灵主语

英文中若使用了无灵主语，英译汉时通常会采取以下手段，这里总结为"一'拆'，二'转'"。

一"拆"，其实就是拆句处理。在英译汉的过程中，如果英文使用了无灵主语，翻译时可以将非人称主语转换成人称主语，再把英语的主谓句拆成汉语中的流水句，例如：

㉑ The star's presence on the stage brought the audience to their feet in applause.

这位明星出现在台上，观众起立鼓掌。

㉒ My hunger and the shadows together tell me that the sun has done much travel since I fell asleep.

我感到很饿，又看到树影在地上跑了老远，才发现我睡了很长时间。

㉓ Nightfall found him many kilometers short of his next hotel.

天都黑了，但他离下一个酒店还有好几千米。

这三个例句中，英文都使用了"无灵主语 + 有灵动词"的结构，主谓清晰；但在中文中，无一例外都换成了人称主语，而换成人称主语之后，就无法保留原文的结构，必须把原文的主谓句换成流水短句，增补动词[1]，才能产出流畅的译文。

除将英文的主谓句拆成汉语中的流水句之外，还可以将英文中的非人称主语所在结构转换成汉语的独立分句，用"这……"来加以指代。如：

㉔ His knowledge of applied science will stand him in good stead.

他懂得应用科学，这对他很有利。

㉕ His courage enables him to do anything he wants.

他很勇敢，这让他能做自己想做的所有事情。

这两个例句中，英文也使用了物称主语，而中文不仅将主语换成了人称主语"他"，还用"这"来指代物称主语所在结构（横线部分）转换而来的独立分句，让译文含义更加明晰。这也是处理物称主语时常用的手段。

二"转"，是指将英文中的物称主语句加以转换，具体来说，除可以将物称主语转换成人称主语再拆成流水句之外，还可以将物称主语句转换成汉语中的无主句，或使用泛称主语，或

---

1. 有关增补技巧的内容详见"英译汉：增译与减译"中的"增译"部分。

干脆将英文中的物称主语转换成状语。例如：

㉖ **The mastery** of a language requires painstaking effort.

要掌握一门语言，必须要下苦功夫。（无主句）

㉗ Sorry that **the pressure of work** has prevented me from sending an earlier reply.

工作繁忙，迟复为歉。（无主句）

㉘ **Dusk** found the little girl crying in the street.

黄昏时分，有人发现这个小女孩在街上哭泣。（泛称主语）

㉙ **Word** has it that she's leaving.

大家说她要走了。（泛称主语）

㉚ **Investigation** led them to the following conclusion.

经过调查，他们得出了如下结论。（状语）

㉛ **My second day in New York** started with an early visit to the Metropolitan Museum of Art.

在纽约的第二天，我早早便去了大都会博物馆。（状语）

在这几个例子里，例 26、例 27 均使用了中文中的无主句。所谓无主句，就是指没有主语的句子，这种句子的主要着眼点在于描述动作变化，而不强调是"谁"发出了这个动作。无主句的主语往往是不确定的，或在上下文中不言自明，这是汉语中特有的一种句式。

例 28、例 29 则使用了泛称主语。所谓泛称主语，是指泛指所有人的主语，例如"有人、人们、大家、人家、别人、某人、我们、他们"等，有点类似于英语中表示类指的代词 one、we 等。在英译汉的过程中，如果英文中并不强调动作的发出者，汉语又无法省略主语或用无主句表达，就可以酌情考虑使用泛称主语。如例 28 这句话里的"有人"，就是根据上下文增补进去的泛称主语，因为肯定不可能是 Dusk 发出"发现"这个动作，一定是人发出的。至于是谁发出的我们并不知道，反正有人发出了这个动作，所以增补了泛称主语"有人"。其实这里增补"人们"或"大家"都可以，只要上下文表达通顺，就可以用。例 29 亦然。

例 30、例 31 则是将英文中的无灵主语处理成了中文中的状语，把句子中的"人"拿出来作人称主语。在处理这类句子的时候，我们可以将原文的结构抛掉，把目光放在句子里的"人"身上，去看"人做了什么事"，然后再根据英文句子整理信息，最终产出地道流畅的中文。

(2) 英文使用被动语态

刚才我们讲了，英文好用物称主语，而物称主语又促成了被动结构的使用，所以英文更愿意使用被动语态；与之相反，中文则更愿意使用主动语态。所以在英译汉的过程中，可以将英文的被动结构换成中文的主动结构。

不知道大家对之前"被动语态"部分中那几个例子的译文有没有想法呢？我们一一来看一下：

㉜ When reports came to London Zoo that a wild puma had been spotted forty-five miles south of London, they were not taken seriously.

伦敦动物园接到报告说，在伦敦以南 45 英里处发现一头野生美洲狮，但这些报告并没有得到重视。

这个句子结合使用了两种处理手法。首先是前面 a wild puma had been spotted 这个部分，因为不需要强调施事者，也不知道施事者是谁，因此可以处理成无主句；而后面 they were not taken seriously 部分则直接换成了主动结构"得到重视"。这两种都是被动语态中很常见的处理方式。

㉝ We were told you were going to deliver the goods today.

有人告诉我们，您今天应该把货送来。

这个句子则使用了前面我们讲到的增补"泛称主语"的方式。英文中可能出于委婉表达的需要使用了被动语态，中文中增补了泛称主语"有人"，意思是：我无须告诉您是谁告诉我们的，反正有人告诉我们了。也符合中文的表达习惯。

㉞ It must be admitted that a good deal of dissatisfaction is reflected in those reports.

必须承认，那些报道反映了许多不满情绪。

这个句子也结合使用了两种处理方式。前面 It must be admitted that 这个固定结构直接译成了无主句，或者也可以添加一个泛称主语，比如"我们""人们"等，而处理后面 a good deal of dissatisfaction is reflected in those reports 时，直接从原文里挑了个名词，也就是"那些报道"作主语，将译文换成了主动语态。

㉟ President Kennedy was assassinated in Dallas, Texas.

肯尼迪总统在得克萨斯州达拉斯遇刺身亡。

这个句子直接用了原文主语作主语，在处理后面被动语态的过程中，套用了中文中的固定句式"遇"，让表达更加通顺流畅。中文中常用于表达被动的句式有很多，比如"为/被……所……""受，遭""加以，予以"等，例如：

㊱ She is intoxicated with his sweet words.

她为/被他的花言巧语所陶醉。

㊲ She has been attacked for ignoring her own group members.

她因漠视本组组员而遭到非难。

㊳ Your suggestion will be discussed in the next meeting.

你的建议将在下一个会上予以讨论。

综上所述，英文中的被动语态转成中文中的主动语态，常用以下几种方式。

① 从原句中选词作主语，抛弃被动结构，直接换成主动结构
② 增补泛称主语
③ 采用无主句
④ 采用汉语中常用来表达被动的句式

但需要注意的是，虽然总体上讲，"英文好被动，中文好主动"，但并不是说英文中只有被动句而中文中只能用主动句。在英语中，虽然由于要保持叙述的客观性，在正式文体中使用被动较多，但也有很多学者认为被动语态烦琐无力，隐晦难懂，会让语言失去活力。这就需要我们在翻译实践过程中结合文体，具体问题具体分析，找到恰如其分的处理方式。

2. 汉译英中的处理策略

因为总体上讲，"英文好物称，中文好人称"，所以英译汉时要将物称主语转成人称主语，而汉译英时则要反其道而行之，将人称主语转换成物称主语，例如：

㊟ 一看到那棵大树，我便想起了我的童年。

The sight of the big tree always reminds me of my childhood.

㊵ 你吃了这药就会好些。

This medicine will make you feel better.

例 39 便是之前讲过的"无灵主语 + 有灵动词"的搭配，这里不再赘述。值得一提的是例 40。在例 40 中，原句其实暗含了"条件"逻辑，实际上应该是 If you take this medicine, you will feel better. 但译成英文之后也可以选择不用人称主语 you 构句，直接用物称主语"药"来作主语，形成"无灵主语"的结构。类似的句子还有：

㊶ 天气太坏，我们无法动身。

Bad weather prevented us from starting.

（试比较：We couldn't start because of bad weather.）

㊷ 走过草地几步，我就到了一个华丽的大旅馆。

A few steps across the lawn brought me to a large and splendid hotel.

（试比较：After a few steps across the lawn, I arrived at a large and splendid hotel.）

以上几个句子中，中文均采用了人称主语，但英文都转换成了物称主语。与此同时，英文中的动词均采用了动作含义较弱的动词，这类动词可称为"虚意动词"，如 do、take、come、make、enable、remind、prevent、show、bring、keep、lead 等。这样构句更符合英文的表达方式，译文也更加地道。

除"无灵主语 + 虚意动词"的搭配之外，也可选用 it 作形式主语，让译文变得更加客观，如：

㊸ 采用常规思路和办法、按部就班推进难以完成任务。

It was hard to complete the task with conventional approaches and ideas.

㊹ 真正实现人与自然和谐共生，需要国际社会通力合作，共觅良方。

To truly achieve harmony between man and Nature, it is necessary for the international community to work collectively to find a solution.

除选用无灵主语之外，主动转被动也是汉译英中的常用技巧，如：

㊺ 发现了错误就一定要改正。

Wrongs must be corrected when they are discovered.（无主句转成被动句，使用物称主语）

这句话的中文原文是个无主句，并没有说是"谁"发现了错误，也没有说是"谁"要改正。这类无主句在翻译的过程中就可以转换成被动语态，只强调受事者，不强调施事者。类似可译成被动语态的句子还有：

㊻ 这本书将于年底完成。

The book is going to be completed by the end of this year.

㊼ 到现在为止还没得出结论。

So far no conclusion has been reached yet.

㊽ 今年，印尼再遭自杀性爆炸袭击，2人死亡。

Indonesia was hit again this year by suicide bombers who killed two people.

总之，大体上讲，英文好物称，中文好人称，英文好被动，中文好主动。这是英汉两种语言中比较明显的语言差异。我们译者要能够体会到语言中的这些差异，在语言转换的过程中选择合适技巧，最终产出明白晓畅的译文。

第三章　静态与动态

讲完了"物称与人称",我们把着眼点拉大,从关注某个语言成分放大到关注句子整体表达。中英文在句式结构上有"形合"与"意合"的差别,这点我们已经在"形合与意合"中论述过了。除这点之外,还有没有其他值得关注的地方呢?请看下面的句子:

It is rather for us to be here dedicated to the great task remaining before us... that government of the people, by the people, for the people, shall not perish from the earth.

我们应将自己奉献给面前的伟大事业……,使这个民有、民治、民享的政府永世长存。

这个句子大家应该都不陌生,尤其是 government of the people, by the people, for the people 这个表述在美国政客的演讲中经常被引用,中文常译为"民有、民治、民享的政府"。不过,不知大家有没有注意到,在这个句子的中文表述中,原文的三个介词 of、by、for 分别被译成了动词"有""治""享"。

其实这种现象在英文中非常常见,厦门大学的连淑能教授认为:"英语倾向于多用名词,因而叙述呈静态;汉语倾向于多用动词,因而叙述呈动态。"[1]这里总结为"英文好静态,中文好动态"。

接下来,我们便来看看"英文好静态"和"中文好动态"究竟如何体现在语言之中。

一、英文好静态

英文好静态主要有以下几种表现。

1. 好用名词

之前我们讲过"英文好物称",这些物称主语基本上都是名词结构,这也在很大程度上促成了英语的静态倾向,如:

❶ His refusal to discuss the matter is very annoying.

他拒绝商量这件事,这让人很恼火。

这个例子中,"拒绝"这个动作是用其派生的名词 refusal 来表示的,根据"英文好物称,中文好人称"的语言特点,英文中使用了抽象概念 refusal 来作主语,更符合英文的表达方式,也使得句子更加静态客观;而中文中无法使用抽象名词作主语,只能用人称主语"他",因而后面必须要用动词作谓语,进而促成了中文的动态倾向。

---

1. 连淑能:《英汉对比研究》,北京,高等教育出版社,2010:133 页。

英文好用名词体现在以下两点上。

(1) 使用抽象名词或名词短语

从例1可以看出，英语可使用抽象名词或名词短语来表现本应由动词来表达的信息，如：

❷ The astonishing spread of the Omicron variant could help set the stage for the pandemic to transition from overwhelming to manageable in Europe this year.

奥密克戎变异株正以惊人的速度传播，这可能会帮助欧洲疫情从不堪重负过渡到基本可控。

❸ Food culture refers to the practices, attitudes, and beliefs around the production, preparation and consumption of food.

饮食文化是指与食物生产、食材配制和食品消费相关的习俗、态度和观念。

❹ Berlin's hesitance may seem like little more than a snag.

德国虽然犹豫不决，但看起来似乎阻碍不大。

以上几个例子可能单独看起来并没有什么特别之处，但若尝试将其换成相应的动词结构就会发现不同。这里我们以例2为例：

The Omicron variant is spreading at an astonishing speed. This could help the pandemic in Europe transit from overwhelming to manageable this year.

换完之后我们就会发现，使用抽象名词表示动作，可以使语言更加静态客观，同样的含义不用写上好几句话，只需要几个名词便可以让行文更加流畅自然。

同时，静态句式常使用物称主语，这也体现了"英文好被动"的语言习惯，如：

❺ Significant achievements have been made in expanding access to education over the last 15 years.

15年来，我们在扩大教育机会方面取得了重大进步。

(2) 用表示"人"的名词表示施事者

除使用抽象名词外，名词也可以用来表示动作的施事者，代替动词使用，如：

❻ He is a good eater and a good sleeper.

他吃得好也睡得好。

❼ He is a better teacher than I am.

他教得比我好。

以上两个例子中，英文中均使用了带有 -er 后缀的名词来表示动作的施事者，实际上代替了施事者做出的动作。这种名词的用法也十分常见。

名词的使用有利于表达更加复杂的思想内容，这种多用名词的文本，语域相对较高，文体也比较正式，如：

❽ a: We were all surprised by his withdrawal from the election.

b: He withdrew from the election and we were all surprised.

他退出了这次大选，我们都很惊讶。

❾ a: The frequency of envy makes it so familiar that it escapes our notice.

b: Envy occurs so frequently. We are so familiar with it that we cannot notice it.

嫉妒频频出现，以至于我们熟视无睹。

经比对我们发现，相对于使用动词，使用名词结构的句子更加紧凑，能在一句话中表达更多含义，也更正式。

但是不是名词越多越好呢？自然也不是的，例如：

❿ a: Our lack of knowledge about local conditions precluded determination of committee action effectiveness in fund allocation to those areas in greatest need of assistance.

b: Because we knew nothing about local conditions, we could not determine how effectively the committee had allocated fund to areas that most needed assistance.[1]

对比这两句我们可以发现，a 句大量使用名词，句子结构是简单了，但句意晦涩难懂，甚至需要返复读几遍才能明白句子的意思。但 b 句相对来讲就比较好懂，这就是因为 a 句中使用的抽象名词太多，导致了理解上的困难。为了追求"洋味"或"高级感"而过分堆积名词会使语言缺乏动态感，让鲜活的语言"死气沉沉"。

同时，名词使用不当还会造成语义含混，甚至产生歧义，如：

⓫ British history teachers（有歧义）

这个短语有两种理解方式，可以理解成 teachers of British history（教英国历史的老师），也可以理解成 British teachers of history（教历史的英国老师）。这便是由过分堆叠名词导致的表达歧义，需要我们在使用语言的过程中着意避免。

总之，英语中相对喜欢使用抽象名词构句。一般来说，公文体、论述文体、科技文体及一些庄重的应用文体（如公函、合同等）中，常使用名词结构，提高语域，使语体更加正式。

2. 用静态结构表达动态含义

（1）常用介词结构表达动词含义

由于英语中多用名词，其伴随而来的介词也必然经常出现在句子中，且演变出了一些"类似动词"的含义和用法，如：

⓬ He has someone behind him.

他背后有人撑腰。

---

1. 李长栓：《非文学翻译理论与实践（第二版）》，北京，中国对外翻译出版有限公司，2012: 47 页。

⓭ The machine is in operation.

机器正在运行。

⓮ With these words, she went away.

说完这些话，她就走开了。

这几个例子都是介词表达动词含义的典例，其中例 12、例 14 直接将介词转译为动词，表达动态含义，而例 13 中，in operation 整体表达"正在运行"，介词 in 表示"正在"，用来描述后面"运行"的状态，依然表达动态含义。类似的例子还有很多，这里不一一列举。除用介词表示动词含义之外，一些介词与名词的搭配也可以表达动作含义，如：

⓯ World leaders are now united in their quest for peace.（= to seek for）

全球领导者现在已团结起来追求和平。

⓰ The committee is of the opinion that Barnes was wrongfully dismissed.（= believes）

委员会认为，巴恩斯被解雇这件事实在是大错特错。

⓱ The proposals are currently under consideration.（= being discussed）

那些提案目前正在审议中。

这几个例子中的"介词 + 名词"组合均可以酌情替换成相应的动词表达，而介词与名词相结合使叙述更加曲折，增强了英语的静态感。

(2) 常用形容词结构表达动词含义

除介词之外，名词在使用时也不可避免地伴随着形容词，由此造就了形容词本身的静态感。英语中，表示心理或生理感觉的形容词及其他形容词常用来构成复合谓语，相当于表达动词含义，如：

⓲ My mother is afraid of dogs, but I am not.

我妈妈怕狗，但我不怕。

⓳ He was well aware of the problem.

他很清楚这个问题。

以上两个例子中，形容词 afraid 和 aware 均与前面的 be 动词一起构成复合谓语，实际上表达的是动词含义。

3. 动词的弱化与虚化

除用名词、介词直接代替动词之外，动词的弱化和虚化也是"英文好静态"的一大体现。

(1) be 动词——动作意味最弱的动词

在例 18、例 19 中，形容词与 be 动词一起构成固定结构，这些结构中的 be 动词没有实际含义，也可以说其含义已经弱化，让英语行文更有静态感。类似的例子还有：

⑳ Rose **was doubtful about** the whole idea.

罗斯对整个设想**持怀疑态度**。

㉑ Employees will generally **be** more **cooperative** if their views are taken seriously.

如果员工的意见得到认真对待，他们一般都会更加**配合**。

除此之外，There be 句型也是很常见的静态句式，如：

㉒ **There was** a snowstorm in Ohio last Monday.

上周一，俄亥俄州**下了**一场暴风雪。

（试比较：A snowstorm **swept** Ohio last Monday. 上周一，一场暴风雪**席卷了**俄亥俄州。）

There be 之所以被称为"存在句"，就是因为它不表示任何"动作"，只表示"存在"。例 22 中，There be 句型的使用表示句子客观描述"有一场暴风雪"这件事情，但如果改用强势动词 swept，句子的动态感会更强，描述性更好，也就更生动。

（2）虚意动词的使用

英语中也常常将动词转化成名词，再与一些虚意动词搭配构成动宾结构，用来表达动作含义，如：

㉓ I've **come to the conclusion** that he's not the right person for the job.（= concluded）

我**断定**他不适合这项工作。

㉔ We must **come to a decision** about what to do next by tomorrow.（= decide）

最晚明天，我们必须**决定**下一步要做什么。

这两个例句中的"come to + n."都可以转为其名词相应的动词，只是名词会让句子显得更客观、正式一些。类似的常用结构还有：have a look、take a walk 等。虚意动词还可以与动名词搭配，例如 go shopping、do some washing 等，也很常用。

需要注意的是，这类"虚意动词 + 名词"的结构在使用时是把双刃剑。用得好能让表达更加客观中立，体现语体的正式性；用得不好则会让表达显得冗余拖沓，缺乏生气。在翻译实践中，译者需要根据不同语体和语气的要求做出恰当选择。

二、中文好动态

与英文不同，中文相对来讲更喜欢使用动词构句。在英语中只能由名词充当，或更愿意用名词充当的成分，在中文中可以自由地使用动词，且中文中更喜欢接连使用动词构句。中文常用动词主要表现为以下几种形式。

1. 动词活用

动词的活用在中文中十分常见。英语中，动词一般都用来作谓语，不作谓语的动词需要变换成其他形式（非谓语动词），但中文的动词或动词词组可以充当句子的各种成分，如：

㉕ 解决问题的最好办法就是进行调查研究。（动词词组作定语、宾语）

The best way to solve the problem is to conduct investigations.

㉖ 他们喜欢开车旅行。（连动式词组作宾语）

They like travelling by car.

例 25 中，动词短语"解决问题"充当"办法"的定语，而并列动词短语"调查研究"则充当"进行"的宾语。例 26 中，"开车旅行"这个连动结构充当"喜欢"的宾语。这在英文中都是不可能出现的。

什么是"连动结构"？请接着往下看。

2. 动词连用

例 26 中的"开车旅行"就是很常见的连动结构，两个动词"开车""旅行"的主语都是"他们"，于是构成了"他们开车 + 他们旅行"的结构，这样互不作成分的两个或两个以上的动词短语如果在语义上有逻辑关系（例如目的方式、原因结果、时间先后等），不能颠倒，于是就构成了中文中的"连动结构"。例如：

㉗ 李明来学校学习了。

Li Ming came to school to study.

㉘ 他每天坐公交车去学校。

He goes to school by bus every day.

㉙ 你有权利发表意见。

You have the right to give your opinions.

除连动句之外，"兼语句"也是中文里动词连用常见的方式。兼语句是由兼语短语充当谓语或独立成句的句子，通常要满足三个条件：①谓语由动宾短语套接主谓短语构成；②多有"使令"意味，前一个动词多由使令动词（使、让、叫、请等）充当；③兼语的谓语是前一个动作要达到的目的或产生的结果。如：

㉚ 我们请她跳舞。= 我们请她 + 她跳舞。

We asked her to dance.

㉛ 老师让我们保持安静。= 老师让我们 + 我们保持安静。

The teacher asks us to keep quiet.

以上两个例子就是典型的兼语句，由一个动宾结构加上一个主谓结构连接构成，这两个结构中各有一个动词，构成动词连动的情况。

除此之外，其他各种句式的联合使用在中文中也不鲜见，如：

㉜ 你去教室把她叫回来。= 你去教室 + 你把她叫回来。（连动句 + "把"字句）
Go to the classroom to ask her back.

㉝ 他们被领导叫去会议室开会。= 他们被领导叫 + 他们去会议室 + 他们开会。（"被"字句 + 连动句）
They were called to the conference room to attend a meeting by their leader.

3. 动词堆叠

中文好用动词，无论在口语还是在书面语中，动词叠用的频率都很高。这里结合北京语言大学的常俭教授在其《谈动词的叠用》[1]中的总结，将动词叠用总结为以下几种形式。

① AA 式。如说说，看看，想想，听听。
② A 一 A 式。如谈一谈，想一想，看一看。
③ A 了 A 式。如谈了谈，想了想，看了看。
④ A 了一 A 式。如谈了一谈，想了一想，看了一看。
⑤ A 着 A 着式。如谈着谈着，想着想着，看着看着。
⑥ AABB 式。如说说笑笑，打打闹闹，吃吃喝喝。
⑦ ABAB 式。如讨论讨论，学习学习，休息休息。
⑧ AB 了 AB 式。如讨论了讨论，考虑了考虑，布置了布置。
⑨ ABAC 式。如无依无靠，有始有终，敢作敢为。

这种叠用的动词，需要结合上下文选择处理方式，看看叠词究竟体现了原文的什么含义，或是干脆只保留一个。

除此之外，汉语中还常见很多对偶复意的动词词组。所谓"对偶复意"，就是指表达动作含义的四字词中，前后两个词语含义相同或相近，例如：惊天动地、发号施令、想方设法等。在这几个动词短语中，"惊天"就是"动地"，"发号"就是"施令"，"想方"就是"设法"。四字词中，前两字组成的词语和后两字组成的词语含义基本相同，翻译时只需要译出一个即可。

三、翻译中的处理策略

结合"英文好静态，中文好动态"的特点，在翻译的过程中大体可以采取以下策略。

1. 英译汉的处理方式

（1）化静为动

鉴于"英文好静态，中文好动态"，可以在英译汉的过程中"化静为动"，多用动词代替原文的静态结构，例如：

---

[1] 常俭：《谈动词的叠用》，载《语言教学与研究》，1981（02）：76~85 页。

㉞ They swore their loyalty to the king.

他们宣誓效忠国王。（名词转动词）

㉟ Visits are also on the upswing to post-tsunami Thailand.

泰国发生特大海啸后，赴泰游客数量却不断上升。（介词短语转动词）

㊱ We were afraid that we were going to capsize the boat.

我们担心会把船弄翻。（形容词转动词）

㊲ John often comes into conflict with his boss.

约翰经常和他的老板发生争执。（"虚意动词 + 名词"转动词）

以上几个例子都是典型的"化静为动"，将英文的静态结构转化为中文的动态结构，使译文更加符合中文的表达习惯。

（2）变抽象为具体

英文好用名词及名词伴随的相关结构带来了英文的静态感，而名词的使用也使得英文在表达语义时更加抽象。这种抽象表达能够让表达紧凑含蓄，口吻冷静客观，适合表达深奥的道理和思想，同时也为英译汉带来了困难。

而中文是一门意象性较强的语言。比如"枯藤老树昏鸦，小桥流水人家"，这句话没用一个动词，只靠纯意象的堆叠，就能够描绘一幅画面。因此在英译汉的过程中，可以尝试将原文的抽象描述变为具体意象，从而产出流畅的译文。常用的有以下两种方式。

①添加范畴词，让概念具体化

范畴词是指用来表示抽象现象、属性等概念所属范畴的词汇，如"问题、状态、情况、工作、形式"等。例如，"落后状态"实际上就是"落后"，因为"状态"本身并没有什么含义，只是为了表示"落后"这个概念所属的范畴。在中文中，这类范畴词必不可少，而英文中可以省略。因此，在英译汉的过程中，可以通过添加范畴词让英文的抽象名词更加具体，例如：

㊳ The conference will focus on the development of the world's economy.

本次会议讨论的重点是世界经济发展状况。

㊴ They discussed greatness and excellence.

他们讨论了伟大和杰出的含义。

在这两个例子中，如果直接在中文里译出"世界经济发展"（例38）和"伟大和杰出"（例39），就会让人觉得中文好像没讲完似的，后面少点什么。少了点什么呢？少的就是后面的范畴词，这两个范畴词可以限定前面几个抽象名词所属的范围，让语义更加具体明确。

②引申原文词义，直接阐释具象意义

有些情况下，如果连添加范畴词都无法明确表达原文抽象名词所要表达的概念，这时就可以直接引申原文词义，或干脆抛弃原文的词，直接阐释其想要表达的具象含义，如：

㊵ He was blamed for wilful blindness.

人们指责他视而不见／装聋作哑／袖手旁观。

㊶ I ask gentlemen, sir, what means this martial array, if its purpose be not to force us to submission?

请问诸位先生，摆出这种张牙舞爪的阵势，如果不是为了使我们屈服，还有什么目的呢？

在这两个例子中，wilful blindness 和 martial array 都无法按照其自身含义简单理解，这时就可以结合句意进行词义的引申，直接阐释具象含义。

例 40 中，wilful blindness 直译为"故意的目盲"，但如果放在句子里译成"人们指责他故意目盲"或"人们指责他故意看不见"都无法准确表达含义，因此这里可以根据上下文的不同，引申为"视而不见""装聋作哑"或"袖手旁观"。

例 41 中，如果把 martial array 直译成"军事部署"也无法恰当表达原文的含义。这句话选自帕特里克·亨利（Patrick Henry）1775 年在殖民地弗吉尼亚州议会上的演讲。这个演讲的最后一句比较知名，就是那句"不自由，毋宁死（Give me liberty or give me death）"。当时北美要求独立的呼声很高，而其宗主国英国政府软硬兼施，在沿海布置了军队等着镇压北美起义，这里的 martial array 指的就是这些"军事部署"。这篇演讲开始时语调舒缓，但随着演讲进行到这里，调子已经越来越坚决，言辞也越来越峻急，因此这里如果直译成"军事部署"就失去了原文演讲的气势，无法准确传达原文的含义。引申词义之后，将其译成"张牙舞爪的阵势"，既能指代上文提到的"军事部署"，又能恰如其分地表达语气。同时，从这句话的译文中我们也可以看出，"准确传达原文含义"不仅包括原文词句信息的传达，也包括原文的语气、态度等词句以外信息的传达。这也是译者在翻译的过程中需要注意的情况。

2. 汉译英的处理方式

由于"英文好静态，中文好动态"，英译汉的时候要将英文的静态结构转换成中文的动态结构，那么汉译英的时候就恰好相反，将原文的动态结构转换成静态结构即可，如：

㊷ 他深信，只有对历史加以透彻研究，才能真正学到知识。

He is in full conviction that real knowledge is the end product of a thorough study of the history.（动词换成介词短语和名词）

㊸ 中国经济社会快速发展，中国减贫进程加快推进，贫困人口大幅度减少。

The rapid socioeconomic development gave a vigorous boost to poverty alleviation, and resulted in a sharp decline in the impoverished population.（动词换成名词）

㊹ 中国积极参与世界粮食安全治理。

China has been an active part of global food security governance.（动词换成形名结构）

当然，中文中的动态结构也不一定非得换成英文的静态结构，在大多数政经类文章中，如果多个动宾结构并列，也会采取并列谓语来处理，如：

⑮ 中国将坚定地推进能源领域改革，加强顶层设计和总体规划，加快构建有利于能源科学发展的体制机制，改善能源发展环境，推进能源生产和利用方式变革，保障国家能源安全。
China will resolutely implement reform in the energy sector, strengthen top design and overall planning, accelerate the pace of building a system and mechanism for the scientific development of the energy industry, ameliorate the environment for energy development, bring about a revolution in energy production and utilization, and safeguard China's energy security.

⑯ 中国主张推动国际社会公平、自由贸易，反对贸易壁垒和贸易保护主义，促进建立开放、安全的数字经济环境，确保互联网为经济发展和创新服务。
China supports fair and open international trade, opposes trade barriers and trade protectionism and pursues an open and secure environment for the digital economy to ensure the Internet serves the economy and innovation.

这两个例句中，原文的动词在译文中基本没有改变，除了例 46 中的"确保……"表示目的而译成不定式[1]，剩下的动词基本保持不变。

综上而言，英文偏好静态表达，中文偏好动态表达。在语言转换时可以结合两种语言的不同特点酌情处理，使译文更符合译入语的表达方式。但请注意，切不可机械地理解成：英文偏好静态是说英文只能使用静态表达，中文偏好动态意味着中文只能使用动态表达。这中间的"度"需要我们在练习中着意体会。

---

1. 句子的结构分析详见"汉译英"部分。

第四章 前重心与后重心

这一章我们继续来关注句子整体，先来看两组句子：

There is certainly not much social snobbery or job snobbery in America.

在社会或工作问题上，美国人确实不怎么势利。

There are other difficulties with summarizing American ways of life and attitudes.

要概括美国人的生活方式和态度，还有其他方面的困难。

不知道大家有没有看出，在这两个句子中，英文和中文的语序基本是颠倒的。第一组中，There is certainly not much social snobbery 放在了英文句子的前面，而这部分被译成"确实不怎么势利"，放在了中文句子的后面，第二组也是如此。这便是大部分翻译技巧中会提到的"逆序翻译法"。

可为什么需要"逆序翻译"？本章我们就来探讨一下。

一、三分结构与二分结构

语言类型学家李纳和汤普森把语言分为四种类型[1]。在他们看来，英语是注重主语的语言，汉语是注重话题的语言。国内也有很多学者对此进行了研究，且一般认为英语是三分语言，以主谓为中心构句，成分齐全则句子结束，若想表达的含义没有表达完整则另起一句。而汉语是二分语言，以"话题 + 评述"为逻辑构句，讲求"意尽为界"。因此，英语和汉语形成了不同的构句形式，如：

❶ **The people of a small country can certainly defeat aggression by a big country**, if only they dare to rise in struggle, dare to take up arms and grasp in their own hands the destiny of their own country.

小国人民只要敢于起来斗争，敢于拿起武器并掌握自己国家的命运，**就一定能够打败大国的侵略**。

这句话英文虽然很长，但依然是非常典型的三分结构，谓语是 can defeat，后面带了个 if only 引导的状语从句。但中文的构句逻辑并非如此。中文是先提出"小国人民"这个话题，再针对话题进行以"只要……就……"为逻辑的评述。在这样的逻辑下，英文中 The people of a small country can certainly defeat aggression by a big country 这个主句被调整到了中文句子的最后，形成所谓"逆序翻译"的技巧。

---
1. 许余龙：《对比语言学概论》，上海，上海外语教育出版社，1992: 241 页。

但如果把原文的句子调换一下语序，写成：

❷ If only the people of a small country dare to rise in struggle, dare to take up arms and grasp in their own hands the destiny of their own country, they can certainly defeat aggression by a big country.

小国人民只要敢于起来斗争，敢于拿起武器并掌握自己国家的命运，就一定能够打败大国的侵略。

不难发现，例 2 的译文与例 1 并无差别，但这时的翻译技巧又变成了所谓的"顺序翻译"。神奇吗？其实不然。无论英文还是中文，其重点一般都会落在结果、评论或事实上，但这些重点放置的位置可不一样。英文是三分结构，一个句子里最重要的是主谓结构，因此无论例 1 还是例 2，其最重要的部分都是主句。而将例 1 与例 2 进行对比则不难看出，例 1 比例 2 更符合英文的表达方式，看起来"更高级、更有洋味"，这是因为英语更习惯把主要信息放在句首。当然，例 2 这种将从句置于主句之前的情况自然也有，但这并不能改变英语偏好前重心的性质，因为主句是无法变更的，"主句"之所以被称为"主句"，自然是因为其表达了更重要的信息。而与英文相比，中文更偏好将句子重心放在句末，由此形成了"英文前重心，中文后重心"的结构特点。

二、英文前重心，中文后重心

"英文前重心，中文后重心"的结构特点常见于以下四种情况。

1. 原因与结果

英语往往将结果作为句子的主要部分置于句首，再分别陈述原因；而中文正好相反，往往会先陈述原因，再陈述结果，例如：

❸ I lost my job because of her.

我因为她丢了工作。

❹ She may need some help as she's new.

她是新来的，可能需要一些帮助。

❺ Destruction of the land will increase as it becomes covered with asphalt for more roads and highways.

由于要修建各级公路，很多土地被铺上沥青，土地破坏情况日益严重。

❻ Perhaps the confusion arise because life is not always what it seems.

或许生活并不总是像看起来那样，所以人们才会感到困惑。

这几个句子的中英文都用不同方式表达了因果逻辑，但不同的是，英文中均把原因放在了句尾，主句放在句首，即重心置于句首，而中文中均把原因放在句首，结果放在了句尾，即重心置于句尾。

再来看个汉译英的例子：

❼ 经济不景气，想要找一份满意的工作太难了。

It is difficult to find a satisfactory job now because of the sluggish economy.

这个句子中，"太难了"是最后的结论，说话人是如何得出这个结论的呢？因为"经济不景气"，所以想找满意的工作太难了。值得注意的是，中文中的因果关系并没有由因果连接词引出，句子里的因果连词"意合"在句子内部了，而英文中将其显化了出来。这也是之前我们讲过的"英文重形合，中文重意合"的缘故。

但要注意的是，由于语言的复杂性，因果关系并不一定非要调整语序。在视译中，例6就完全可以译为"可能人们感到困惑的原因就在于……"，只是在笔译中常会遵循"英文前重心，中文后重心"的语言习惯。

同时，由于汉语构句的灵活性，其语序本身也可以带来语言含义，如：

❽ **Tragedies can be written in literature** since there is tragedy in life.

译文①：生活中既然有悲剧，**文学作品就可以写悲剧**。

译文②：**文学作品之所以可以写悲剧**，就是因为生活中存在着悲剧。

这句话中，英文很明显能看出"生活中有悲剧"是因，"文学作品可以写悲剧"是果，这时可以遵循"英文前重心，中文后重心"的习惯，将其译成第一种译文。但若是根据上下文想要强调后面的原因，自然也可以在中文中将原因后置，用"之所以……就是因为……"这样的句式帮助构句。不过要注意，这两种译文在含义上是有所差别的。

2. 结论与分析

从中西思维方式的角度来看，传统中式思维方式更注重直观体验，从个人角度对实践经验加以体悟、总结和归纳，因此在论证逻辑上，中文的论证大多采取"归纳法"；而西式思维方式受到古希腊哲学家亚里士多德形式逻辑的影响，论证大多采用"演绎法"。

思维对语言的影响毋庸赘言，不同的思维方式自然带来了语言表达逻辑上的不同。就论证方式而言，英语更习惯将结论置于句首，再对其进行分析；而中文经常采用"摆事实，讲道理"的方式，先分析，再将结论置于句尾。如：

❾ **六国破灭**，非兵不利，战不善，**弊在赂秦**。（《六国论》苏洵）

It is buying off the State of Qin that led to the destruction of the six states, not their primitive weapons or their sloppy military tactics.

从这句话中可以看出，中国古人在论证观点的时候，会先铺陈论据"非兵不利，战不善"，再给出结论"弊在赂秦"。而英文中会直接先点出 It is buying off the State of Qin that led to the destruction of the six states，再进行后续分析。中文这种句式结构在现代文中也是如此，如：

⑩ 揭穿这种老八股、老教条的丑态给人民看，号召人民起来反对老八股、老教条，这就是五四运动时期的一个极大的功绩。

A tremendous achievement of the May 4th Movement was its public exposure of the ugliness of old stereotype and the old dogma and its call to the people to rise against them.

这个中文句子中，"这……功绩"是作者的结论，其分析在前，而英文中，将"极大的功绩"译成 A tremendous achievement 放在了句首，后面再进行分析，将中文的流水句转换成了英文的主谓句，句式结构更整齐流畅，更符合英文的表达方式。

再来看两个英译汉的例子：

⑪ The scandal will undoubtedly be an embarrassment to the Labor Party which is trying hard to win the elections.

这一丑闻对力争赢得大选的工党来说，无疑是一件尴尬的事。

⑫ There is no agreement whether methodology refers to the concepts peculiar to historical work in general or to the research techniques appropriate to the various branches of historical inquiry.

方法论到底是一般历史研究中特有的概念，还是历史研究中各个具体领域使用的研究方法，人们对此意见不一。

以上两个例子中，英文均把结论置于句首，分析放在了后面，但中文中都将结论放在了句末。以例 11 为例，如果将中文译成"这一丑闻无疑是一件尴尬的事，对力争赢得大选的工党来说"，即便选词没有改动，依然会觉得很别扭，不好理解，且不像中文，这就是因为没有调整句子重心。

3. 前提/背景与事件

不知道大家还记不记得咱们在"形合与意合"部分讲了一个句子：

⑬ 人不犯我，我不犯人。= 人（若）不犯我，我（则）不犯人。

We will not attack unless we are attacked.

这个句子中，"若"和"则"两个连接词被意合在中文内部了，在汉译英的过程中，需要把连接词显化出来。但不知有没有同学疑惑过，为什么这里要将 unless 引导的从句放在句尾，为什么不放在句首，译成 Unless we are attacked, we will not attack. 呢？

当然，这样译也不是不可以，但其实在英语中，条件状语从句通常会放在句末。这是因为在英语的复合句中，前提与背景信息一般会放在从句里，而将这个前提或背景下会发生的事件放在主句里，置于句首，形成"前重心"的结构；而中文则会反其道而行之，先讲前提或背景，再描述事件，形成"后重心"的结构。如：

⑭ 如果他们有更多人手，工作就会完成得更快一些。

They'd have got the job done quicker if they'd had more people working on it.

⑮ 除非天气很冷，否则我总会开着窗户睡觉。

I sleep with the window open unless it's really cold.

以上两个例子中，中文均将条件和前提至于句首，将主干内容放在句末，但英文中正好相反。英文中会选择将条件后置，主句放在句首。当然，if 从句和 unless 从句在英文中也可以放在句首，与其放在句末所表达的含义没有差别，但条件状语从句置于句末会更符合英文的表达方式。

再来看两个英译汉的例子：

⑯ Few countries rival Norway when it comes to protecting the environment and preserving indigenous customs.

若谈到环保工作和土著文化保护工作，很少有国家能够与挪威一争高下。

⑰ Land that was untouched could be tainted by pollution as generations, smokestacks and large vehicles sprout to support the growing energy industry.

随着发电厂、烟囱和大型运输工具相继涌现，能源行业必将蓬勃发展，这片未被人类染指的净土也终会受到污染。

这两个句子中，英文都选择将前提置于句末，而将表达的主要事件放在句首，形成"前重心"的结构；但在中文中，句子的重心都挪到了句末。以例 16 为例，若将句子译成"很少有国家能与挪威一争高下，若谈到环保工作和土著文化保护工作"，显然不怎么像中文，因此需要将句子重心调整到句末，这样更符合中文的表达方式。

4. 观点 / 态度与陈述

与以上几点类似，英文中更习惯先表明观点或态度，再陈述事件，而中文会选择先铺陈，最后进行简短的评论或表态。

例如我们很熟悉的《傲慢与偏见》里开篇这句话（例18）：

⑱ It is a truth universally acknowledged, that a single man in possession of a good fortune, must be in want of a wife.

有钱的单身汉总想娶位太太，这是一条举世公认的真理。

⑲ **I couldn't agree with you more** about the need to hire extra staff.

你想再招几个员工这事儿，我其实特别同意。

这两个例子中，无论是 It is a truth universally acknowledged 还是 I couldn't agree with you more，都是说话人的表态，表达了说话人的观点或态度，在英文中均放在了句首，但中文里都挪到了句尾。

这种现象在汉译英中更为明显，如：

⑳ 今天能请您到场，我们倍感荣幸。

It's a great pleasure to have you here with us today.

㉑ 今天承蒙邀请到此，深感荣幸。

It was a great honour to be invited here today.

以上这两句话在邀请词或答谢词中十分常见，中文会将表态部分置于句末，而英文则会放在句首。

总体而言，英语常将结果、结论、事件、观点或态度等重点信息前置于句首，形成"前重心"结构；而中文常将结果、结论、事件、观点或态度后置，放在句末，形成"后重心"结构。在翻译的过程中，译者可以在恰当梳理原文结构的同时，注意重心的转换，产出流畅地道的译文。

第五章　替换与重复

本章我们来看中英语言在"替换与重复"上的差异。老规矩，先来看一组句子：

（我们）进行了中华人民共和国成立以来规模最大的水利建设。五年全国水利建设投资3 562亿元，扣除价格变动因素，相当于1950年到1997年全国水利建设投资的总和。

We built water conservancy projects on a scale larger than any other time since the founding of the People's Republic of China. The investment in these projects nationwide totaled 356.2 billion yuan for the five years, which was equal to the total investment in this field from 1950 through 1997 after adjusting for price changes.

这段话选自2003年的政府工作报告。对比中英文不难看出，中文里将"水利建设"这四个字重复了三次，但英文中 water conservancy 这个表达只出现了一次，第二次用 these projects 指代，第三次换用 this field 指代。

为什么会出现这种区别呢？这是因为英汉两种语言对"重复"的耐受度不同。在汉语语篇中，重复很常见，它是语篇衔接的一种重要手段。而英语语篇中虽然也会将重复作为修辞手段，但基本只起到修辞上的强调作用，并不会作为语篇衔接手段。

总体来说，英文更习惯于替换用词，而中文更习惯于重复用词。接下来，我们来具体看一下。

一、英文好替换

英语不喜重复，通常会将上下文中有同样含义的词用不同方式替换，或干脆省略。

1. 替换

英语中，语篇衔接的主要手段是代词、同义词或上义词的替换，一般情况下都会避免重复。

（1）用代词替代

代词是"英文好替换"最常见的表现形式，可使用人称代词、物主代词、指示代词及关系代词等来避免重复。如：

❶ Hats were a big fashion statement, and many of those invited wore them.

帽子是一大时尚，许多受邀嘉宾都戴着帽子。

❷ Their instincts do not always run parallel with ours.

他们的直觉并不总是与我们的直觉同步。

❸ Translation from English into Chinese is not so easy as that from English into French.

英译汉不如英译法容易。

❹ We have advocated the Five Principles of Peaceful Coexistence, which is now growing more and more popular in the world.

我们提倡和平共处五项原则，这项原则目前在世界上越来越得人心了。

以上几个例子中，英文分别使用了人称代词（例1）、物主代词（例2）、指示代词（例3）、关系代词（例4）来指代前文出现的名词，而中文中均重复了前文名词。

（2）用概括性名词替代

除用代词替代之外，英语中还常见用概括性名词替代前文的情况，最常见的便是名词的上义词。上义词是对具体名词概括性、抽象性的说明，例如 cat—animal，car—vehicle，这两组词中，后面的 animal 和 vehicle 即为前面 cat 和 car 的上义词。如：

❺ Look at that kitten! Such a cute little creature!

快看那只小猫！实在太可爱了！

这个例子中，英语里用后文的 creature 代替了前文的 kitten，有效避免了词汇重复，而中文中，第二句直接将语义含于句子之中，也避免了语义上的重复。

此外，概括性名词替代前文具体事项的情况也很常见，如：

❻ In this entry, I will review the history of evolutionary and ecological genetic of research, with the emphasis on the latter.

在这篇文章中，我将回顾进化和生态遗传学的研究历史，重点讲述生态遗传学的研究历史。

❼ Zero-emission large passenger aircraft powered by hydrogen will be technically feasible in five years, according to Airbus, but they will not enter service for at least a decade as the price of the fuel needs to come down. The prediction comes from Glenn Llewellyn, vice-president of zero-emission technology at the pan-European plane-maker.

欧洲飞机制造集团空客公司称，零排放的大型氢动力客机将于五年内扫清技术障碍，但由于氢燃料的价格因素，还需要至少十年才能投入使用。空客公司零排放技术部副总裁格伦·卢埃林做出了这一预测。

例6中，英文中使用 the latter 指代 the history of ecological genetic of research，而中文里则重复了这一概念。例7中，前一个句子讨论了零排放大型氢动力客机的前景，后面用 prediction 概括前一句话的内容，避免重复用词。

（3）用同义词或近义词替代

英语的来源极其混杂，因而同义词和近义词非常丰富，数量也十分庞大，于是行文过程中可供选择的词汇很多。例如仅就"火"一词，就有 fire、flame、blaze、flare 等词汇可供选择。因此英文中，用同义词或近义词替代的情况也很常见，如：

❽ The problem began last year, and it was reported that Waterstones branch managers were being told to remove PRH books from prominent areas. But PRH declined to comment on the issue.

这个问题从去年开始出现。据报道，水石书店的分店经理接到通知，要把企鹅兰登书屋的书从书店里显眼的地方挪走，但企鹅兰登书屋拒绝对此发表评论。

这个例子中，英文中指代同一个问题，前文用了 problem，后文用了 issue。虽然这两个词的词义本身有一些微妙差别，但在上下文中均指代"水石书店经理将企鹅兰登书屋的书从书店里显眼的地方挪走"这件事情。前后文换用了不同词汇表达，有效避免了词汇重复。

（4）用动词替代

除名词外，动词性替代也常见于英语行文之中，这时通常会使用代动词 do 及其构成的短语 do so、do it 等帮助构句，如：

❾ You don't want to lag behind. Neither does she.

你不愿意落后，她也不愿意。

❿ You have to help him out since you have promised to do so.

你既然答应了要帮他，就得说到做到。

这两句中，英文分别用 does 代替了上文的 lag behind（例 9），to do so 代替了上文的 to help him out，避免了动词的重复。中文中使用了不同手段表达重复含义，例 9 中重复了"愿意"这个动词，而例 10 中采取了"意复"手段，用"说到做到"重复了上文"要帮他"这件事。

（5）用分句替代

分句性替代是指用分句替代主句的一个部分来避免重复太多同样词汇，在英文中也很常用，例如：

⓫ They said they will arrive tonight. If so, the meeting will be held tomorrow; if not, it will be off till next week.

他们说他们今晚会来。要是他们来了，明天就开会；要是他们没来，就下周再开会。

⓬ If that's childish, so be it.

如果这就是要孩子脾气，那就算我要孩子脾气吧。

⓭ They want to send students from low-income homes into more affluent neighborhoods and vice versa.

他们想把来自低收入家庭的学生送到经济较为富裕的地区，也想把富裕家庭的孩子送到生活穷困的地方。

以上几个例子分别用不同的方式实现了分句替代。在英文中，if so、so be it、vice versa 等都是很常见的替代分句，用以替代上文所表达的内容而无须重复用词，而中文中，通常会把替代的内容还原，重复上文所述信息。

2. 省略

除替换之外，省略也是英文中常用来避免重复的方式，可以省略名词，省略动词，也可以省略整个分句，例如：

⑭ A man is called selfish, not for pursuing his own good, but for neglecting other's. = A man is called selfish, not for pursuing his own good, but for neglecting other's (good).

说一个人自私自利，并不是因为他只顾自己的利益，而是因为他不考虑他人利益。

⑮ Ambition is the mother of destruction as well as of evil. = Ambition is the mother of destruction as well as (the mother) of evil.

野心不仅是毁灭的根源，也是罪恶的根源。

⑯ Reading makes a full man; conference a ready man; and writing an exact man. = Reading makes a full man; conference (makes) a ready man; and writing (makes) an exact man.

读书使人充实，讨论使人机智，写作使人严谨。

⑰ Work with and not against, nature. = Work with (nature) and (do) not (work) against, nature.

要顺应自然规律，不要违反自然规律。

这几个句子中，英文中为了避免重复，都进行了不同形式的省略，但中文都选择了显化这些被省略的部分。

总之，英文不喜重复。为了避免重复，多使用替代或省略等语言手段，尽量避免重复用词，保证行文简练。但也需要注意，在替代或省略的过程中，省略要必要，指代要明确，避免产生歧义。

二、中文好重复

与英文不同，中文比较喜欢使用重复这一手段来衔接语篇，无论是同样的词重复使用，还是换用同样含义的不同表达，都是重复的体现。"中文好重复"通常表现为以下几点。

1. 叠词

中文中，叠词是十分常见的语言现象。汉语的单音节文字便于字和词的重叠，重叠构词可以使语言表达音韵感强、形式整体，有时甚至能赋予词汇新的感情色彩。许多名词、量词、动词等都有其重叠形式，如：

名词重叠：人人、天天、声声、男男女女……

量词重叠：三三两两、七七八八、一滴滴……

动词重叠：听听、想想、谈谈……

形容词重叠：大大小小、干干净净、雪白雪白……

并列式重叠：难兄难弟、有声有色、心连心……

英文中虽然也有叠音现象，但远不如中文普遍。广泛运用叠词是中文的一大语言特点，如李清照非常知名的《声声慢·寻寻觅觅》中，开头便是叠词连用："寻寻觅觅，冷冷清清，凄凄惨惨戚戚。"仿似妇人低声倾诉，营造了哀婉忧伤的情绪氛围，同时极富音韵美感。

又如温庭筠的《更漏子·玉炉香》：

玉炉香，红蜡泪，偏照画堂秋思。眉翠薄，鬓云残，夜长衾枕寒。

梧桐树，三更雨，不道离情正苦。一叶叶，一声声，空阶滴到明。

秋夜三更冷雨，点点滴在梧桐树上，离情之苦无人可解。潇潇秋雨才不会理解闺中少妇的深夜苦情，只管让雨珠滴在一张张梧桐叶上，滴在窗外的石阶上，这"叶叶声声"滴滴答答直到天明，连绵秋雨诉不尽离情无限，正可谓："梧桐更兼细雨，到黄昏、点点滴滴。这次第，怎一个愁字了得！"

2. 重复用词

除叠词外，重复用词也是中文的一大特点，也是常用的修辞手法。在中文中，重复同一个词可以有效衔接上下语篇，指代较为清楚自然，如：

⑱ 过去，只讲在社会主义条件下发展生产力，没有讲还要通过改革解放生产力。

In the past, we only stressed expansion of the productive forces under socialism, without mentioning the need to liberate them through reform.

⑲ 我的头发没了，可我还是我呀！

My hair is gone, but I'm the same old me!

⑳ 他这次感冒，肯定是洗冷水澡洗出来的。

His cold this time must have been caused by a cold bath.

这几个例句中，中文分别重复了名词、代词和动词，而英文中分别采取了代词替代（例18、例19）和省略（例20）的方式加以处理，符合"英文好替换，中文好重复"的语言特点，不再赘述。

除为了衔接上下文语篇进行的重复用词之外，有意识地使用同一个词、短语甚至句段来强调作者的意思，加强语气和情感，以取得更好的表达效果，在修辞上称为"反复"。这时，译者应着重注意原文作者想要表达的思想情感，对应进行处理，必要时可保留原文重复部分。如：

㉑ 沉默呵，沉默呵！不在沉默中爆发，就在沉默中灭亡。

Silence, silence! Unless we burst out, we shall perish in this silence!

㉒ 在这里我看见了种种人间的悲剧，在这里我认识了我们所处的时代，在这里我身受了各种的痛苦。

Here I have witnessed all sorts of human tragedy. Here I have come to know the times we live in. Here I have undergone untold sufferings.

这两个例子都是保留原文重复用词的典型示例。在这两个句子中，中文里的重复是作者有意为之，用来加强语气，提升表达气势的，是有修辞效果的。这种修辞手法译成英文如果不突兀，就可以保留。虽然大体上，"英文好替换，中文好重复"，但并不是说英文中就不存在重复现象。无论是用作修辞手法，还是为了增强语气，英文中也可以使用词汇、短语甚至句子的重复来利用语言形式表达含义。这时，需要译者着重注意原文的重复部分，体会作者通过重复想要表达的思想情感，再在译入语中寻找恰当的表达方式。[1] 如：

㉓ He went to bed again, and thought and thought and thought it over and over.

他又上床去了，思来想去，想去思来。

由此我们可以看出，英汉两种语言也不全是差异，语言之中也有共通的部分，这需要译者通过大量翻译实践细心观察，总结体会。

3. 重复含义

与英文一样，中文中也有很多"同义词"，但与英文不同的是，这些同义词经常成对出现，形成"同义反复"的现象，这也是中文喜好重复的体现，同时也加强了中文的音韵感。如：

㉔ 下岗失业人员增多，就业压力不断加大。

There is an increase in unemployment, and the employment pressure is keeping growing.

㉕ 我们就是要有这样的雄心壮志。

We must have this ambition.

㉖ 当前，百年变局和世纪疫情交织叠加，世界进入动荡变革期，不稳定性不确定性显著上升。

Now, the combined forces of changes and a pandemic both unseen in a century have brought the world into a phase of fluidity and transformation.

这几个例子中，"下岗"和"失业"是同义词，"雄心"和"壮志"是同义词，"百年"和"世纪"是同义词，而"交织"和"叠加"是近义词。这几个词在英文中没有必要全都保留，只译

---

1. 类似的修辞手法包括反复、联珠、对照、回环、对偶，等等，详见"汉译英：成语与修辞"中的"修辞的处理"部分。

出一个即可。

同时，汉语中的语义重复也会在一定程度上造成语义的冗余，这时需要译者仔细阅读原文，识别冗余信息，恰当处理。如：

㉗ 可以说，这个期间我国财富有了巨额增加，整个 国民经济 上了一个新的台阶。

It can be said that during this period, China's wealth expanded considerably, and the economy as a whole was raised to a new level.

本句中，看起来"国民"和"经济"毫无关系，但根据上下文也可以判断出，这里的"经济"就是"国民经济"，因此"整个国民经济"无须译成 the national economy as a whole，而是直接将"国民"省略，译成 the economy as a whole 即可。

再比如：

㉘ 我坚信，世界上赞成马克思主义的人会多起来的，因为马克思主义是科学。

I am convinced that more and more people will come to believe in Marxism, because it is a science.

本句中，中文里用"世界上……的人"并不显得冗余，但如果译成 people of this world 就会有些啰嗦。因为"人"一定是"世界上"的人，不可能是别的地方的人，因此中文里的"世界上"可以省略不译。

总之，中文不避讳重复，有时甚至会有意重复前文的名词或动词来凸显语言的韵律感。同时，也要注意同义词和近义词带来的语义重复，精准分析，恰当选词，避免译文因中文语义重复而啰嗦冗余。

三、翻译时需要遵循的翻译策略

1. 英译汉：遵循汉语的语言习惯，多重复

正因为中文偏好重复，因此英译汉时，适当重复符合汉语的语言习惯。如：

㉙ All of these arrangements were a prelude to the ball, the hostess's ultimate prize.

所有这些安排都只是这次舞会的序曲，而舞会才是女主人的最终目的。

㉚ While you might think you're not eating much sugar, chances are you're eating a lot more than you realize.

你可能觉得自己吃的糖并不多，但很可能你摄入的糖比你意识到的要多得多。

例 29 中，英文直接采用同位语解释说明前面的 ball，用省略避免了重复用词，而中文将省略部分显化，直接点明，符合中文的具象表达习惯。例 30 也是如此，a lot more 后面省略

了 sugar，而在中文中则补全了。

㉛ Big powers have their strategies while small countries also have their own lines.

强国有强国的策略，小国也有小国的路线。

本句中，英文采用了同义词变换（strategies 和 lines）和代词替代（their）来避免重复用词，而中文重复了"强国"和"小国"，用"策略"和"路线"进行了同义反复，符合中文的表达方式。

㉜ She hoped she had mixed enough fact and fiction in her story to mislead her husband.

她的讲述虚虚实实，她希望这足以误导她丈夫的想法。

㉝ Walking up and down the empty room, he stopped here and there to touch or look.

他在空空荡荡的屋子里走来走去，这儿停停，那儿转转，东摸摸，西瞧瞧。

这两个例句中，中文都使用了叠词翻译，对照的是英文中的头韵（例 32）和尾韵（例 33）。这样的叠词不仅用另一种形式还原了英文的音韵感，同时创造出一种意境，生动形象地描述了环境氛围。

2. 汉译英：遵循英语的语言习惯，避免重复

正因为英文好替换，所以在汉译英的过程中，要想方设法避免重复，可以综合运用以上各种手段，使译文符合英文的表达习惯。如：

㉞ 确保多边理念得到秉持、多边原则得以维护、多边实效能够彰显。

We must ensure that the philosophies of multilateralism are upheld, its principles are maintained, and its benefits are delivered.

本句使用了替代策略，用 its 代替了前文的 multilateralism，避免了多次重复。

再比如：

㉟ 我们俩经常在一起聊工作，聊生活，聊未来。

We often chatted about our jobs, everyday life and our future.

本句中，中文重复了动词"聊"，这是中文中很常见的表达方式，如果不重复反而会让人觉得有些别扭，但英文因不喜重复，因此只译出一次，另外两次省略了。

㊱ 实现了千百年来从围湖造田、与湖争地到大规模退田还湖的历史性转变。

This represented a great shift from the centuries-long history of re-claiming farmland from lakes to restoring it to them on a large scale.

本句中，中文里"湖"出现了三次，"田"出现了两次，另一次用"地"替代，但英文中用 it 替代了前文的 farmland，用 them 替代了前文的 lakes。而"围湖造田"和"与湖争地"本质

上来说表达的是同样的含义，属于同义反复，因此翻译时省略了一个。本句综合使用了省略与替代两种手法，避免重复。

㊲ 我们的合作机制不断完善，合作领域持续拓展，国际影响日益增强。

We have witnessed the continued improvement of our cooperation mechanism, expansion of collaboration areas, and growth of global influence.

本句的翻译策略相对复杂，中文看似并未重复，但细细分析就会发现，"不断""持续""日益"三个词构成了同义反复，实际上表达的都是同样的含义，因此只用 continued 一个形容词，有效避免了同义反复的出现，简洁明快，符合英文的表达习惯。

总之，除非有意强调或出于修辞需要，英语更倾向于尽量避免重复，通过省略和替代等方式避免重复用词；而汉语则更习惯于重复，常用实称、还原和复说等表达方式显化。因此，英译汉时要尽量贴合中文表达习惯，显化代词所指，补全被省略的部分，通过重复用词、同义反复等形式构建中文句式，而汉译英则需要译者综合各种翻译策略，尽量替换，避免无谓的重复。

第六章　长句与短句

本章是"中英语言差异"部分的最后一章,在这一章中,我们来探讨一下"长句与短句"的问题。首先来看一个句子:

The possibilities of pleasure seemed that morning so enormous and so various that to have only a moth's part in life, and a day moth's at that, appeared a hard fate, and his zest in enjoying his meagre opportunities to the full, pathetic.

这天早晨,生命的乐趣表现得淋漓尽致又丰富多样。相比之下,作为一只飞蛾浮生在世,而且是只有一天生命的飞蛾,真是命运不济。虽则机遇不堪,飞蛾却仍在尽情享受,这种热情不禁引人唏嘘。

这段选自弗吉尼亚·伍尔芙的散文名篇《飞蛾之死》,译者是著名翻译家陆谷孙先生。对比中英文,大家可以看出哪些差异呢?可能最突出的便是句式上的不同。英文整体上是一个长句,其结构分析如下:

| 主句的主语 | 主句的谓语(系动词) | 主句的时间状语 | so... that 构成的结果状语从句 |

The possibilities of pleasure *seemed* that morning *so* enormous *and so* various *that* to have only

| 从句:第一个主语 | 从句:第一个谓语(系动词) | 从句:第二个主语 | 定语:修饰 zest |

a moth's part in life, and a day moth's at that, *appeared* a hard fate, *and* his zest in enjoying his

| 从句:第二个谓语(系动词且省略) |

meagre opportunities to the full, (appeared) pathetic.

从分析中我们可以看出,英语句子的大结构是主系表结构,后面接了 so... that 引导的结果状语从句,从句里是并列结构,前一个分句有并列主语,后一个分句的主语被介词短语作后置定语修饰。

这样的复杂长句还有很多,无须再举例子,我们也可以想到。英语中,想要表达复杂含义的句子大多很长,可能有很多修饰成分,带了好几个从句,可能还有插入语、同位语等附加成分。这些成分交织在一起,构成英语中"主干—枝叶"式的长句。

而中文则不同。从这个例句中可以看出,中文并不像英文那样一句话说到底,而是采用相对较短的句式,每个短句表达了相对独立的含义。例如以上例句中,"这天早晨,生命的乐趣表现得淋漓尽致又丰富多样",讲完一层含义便用了句号。而下一句中,"作为一只飞蛾浮生在世,而且是只有一天生命的飞蛾,真是命运不济",也是讲完一层含义便用了句号。在句子内部也可以用逗号连接短句,如"虽则机遇不堪,飞蛾却仍在尽情享受,这种热情不禁引人唏嘘"中,"机遇不堪""飞蛾却仍在尽情享受""这种热情不禁引人唏嘘"三个短句各有主谓,各自都能表达独立含义,之间用逗号连接起来。这在英语中是不可能的。

那么中文和英文分别是如何构句的呢?接下来我们来看一下。

一、英汉不同的句式特点

王力先生曾说:"西洋人做文章是把语言化零为整,中国人做文章几乎可以说是化整为零"。究其原因,大多是因为英语的形态变化丰富,主谓结构控制核心,词形变化表达含义,连接手段连接从句,代词用来前后呼应,因此常见主谓长句;而中文少有形态变化,词语之间的语法关系主要是通过语序和词汇来实现的,因此常见流水短句。从句式上来说,英汉语言各呈现如下构句特色。

1. 英文:首封闭、尾开放、右分支,顺线性延伸

这个小标题可能有点难理解,没关系,我们先来看个句子:

❶ He is reading.

这个句子很简单。如果我们想把它拉长,应该如何做呢?可以按照如下规律。

❷ He is reading a novel.

❸ He is reading a novel *written by Mark Twain*.

❹ He is reading a novel *written by Mark Twain in the reading-room*.

❺ He is reading a novel *written by Mark Twain in the reading-room on the second floor of our library*.

❻ He is reading a novel *written by Mark Twain in the reading-room on the second floor of our library which has just opened last Monday*.

❼ He, *who likes to read very much*, is reading a novel *written by Mark Twain in the reading-room on the second floor of our library which has just opened last Monday*.

从这几个例子中我们可以看出,英文是如何拉长句子的呢?是通过加入限定、修饰或描述性成分来拉长整个句子。无论是修饰主语还是宾语,修饰性成分都加在了被修饰部分的右侧,句子的开头几乎是固定不变的,而句子的尾部可以无限拉长。句子从左写到右,就好像从左向右画条线一样,所以英文的句子呈现"首封闭、尾开放、右分支,顺线性延伸"的特点。

2. 中文:首开放、尾封闭、左分支,逆线性延伸

与英文不同,中文基本不会将修饰性成分放在被修饰词的右边,如果放在右侧,一定会另起一个短句。例如这个中文短句:

❽ 他学习。

如果想扩展这个短句,我们可以写成下面这样。

❾ 他认真学习。
❿ 他在教室里认真学习。
⑪ 没课的时候,他在教室里认真学习。
⑫ 昨天没课的时候,他在教室里认真学习。
⑬ 小王告诉我,昨天没课的时候,他在教室里认真学习。
⑭ 吃饭的时候小王告诉我,昨天没课的时候,他在教室里认真学习。
⑮ 今天中午吃饭的时候小王告诉我,昨天没课的时候,他在教室里认真学习。
⑯ 好像是今天中午吃饭的时候小王告诉我,昨天没课的时候,他在教室里认真学习。

从这几个句子中我们可以看出,中文是如何拉长句子的呢?是通过将定语、状语等修饰性成分加在句子的左边。如果想把这句话里的"认真"挪到句子右边,就会变成短句,写成:他学习,学得很认真。因此,修饰性成分基本加在被修饰词的左边,句子的开头开放,而尾部基本封闭,整个句子好像是从右向左延展的线条,所以中文句式呈现"首开放、尾封闭、左分支,逆线性延伸"的特点。

二、英文好长句,中文好短句

在英文中,由于其句式结构向右延展,因此句子可以一直向右延伸,包含各种修饰性成分和从句,构成长长的主谓长句。而中文中,虽然理论上也可以向左侧无限扩展,但实际上,在开口说话时,一句话的长度基本已经固定,无法在句首进行不断扩展和延伸,因此只能另起一句,根据句意加入标点。例如:

⑰ Hangzhou's West Lake is like a mirror, embellished all around with green hills and deep caves of enchanting beauty.

杭州西湖如明镜,千峰凝翠,洞壑幽深,风光绮丽。

(试比较:杭州西湖如完全由绿山、深洞和迷人的美丽装点的镜子。)

本句中,英文是以 is 为中心的系表结构,后面由过去分词短语作后置定语扩展成长句,而中文中如果将定语完全置于中心词前,很显然不符合中文的表达方式,而将后文分成几个并列短语"千峰凝翠,洞壑幽深,风光绮丽",明显更符合中文的表达习惯。

再比如:

⑱ Even by the standards of Beacon Hill, the house was impressive, the largest on a street of distinguished residences that had housed generations of natives.

就算以灯塔山的标准来看，这幢房子也豪华得很。这片街区早有盛名在外，里面住着一代又一代的本地人，而这幢房子则是整条街上最大的一幢。

（试比较：就算以灯塔山的标准来看，这幢房子也豪华得很，这个尊贵的、住着一代又一代本地人的街上最大的一幢。）

本句中，英文是以 was 为中心的系表结构，后面跟了带着修饰性成分的同位语，而中文中如果将修饰结构完全置于同位语之前，将同位语也原样保留，显然不符合中文的表达习惯，应将原文信息提取出来打散再梳理成短句[1]，这样才符合中文的句法结构。

1. 英译汉：拆分重组，化整为零

英文好长句，中文好短句，因此英译汉时应使译文符合中文的表达习惯，尽量拆分重组，化整为零。例如：

⑲ It is a curious fact, of which I can think of no satisfactory explanation, that enthusiasm for country life and love of natural scenery are strongest and most widely diffused precisely in those European countries which have the worst climate and where the search for the picturesque involves the greatest discomfort.

欧洲有些国家的气候极其糟糕，人们得下大功夫才能找到几个风景如画的胜地，但奇怪的是，恰恰是这些地方的人最向往乡村生活，最热爱自然风光，这实在让我百思不得其解。

⑳ Mr. Rossi, who attended Harvard Law School in the 1950s and wrote a book on American bankruptcy law, made his name as a corporate lawyer keen on market rules and their enforcement.

罗西先生在二十世纪五十年代就读于哈佛大学法学院，曾写过一本关于美国破产法的著作，随后成为一名企业律师，专注于市场规律及其运行情况的研究，由此声名鹊起。

以上两个例子中，中文均选择将原文的主谓结构打散，将长句拆成短句，并综合运用各种翻译技巧，最终产出流畅的译文。

2. 汉译英：提炼逻辑，连短为长

英译汉要拆长为短，汉译英则要反其道而行之，将原文的流水短句整理成主谓长句，如：

㉑ 中国作为联合国安理会常任理事国、世界货物贸易和制造业第一大国，始终本着维护国家安全，维护世界和平与地区安全的原则，不断完善出口管制治理。

As a permanent member of the UN Security Council, and the largest trader and manufacturer of goods, China has always been committed to the principle of safeguarding national security,

---
[1]. 请注意，这里的"中文短句"并不以句号为界，而更倾向于"分句"的概念，即若能完整表达某项含义，则可以叫作一个"短句"。如"千峰凝翠，洞壑幽深，风光绮丽"这三个分句，各自都可以表达完整含义，因此用逗号分开，每个分句视为一个短句。

world peace and regional security by steadily improving export control governance.

本句中，译文将原文"本着……原则"作为主句，将前文"作为……第一大国"译成 As 结构置于句首，将"不断完善出口管制治理"处理成方式状语，有效地将原文的流水短句梳理成主谓长句，逻辑清晰明了。

㉒ 中国将始终高举和平、发展、合作、共赢旗帜，在和平共处五项原则基础上拓展同各国友好合作，积极推动构建新型国际关系。

China will stay committed to peace, development, cooperation and mutual benefit, develop friendship and cooperation with other countries on the basis of the Five Principles of Peaceful Coexistence, and promote a new type of international relations.

㉓ 在北平即使不出门去罢，就是在皇城人海之中，租人家一椽破屋来住着，早晨起来，泡一碗浓茶，向院子一坐，你也能看到很高很高的碧绿的天色，听得到青天下驯鸽的飞声。

Suppose you put up in a humble rented house inside the bustling imperial city, you can, on getting up at dawn, sit in your courtyard sipping a cup of strong tea, leisurely watch the high azure skies and listen to pigeons circling overhead.

从以上两个例子中可以看出，无论是政经类文本还是散文，都可以通过梳理原文结构来化短为长，将中文的流水短句处理成英文中的主谓长句，用符合英文表达习惯的方式产出流畅地道的译文。

只不过，无论是英译汉中"拆长为短"，还是汉译英中"连短为长"，都不是译者借助单一技巧就能做到的。译者只有在打牢语法功底、磨炼好理解能力之后，综合运用各种翻译技巧，才能够达到最终目的。无论是英文层层叠加的主谓长句，还是中文中由多个短句串起来的竹节长句，你都会在技巧部分找到对应讲解。

综上，总体而言，英文是以主谓结构为基础的树形结构，而中文是以含义为基础的竹形结构。英文长句偏多，总体上遵循"主谓搭架，枝叶上挂"的构句原则，而中文偏好短句，一个句号内可以包含好多个由逗号连接的短句，总体上遵循"话题统领，意尽为界"的构句理念。译者在翻译的过程中应着意把握两种语言之间构句偏好的不同，产出符合译入语表达习惯的译文。

"中英语言差异"这部分到本章就结束了。通过六章的讲解，我们大致梳理了中英语言中的常见差异。正是因为有了这些差异，在语言转换的过程中，译者才需要用各种手段来尽力弥补语言差异带来的语义缺失，这样就会出现各类翻译技巧。差异是前提，技巧是手段，希望大家在接下来学习、操练技巧的过程中，能够着意思考技巧背后的语言差异，再反过来用语言差异理念指导技巧的选择和使用。

第二部分
英译汉

在学习翻译的过程中，具体翻译技巧的重要性不言而喻。因此在这部分，我们会具体探讨一些在英译汉过程中常用的翻译技巧，帮助大家解决一些在翻译过程中遇到的实际问题。但也需要提醒同学们一点：翻译之所以存在，是因为中英两种语言存在差异，因此翻译技巧的存在也在很多层面上反映了中英语言的差异。所以，请同学们尽量不要机械地学习技巧，而是要在学习技巧的过程中注意语言差异，深入思考，以便更好地理解翻译技巧存在的依据。

第一章　词义的选择与引申

翻译是一个弥合差异的过程，英汉两种语言由于其构成形式不同，存在很多差异，发音上的差异就是很大的一点。汉语一字只有一音节，而英语一词可有多音节；汉语有四个声调，但英语没有，等等。但在实际翻译过程中，除了人名和地名的翻译，大多数都是以"字词"为最小单位，因此，词汇的选择是非常基础、非常重要的一环。

在英汉两种语言中，词义的一致性和差异性均非常明显。例如英文中十分简单的 hand 一词，在《牛津高阶英汉双解词典》中对应的中文词条就有十三条之多。例如：

Put your hand up if you know the answer.

知道答案就举手。

Let me give you a hand with those bags. = Let me help you to carry them.

我来帮你拎那些包吧。

Several of his colleagues had a hand in his downfall.

他的几位同事对他的下台起了作用。

All hands on deck!

全体船员到甲板上集合！

She handed the letter to me.

她把信交给我了。

在以上例子中，英文中的 hand 既可以理解成中文中的"手"，词义完全对应，也有"作用""船员"这种和"手"八竿子打不着的含义，同时还可以用作动词，译成"交给"。如此灵活的"一词多义"现象给我们的翻译过程带来了不少困难。因此，这章我们来探讨一下英译汉过程中的选词问题。

一、英汉词语的对应关系

在讨论英汉翻译的选词之前，首先需要了解英汉词语的对应关系，这样才能更有针对性地去理解选词。笼统来看，英汉两种语言在词义方面可以总结出以下几种对应关系。

1. 词义对等

首先是"词义对等"，这点非常好理解，比如大部分名词在各种语言中的词义都是对等的，因为客观世界中没有人文色彩，比如，英文中的 table 和中文里的"桌子"，指的就是同样一种"有一个平面，下面有四只脚撑着的"物体。再比如：

英文	mother	physics	cup	expressionism
中文	妈妈，母亲	物理学	茶杯	表现主义

以上这些词汇，无论是抽象名词还是具象名词，无论是物体还是称谓，在中英两种语言中的词义大体一致，词义基本对等，在翻译的过程中很少造成歧义。同时，我们也不难发现，词义对等的词汇基本都是名词，大多为专有名词，只有这样的词汇才能在跨语言的交流中达成词义的统一，带来词义对等的效果。

2. 词义交织

其次是"词义交织"，这点在中英语言中也很常见。对于英文中的一些常见动词，我们在翻译过程中需要根据上下文译成中文里表示同类含义的常见动词，比如：

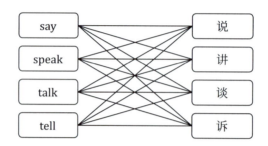

无论是 say、speak、talk 还是 tell，在中文中，我们都可能会根据上下文译成"说""讲""谈""诉"，或者"道""称"等同类表达。这类词汇在翻译的过程中就需要我们灵活处理。

3. 多词同义

然后是"多词同义"，这便是我们在英语学习过程中常见的"同义词"，它给我们的英语学习造成了很大困扰。例如"人"这个概念，在英文中可能有 man、person、people、human 和 mankind 等不同表达，这也给我们的选词带来很大困难。究其原因，大半是因为汉语词义的稳定性相对来说比英文强，含义范围也要窄一些。而面对这类词汇，最重要的便是要了解这些"同义词"的微小差异，如：

人	含义
man	an adult male human 成年男子；男人
person	a human as an individual 人；个人
people	persons; men, women and children 人
human	(also human being) a person rather than an animal or a machine 人
mankind	all humans, thought about as one large group; the human race 人类

从表格中不难看出，这几个词虽然都可以译成"人"，但各有侧重，其中 man 更侧重"成年男子"；person 更侧重"个人"；people 更侧重"群体"；human 也可以写作 human being，更侧重"不是动物或机器，而是能制作并使用工具的生物"；mankind 是不可数名词，指代"人类"。

4. 词义缺省

中英两种语言的历史源流不同，形成过程和人文基础也各有差异，因此在词汇表达上必然会出现彼此无法涵盖的"真空地带"，这种"真空地带"在翻译领域被称为"文化空缺"或"文化缺省"，在词汇上便表现为词义的缺省。

某些含有特殊文化含义的词汇，在翻译的过程中就无法找到完全对等的表达，例如 cross the Rubicon，直译为"跨越卢比孔河"，但 cross the Rubicon 其实是西方的一句经典谚语，来源于恺撒大帝跨越卢比孔河的故事。

当时，恺撒作为即将卸任的罗马共和国高卢行省总督，按照规定应该回罗马，但他害怕政敌（庞培和元老院共和派人士）势力坐大，最终决定带大军越过卢比孔河。但根据当时的罗马法律规定，只有执政官和裁判官才能在卢比孔河以南的意大利本土指挥军队，除此之外任何人带领军队跨过即意味着造反，因此恺撒想要渡河便是对整个罗马制度宣战，一旦跨越卢比孔河便不能回头。同时，这个故事还引申出另一个谚语 the dice is cast，源于恺撒当时在河边犹豫是否要让军团过河，最终他决定放手一搏，并说出了 alea iacta est (the dice is cast)，直译为"骰子已掷下"，意思是箭在弦上，已不得不发。

以上两个谚语在中文中都无法找到历史背景完全对应的表达，翻译时只能抛弃语言形式，保留语言内涵，力求神似。现大多将 cross the Rubicon 意译为"破釜沉舟"，将 the dice is cast 意译为"木已成舟"。但我们细想便会发现，cross the Rubicon 强调的是 a particular plan or course of action that cannot be reversed，表示某事已无法挽回，但"破釜沉舟"更多表达的是不留退路，做事果决；the dice is cast 表示 a course of action has been finalized，结合背景故事能体会出当事人在面临困难做出抉择时的两难心情，但"木已成舟"只表示事情已成为不可改变的定局，并不强调所处境地，因此并不能说它们在词义上完全对等，而是有所缺失的。

实际上，由文化缺省带来的词义缺省比比皆是，大家可以在翻译实践中深刻体会，也需要在翻译实践中加以取舍，正所谓"鱼与熊掌不可得兼"。然而，我们也不能求全责备，毕竟每种语言都有其魅力。谁又能说这种"缺失"不是翻译本身的遗憾之美呢？

5. 一词多义

一词多义算得上是英文词汇最常见的现象了，谁敢说自己在学习英语的过程中，没有被这些多义词"折磨"过呢？之前列举的 hand，就是一个很典型的例子。而除了名词，大多数常用动词动辄有十几个词义，也很让人头疼，例如 apply，简简单单五个字母，在《牛津高阶英汉双解词典》中却有六种含义；且很多词还具备多种词性，like 就是一个很典型的例子，一共四个字母，却有介词、动词、连词、名词、形容词和副词六种词性。

鉴于一词多义是比较常见的词汇现象，在这里我们就不再赘述，其翻译处理方式将在接下来的技巧讲解中加以详述。

总之，中英两种语言在词汇上既有相同点，也有不同点，有一一对应的情况，也有无法对应的情况，这些都需要我们在翻译过程中具体问题具体分析，"因地制宜"地进行处理。

二、词义的选择

既然中英两种语言的词汇在大部分情况下都无法一一对应，那么选择恰当的词义便成为我们翻译过程中必不可少的一环。在实际翻译实践中，我们可以从"词性"和"语境"两个方面在词汇的既有词义中选择恰当词义，以产出流畅通顺的译文。

1. 根据词性选择词义

在翻译实践过程中，根据词性选择词义是十分常用的翻译技巧。先判断这个词在句子中是哪种词性，再根据词性选择恰当词义。例如：

like

❶ She's wearing a dress like mine.
她穿的连衣裙和我的相似。（介词）

❷ I don't like the way he's looking at me.
我不喜欢他看着我的样子。（动词）

❸ It didn't turn out like I intended.
这结果并不像我所计划的那样。（连词）

❹ We all have different likes and dislikes.
我们各有不同的好恶。（名词）

❺ She responded in like manner.
她以类似的方式作出了反应。（形容词）

❻ It was, like, weird.
这事儿，就是说，有点怪。（副词）

以上几个句子中，like 在每个句子里分属不同词性，因此可以根据词性选择不同含义，产出符合句意且流畅通顺的译文。

2. 根据语境选择词义

除了根据词性选择词义，英语中还有很多词只有一种词性，却有很多种词义，也就是我们所说的"一词多义"。在翻译这类词的过程中，我们需要根据语境理解含义，选择恰当的词义。例如：

`course`

❼ The college runs specialist language courses.

这所学院设有专门的语言课程。

❽ He radioed the pilot to change course.

他用无线电通知飞行员改变航向。

❾ There are various courses open to us.

我们有多种处理方法可采取。

❿ The unexpected course of events aroused considerable alarm.

意外的事态发展引起了相当大的恐慌。

⓫ The main course was roast duck.

主菜是烤鸭。

⓬ The path follows the course of the river.

小路沿河道延伸。

以上几个句子中的 course(s) 都是名词，但在每个句子中含义都是不同的，这时需要我们结合原文正确理解，选择恰当词义。当然，以上几个句子语境清晰，词义辨别非常简单，但在实际翻译的过程中，也会有一些词的用法给我们带来词义辨别上的困难，此时就需要同学们细心查证，仔细辨别。例如：

⓭ The disease is communicated through dirty drinking water.

这句话里的 communicated 就不再是我们熟悉的"to exchange information, news, ideas, etc. with sb.（与某人）交流（信息或消息、意见等）"的含义，而是"to pass a disease from one person, animal, etc. to another 传染；传播"的含义。本句可译为：这种疾病通过不干净的饮用水传播。

再例如：

⓮ He was eager to communicate his ideas to the group.

这句话里的 communicate 也不能译成"交流"，而是取"to make your ideas, feelings, thoughts, etc. known to other people so that they understand them 传达，传递（想法、感情、思想等）"这个含义。本句可译为：他急于把自己的想法传达给小组。

综上，在根据语境选择词义时，我们要在准确理解原文的基础上有意识地查证词义。所谓"**不懂不会要查，不能理解要查，表达不通顺要查**"。**查证是译者的基本素质，也是同学们在备考过程中需要养成的良好习惯。**

同时，在查证词汇的过程中，一定要着重查阅词汇的英文释义。所有的中文释义都是翻译的结果，都不可避免地会在语言转换时出现一定程度的含义缺失，而对于某些含义存在细微差别的词汇来说（比如开篇表示"人"的那几个词），只有英文释义才能准确描述词汇之间的差别，帮助我们在翻译的过程中选择恰当词义，准确表达原文含义。

3. 褒贬义选择

文字表达思想态度，而作者的选词则表现了作者写作时的态度。很多同学在刚开始学习翻译的时候总会忽视词汇本身的褒贬含义，或忽视词汇在上下文中体现出的褒贬含义，从而造成误译。

无论中文还是英文，都有很多词本身便带有褒贬含义，在翻译的过程中，译者应选择恰当词汇把原文所表达的褒贬含义表达出来。例如：

⑮ He became nationally and internationally *famous* for his science fictions.
   他以科幻小说*享誉*中外。

⑯ The bar has become *notorious* as a meeting-place for drug dealers.
   这家酒吧是毒品贩子的接头地，现在已是*声名狼藉*。

以上两个例子中，famous 和 notorious 都是自带褒贬含义的词，在译成中文时就应选择恰当词汇表达其褒贬含义。也有一些词汇本身不含有褒贬含义，但结合语境就会存在一些褒贬含义，这时也应用恰当的汉语将其所蕴含的褒贬含义表达出来。例如：

⑰ She never achieved her *ambition* of becoming a famous writer.
   她始终未能实现成为作家的*夙愿*。

⑱ His choices were totally motivated by personal *ambition*.
   他的选择完全是出于个人*野心*。

以上两个例子中，ambition 就是很典型的"中性词"，既可以表示"something that you want to do or achieve very much 追求的目标；夙愿"，也可以表示"the desire or determination to be successful, rich, powerful, etc. 雄心；野心"，要结合上下文语境选择褒贬含义。

除此之外，英汉两种语言中还有联想意义相反或矛盾的词汇，比如汉语中的"龙"和英语中的 dragon 代表的含义就不同。在汉语中，龙是中华民族的象征，是气势磅礴的神兽祥瑞，而西方的 dragon 是身拖长尾，口中喷火，背生双翼的大蜥蜴，是罪恶的象征。类似的对比还有狗和 dog，杜鹃鸟和 cuckoo，等等，这些词汇背后的褒贬含义都是我们在翻译的过程中需要注意的。

三、词义的引申

除选择恰当词义之外，词义的引申在英译汉的过程中也非常重要，因为有时我们无法从词汇写在词典上的既有词义中选出一个最符合上下文的词义，这个时候就要考虑进行词义的引申。

所谓词义的引申，就是"根据上下文的内在联系，通过句子中词或词组乃至整句的字面意义由表及里，运用符合汉语习惯的表达法，选用确切的汉语词句，将原文内容的实质准确地表达出来"。[1] 从某种意义上讲，词汇的引申是译者结合语境的再创造，十分考查译者的源语理解能力和译入语语言功底，是一种相对较难的处理方式。

1. 抽象化引申

我们发现在具体翻译实践中，英语中某些表示具体意义的词在语境中失去了其具体含义，而是直接表示事物的某个属性或抽象概念，这时，在翻译的过程中，往往可以将这类具体事物抛却，直接点明其所代表的抽象概念。例如：

⑲ They encountered a lot of difficulties at the beginning of the project, but now it's coming up roses. 他们在项目伊始遇到了很多困难，但现在已渐入佳境。

（试比较：他们在项目伊始遇到了很多困难，但现在正在变成玫瑰。）

⑳ He managed to make a living with his pen. 他勉强靠写作过活。

（试比较：他勉强靠钢笔过活。）

这两个句子中，roses 和 pen 都是具象概念，如果字对字地翻译，把第一句话中的 roses 译成"玫瑰"，第二句中的 pen 译成"钢笔"，译文便无法准确表达原文含义，使人不知所云。

2. 具象化引申

英语中也常会用某种抽象概念来代指某种具体事物，这时，在翻译的过程中，便需要对原文的某些词语进行具象化引申。例如：

㉑ The presence in China of Coca-Cola, McDonald's and KFC has certainly helped spur the development of the domestic soft-drink and fast-food development.

可口可乐、麦当劳和肯德基进入中国市场，当然有助于促进国内软饮市场及快餐业的发展。

（试比较：可口可乐、麦当劳和肯德基在中国出现，当然有助于促进国内软饮市场及快餐业的发展。）

㉒ His family were very well connected and he had an entrée to every branch of society.

他家里人脉很广，这给了他进入社会各界的敲门砖。

（试比较：他家里人脉很广，这给了他在社会各界的进入许可。）

---

1. 徐昌和：《英汉翻译中的词义引申》，载《中国科技翻译》，2009（02）：10页。

以上两个例句中，原文的 presence 和 entrée 都是抽象词汇。例 21 中的 presence 在《牛津高阶英汉双解词典》中有一条解释为"the fact of being in a particular place or thing 存在；出现"，但直译成"出现"并不是特别合适。结合原文语境，这里选择引申为动词"进入市场"，更加符合原文含义。而例 22 中的 entrée 含义为"the right or ability to enter a social group or institution 入场权；进入许可；进入资格"，直译出来也特别奇怪，这里直接具象化，译为中文中的类似表达"敲门砖"，符合原文语境，流畅通顺。

3. 结合语境引申

除以上两种可以归类的引申方式之外，其他很多需要引申词义的情况无法完全贴合"抽象"或"具象"的分类，这时就需要我们具体问题具体分析，结合语境恰当处理。例如：

㉓ He's got a pepper-and-salt beard.

他胡须已花白。

㉔ There is no worse conversationalist than the one who punctuates his words as he speaks as if he were writing, or even who tries to use words as if he were composing a piece of prose for print.

要是有谁聊个天也要像做文章那样句读分明，说个话也像要写作出版似的咬文嚼字，那他绝对是闲聊时最讨人厌的那一个。

以上两例都在不同程度上进行了词汇的引申。例 23 中，pepper-and-salt 在《牛津高阶英汉双解词典》中的解释为"having two colours that are mixed together, especially a dark colour and a light one 两色相间的；深浅色相间的"，这里描述的是胡须，"两色相间的胡须"在表述上颇为奇怪，但中文中可以说"花白胡须"，所以引申为"花白"的含义。

例 24 中，punctuates 表示"给……加标点"，在译文中引申为"句读分明"，为了与前文保持平衡，后文的 use words 引申为"咬文嚼字"。同时，前文的 writing 没有直接处理成"写作"，而是结合上下文译为"做文章"，于是后文的 composing a piece of prose for print 也没有直译为"撰写要发表的散文"，因为这里到底是发表散文，还是发表什么别的并不重要，作者强调的是"文章要付印"与前面"随便说说话"的对比，于是省略了 prose 这个意象，直接译成了"写作出版"。前面的 no worse conversationalist than 明显表达了最高级的含义，因此没有直译 conversationalist，而是转换了词性，同时引申语义，译为"闲聊时最讨人厌的那一个"。

其实，词义的选择与引申算是英译汉的一个难点。很多同学一开始觉得十分困扰的很可能是如何将英文的主谓句变成中文的流水句[1]，觉得选词没什么难的，"不就是个词嘛"。但在真

---

1. 这一内容会在第二部分第六章"长句与润色"中详细讲解。

正有了一定翻译量后大家就会发现，梳理结构是有章法可循的，但如何选词才能体现译者的语言功底。很多句子看起来不难，看别人译文的时候总觉得"用这个词理所当然"嘛，但轮到自己就会"想破头"，回头去看参考译文，便会发出"啊对对对"的感慨，只恨自己当时怎么没想到。

总之，词义的选择与引申是英汉翻译的基础，也是译者语言功底的体现。在实际翻译过程中，我们要"透过现象看本质"，结合源语语境正确理解原文含义，进而选择恰当的词汇表达。这并非一日之功，需要大量翻译实践练习才能实现，同学们可以在后面的学习、练习过程中着意体会。

不要急，咱们慢慢来。

第二章　词类转译

不知道大家是否还记得这个句子：

It is rather for us to be here dedicated to the great task remaining before us… that government of the people, by the people, for the people, shall not perish from the earth.

我们应将自己奉献给面前的伟大事业……使这个民有、民治、民享的政府永世长存。

在这个句子里，三个介词转换成了动词，这种词类[1]的转译在英汉语言的转换中实在是俯拾即是。在本章中，我们就来探讨一下词类转译的情况。

对于词类转译，学术界有很多研究，其中尤金·奈达的"功能对等"理论最具代表性。所谓"功能对等"，简单说来，就是不拘泥于原文的结构信息，而要从语义的角度去看每个词或每个意群在句子里发挥了什么功能，传递了什么含义。

理论有点枯燥，咱们以上面的句子为例来分析一下。如果保留原文的结构和词类，句子会译成什么样呢？可能会译成：

我们应该在这里，献身于仍然留在我们面前的伟大任务……人民的政府、由人民的政府、为了人民的政府，不会从这个世界上消亡。

相对于前面的译文，这个译文很显然不够流畅，不符合中文的表达方式。究其原因，多半是因为保留了 of the people, by the people, for the people 的句式结构，也就是保留了介词结构。由此可以看出，英文中的词类在译成中文之后，可以不保留，转换成其他词类。

其实，翻译中的词类转译算得上老生常谈了，在实际翻译过程中也用处颇丰。这里综合了各个学者的研究成果，将常用的转译情况总结如下。

一、转译成动词

1. 名词转译成动词

在英译汉的过程中，因为"英文好静态，中文好动态"，名词转译成动词是最常见的情况。不知道大家是否还记得这个例句：

❶ His refusal to discuss the matter is very annoying.

他拒绝商量这件事，这让人很恼火。

---

[1]. 这里之所以使用"词类"而不是"词性"，是因为汉语的"词性"并不像英语的一样明显、确定、好区分，一个词可能兼有好几种语法特点，所以并不好一一对应词性。例如"桃花不红"这个句子里，"不"字是什么词性呢？虽然看起来这里的"不"似乎相当于 The peach flowers are not red. 中的 not，但其实在中文中，这里的"不"修饰的是后面的"红"，而不像英文里一样，not 用来修饰前面的 are。所以并不能简单地将 not 归为副词，而且中文"桃花不红"中，"不"字还承担了一部分谓语的功能。但为了方便起见，同学们可以简单地将这里的"词类"理解成"词性"，只要知道中文的"词类"与英文的"词性"并不能一一对应即可。

这里的"拒绝"便是由名词 refusal 转译而来的。在名转动的过程中，常见的情况有以下三种。

(1) 由动词派生的名词转译成动词

像上一例句中的 refusal 那样由动词派生而来的名词，在英译汉的过程中大多可以转译回动词，如：

❷ The case was dismissed in the absence of any definite proof.

此案因缺乏确凿证据而不予受理。

❸ Similar sensor webs were also planned for the exploration of other planets with hostile environments.

类似的传感器网也计划用于探索其他环境恶劣的行星。

❹ But residents here care little for such things, or for his denial that he owns the bulk of the company.

但这里的居民并不关心这些事情，也不在乎他否认自己拥有该公司的大部分股份。

（试比较：但这里的居民并不关心这些事情，也不在乎他对自己拥有该公司大部分股份的否认。）

以上几个例子中，absence、exploration 和 denial 均是由动词派生的名词。英文好静态，喜欢使用名词结构，但这类名词在译成中文时一般无法保留名词结构，只能译成动词（例2、例3、例4），译成名词后句子可能不通顺（例4）。这类由动词派生，表达了强烈动作意义的名词，大多会在英译汉的过程中译成动词。

(2) 含有动作意义的名词转译成动词

与由动词派生的名词类似，很多含有动作意义的名词也常在英译汉时转译为动词，如：

❺ The war was finally at an end.

战争终于结束了。

❻ After ten days at sea, we had our first sight of land.

在海上航行十天之后，我们第一次看见了陆地。

❼ The sisters exchanged glances.

姐妹们浅浅对视了一下。

以上几个例子中，end、sight、glances 虽然都是名词，但其本身就代表了一个动作，所以在英译汉时常译成动词。

值得注意的是，在翻译的过程中，仅应用词类转译技巧可能无法产出流畅的译文。以例 7 为例，在将 glances 译成"对视"的同时，并没有译出句中原有动词 exchanged 的含义，而是直接省略。原因就在于"对视"中的"对"已经表现出 exchanged 的含义。但译文中为什么补了"浅浅"呢？原因在于"对视"还无法表达 glances 中 quick look 的含义，于是这里补充了一个副词，用来表达这个含义。这些技巧在后续学习的过程中都会讲到。

（3）-er/-or 后缀的名词转译成动词

无论是派生名词还是本身就含有动词含义的名词，都是多少与动词有些关联的名词，转译成动词也不怎么稀奇。但英语中还有一类名词，看起来与动词毫无关系，也可以在英译汉的过程中转译成动词，这就是以 -er/-or 为后缀，表示人的名词。这类名词在句中有时并不非得用来指代身份或职业，而是有较强的动作意味，这时也可以酌情译成动词。如：

❽ She is a much better singer than I.

她唱得可比我好多了。

（试比较：她是个比我好太多的歌手。）

❾ He is a nonsmoker and a teetotaler.

他既不抽烟，也不喝酒。

（试比较：他是个不吸烟的人，也是个禁酒主义者。）

❿ There is no incompatibility between evolution and God as divine creator.

进化论和上帝造神之间没有什么不可调和的地方。

（试比较：进化论和上帝作为神祇创造者之间没什么不可调和的地方。）

以上几个例子中，singer、nonsmoker、teetotaler 和 creator 都是表示人的名词，但通过比较可以发现，若英译汉时将这几个词译成名词，译文就显得生硬刻板，没有译成动词那么灵动流畅。

但仍须注意的是，这些表示人的名词并不是在任何语境下都需要转译成动词，如：

⓫ She is a famous singer.

她是著名歌唱家。

⓬ Some of my classmates are really singers.

我有些同学唱歌唱得可真好。

通过这两个句子大家可以看出，例 11 的 singer 并不需要译成动词，原因为其在句内指的就是主语 She 的职业；而例 12 与例 8 一样，singers 可以转译成动词，因为这句话里的 singers 指的并不是主语的职业，"同学"显然不可能是"歌唱家"，所以译成动词会让译文更流畅。

2. 介词转译成动词

除名词外，名词前的前置介词有时也带有动作含义，也可以译成动词，本章开头"民有、民治、民享"那个句子就是个很典型的例子。类似的例子还有很多，如：

⓭ All walked quietly through the garden, out at the little back gate, and began to climb the hill that lay between the house and river.

她们静静走过花园，走出后院小门，迈步登上屋子与小河之间的那座小丘。

⑭ They worked long hours on meagre food, in cold caves, by dim lamps.

他们吃简陋的饭食，住冰冷的窑洞，在昏暗的灯光下长时间地工作。

⑮ But even the larger molecules with several hundred atoms are too small to be seen with the best optical microscope.

但即便是有着几百个原子的大分子，也依然太小，用最好的光学显微镜也看不到。

以上几个例子中，名词前的介词均表达动词含义，可以转换成动词。这类介词常见的有：up、down、on、in、by、across、past、towards、over 等。

3. 形容词、副词转译成动词

除名词和介词之外，形容词和副词也可以转译为动词。在"中英语言差异：静态与动态"一章中我们讲过，英文因为好用静态表达，因此好用名词，于是与名词相伴的形容词结构也十分常见。其中有一部分形容词可以与 be 动词连用，构成静态结构表达动态含义，如：

⑯ My mother is afraid of dogs, but I am not. 我妈妈怕狗，但我不怕。

类似 afraid 这种表示知觉、情感、欲望等心理状态的形容词，与系动词连用往往表示动态含义，在英译汉时大多可以转译成动词。如：

⑰ The team feels confident of winning.

这个队伍觉得自己有很大把握取胜。

⑱ She slipped away without him being aware of it.

她悄悄离开了，没有让他察觉。

以上这两个句子中，confident 和 aware 分别与系动词 feels 和 being 连用，表达动态含义。类似的形容词还有：certain、careful、cautious、angry、sure、ignorant、doubtful、concerned、glad、delighted、sorry、ashamed、thankful、anxious、grateful、able 等。

除形容词外，含有动作意味的副词在英译汉时通常也可译成动词。如：

⑲ As he ran out, he forgot to have his shoes on.

他跑了出去，连鞋子都没穿。

⑳ Sales are well up on last year.

销量相比去年大幅增加。

㉑ The wind must have blown it over.

准是风把它吹倒了。

以上几个副词在句子中都表示动态含义，英译汉时均处理成了动词。但就算没有动态含义，有的副词也可以根据句意酌情译成动词，如：

㉒ The design is intended to use space as economically as possible.

这个设计方案是为了尽可能节省空间。

总之，英译汉时各个词性与动词的转换与"英文好静态，中文好动态"的差异有很大关系，在翻译实践过程中，同学们可以多注意中文动态的体现，在译文中使用动词让语言更符合表达习惯。

二、转译成名词

虽然"中文好动态"，但并不是说英译汉时原文的所有结构都要转换成动词，更不是说不存在其他形式的词类转译。其实，英译汉时将其他词类转译成名词，也是很常见的现象。

1. 动词转译成名词

（1）由名词派生的动词转译成名词

动词转译成名词的情况中，最常见的就是由名词派生的动词转译成名词的情况。如：

㉓ He came to symbolize his country's struggle for independence.

他逐渐成为祖国为争取独立而斗争的象征。

（试比较：他逐渐象征着祖国为争取独立而进行的斗争。）

㉔ The rolling hills characterize this part of England.

连绵起伏的山脉是英格兰这一地区的特点。

（试比较：连绵起伏的山脉刻画了英格兰这一地区。）

这两句里，动词 symbolize 和 characterize 分别被译成了"象征"和"特点"，都转译成了名词。这是因为这类由名词派生的动词的本质还是名词，可以理解成"be the + 该动词的名词 + of"结构。比如例 23 中，symbolize = be the symbol of，意为"是……的象征"；例 24 中，characterize = be the character of，意为"是……的特点"。这时，原来的动词就被转译成了名词，可以在译文中表情达义，但若直接使用动词含义，译出来的中文便会出现搭配不当或有所缺失的问题。比如例 23 中，若把 symbolize 直接译成动词"象征"，译文就变成"他象征……的斗争"，人不能象征斗争，这个搭配不合适，所以不能保留。例 24 中，characterize 若译成"刻画"，句子就会变成"……山脉刻画了……地区"，刻画了地区的什么呢？后面缺成分。所以也不合适。因此这样的动词在英译汉时，还是转译成名词更符合中文的表达方式。

（2）由名词转用的动词转译成名词

除由名词派生的动词之外，由名词转用的动词在英译汉的过程中也可以转译成名词，如：

㉕ A figure stood in the doorway, silhouetted against the light.

   门口站着一个人，灯光映出一个轮廓。

㉖ The charity provided money to staff and equip two hospitals.

   这家慈善机构提供资金为两家医院招聘人才，购买设备。

   这两个句子中的 silhouetted 和 staff 取了动词词性，但究其本质，表达的依然是名词含义。例 25 中，silhouetted 的含义为 to make sth. appear as a silhouette，含义最终还是落在 silhouette 的名词含义上，因此增补了动词"映"，将原文的 silhouetted 译成了名词"轮廓"。例 26 中，staff 取的含义是 to provide people to work there，表示"为……配备职员"，将这个词义代入原文中，结合句意增补了动词"招聘"，将 staff 转译为"人才"更为合适。

2. 形容词、副词转译成名词

除动词转译为名词外，形容词转译为名词的情况也很常见。其中最常见的是"the + 形容词"表示一类人，例如：

㉗ It's a favorite resort for the rich and famous.

   这是那些富商名流最喜欢去的度假之地。

㉘ The sick require immediate treatment.

   病人需要立刻接受治疗。

   以上两句都是"the + 形容词"结构，这个结构表示某类人群，因此里面的形容词可以转译成名词。这应该是大家耳熟能详的结构，这里不再赘述。我们再举几个根据句意进行转译的例子，如：

㉙ He was eloquent and elegant — but soft.

   他有口才，也有风度——但就是软弱。

㉚ They were both considered insincere.

   他们两个都是伪君子。

   以上两个句子中，形容词都转译成了名词，句子显得更加简洁。但如果结合上下文之后发现不转换也可以表达原文含义，就可以不转换。如例 30 译成"他们两个都不真诚"，也不是不可以，只是在程度上有所差异而已。结合句意进行的转换不是必须为之，要结合句意、上下文，有时甚至要结合文体进行取舍。

   除形容词之外，副词也可以根据句意转译成名词，再结合其他技巧产出流畅译文。如：

㉛ He is physically weak but mentally sound.

   他身体羸弱，但精神强大。

㉜ The museum is in a financially precarious position.

   这家博物馆的财政状况不稳定。

例 31 中，physically 和 mentally 分别译成了"身体"和"精神"，这样才能有效表达原文含义；例 32 中，副词 financially 与原文中的 position 结合在一起译成了"财政状况"，让译文流畅简洁。

三、其他词类的互相转译

1. 名词转译成形容词

与形容词转译成名词类似，由形容词派生的名词也可以转译成形容词，如：

㉝ Every region of the world has its own variant of the water crisis story.

世界上的每个地区都面临各自不同的用水危机。

（试比较：世界上每个地区都有自己用水危机的变体。）

㉞ He led the child into the warmth and safety of the house.

他把孩子带回家，家里温暖又安全。

（试比较：他把孩子带回家的温暖和安全里。）

这两个句子里的名词就转译回了形容词。例 33 中，variant 意为 a thing that is a slightly different form or type of sth. else，其同源形容词是 varied，意为 of many different types（各种各样的）。如果将 variant 直译成"变体"，句子就会显得生硬、不流畅。例 34 更为明显，warmth 和 safety 都是从其形容词 warm 和 safe 派生出来的，如果直接译成名词，则同样显得句子生硬刻板，不符合中文的表达方式。

也有些名词用在不定冠词后作表语时，可以转译成形容词，最常见的可能就是 success，如：

㉟ The party was a real success.

这次聚会非常成功。

2. 名词转译成副词

大多数情况下，与介词搭配在一起，整体上表达副词含义的名词，可以与介词一起转译成副词，如：

㊱ Guys who have grown up on a ranch know almost by instinct what needs to be done.

大农场里长大的人几乎都本能地知道应该怎么办。

（试比较：大农场里长大的人几乎都通过本能知道应该怎么办。）

㊲ The staff treated me with the utmost courtesy.

员工彬彬有礼地接待了我。

（试比较：员工用最佳礼貌接待了我。）

例 36 中，instinct 这个名词转译成了其同源副词 instinctively 的含义，例 37 同理。之所以这样处理，是因为这里的名词与前面的介词整体构成状语结构，因此在中文中也可以理解成状语，当作副词处理。

3. 常见的结构转换

结合以上几种词类的转译情况，在实际英译汉的过程中，有几类结构上的整体转换非常常见，这里总结如下。

(1) 形容词 + 名词 → 名词 + 动词

英译汉时，"形容词 + 名词"的名词短语转译成汉语中的"名词 + 动词"构成的主谓短语，这也符合"中文好动态"的表达习惯，例如：

㊳ It would result in cognitive decline.

它会导致认知功能减退。

（试比较：它会导致认知的减退。）

㊴ Higher start-up costs may also lead to lower overall productivity.

创业成本增加，也可能会导致整体生产力下降。

（试比较：更高的创业成本也可能会导致更低的整体生产力。）

例 38 中，将形容词 cognitive 转译成名词"认知功能"，将名词 decline 转译成动词"减退"，这种主谓短语与直译的"认知的减退"这个偏正结构相比，显然更符合中文的表达习惯。别看只少了一个"的"，差一个"的"，语言表达就大不相同。

例 39 同理，Higher start-up costs 转译成主谓结构"创业成本增加"，lower overall productivity 也转译成了主谓结构"整体生产力下降"，相对于保留原文结构的译文而言，这种处理显然更地道、流畅。

(2) 形容词 + 名词 → 副词 + 动词

英译汉时，形容词与副词的相互转译也十分常见。一般情况下，"形容词 + 名词"的结构可以在英译汉时转换成"副词 + 动词"的结构，如：

㊵ We were in complete agreement.

我们完全同意彼此的意见。

（试比较：我们同意对方的全部意见。）

㊶ There was a brief pause between us.

我们俩短暂地沉默了一会儿。

（试比较：我们之间存在一阵短暂的沉默。）

例 40 中，complete agreement 这个"形容词 + 名词"的结构如果保留，中文会显得有些生硬，不如转译成"副词 + 动词"来得自然流畅。例 41 同理。

（3）副词 + 动词 → 形容词 + 名词

与之类似，英语中"副词 + 动词"的结构也可以转译成"形容词 + 名词"的结构，如：

⑫ We routinely test patients for high blood pressure and diabetes.

我们给病人做了高血压和糖尿病的例行检查。

（试比较：我们例行地检查了病人，为了高血压和糖尿病。）

⑬ All donations will be gratefully received.

如蒙捐助，定将报以衷心感谢。

（试比较：所有捐助都会感激地被接收。）

例 42 中，若保留 routinely test 这个"副词 + 动词"的结构就无法流畅表达句意，此时可以考虑将这个"副词 + 动词"的结构转换成"形容词 + 名词"的结构，比较符合中文的表达方式。例 43 同理。同时例 43 中还根据句意增补了名词"感谢"，构成"形容词 + 名词"的偏正结构，符合中文的表达习惯。

四、注意词类不同带来的文体差异

以上篇幅中，我们讨论了不同情况下英汉翻译中的词类转译。但是，是不是一定要进行词类转译呢？答案：不一定。看到这里，有的同学可能要发飙了——我辛辛苦苦看了这么久，记了一大堆笔记，怎么最后还弄出了个"不一定"的结论？

别急，咱们慢慢讲。

先来看一组经典例子：

London Bridge collapsed

the collapse of London Bridge

这两个结构表达的含义有什么区别呢？其实没什么区别，讲的都是"伦敦桥倒塌"。虽然词汇含义层面表达的句意没什么不同，但结构传递的含义却有差异。不要忘了，英语是形合的语言，语言形式本身也是可以表达含义的。

那么，这两种结构究竟有什么不同呢？

其实，这种不同就是由词类不同导致的。在第一种结构中，collapsed 是动词，表示一个动作，而动作会给读者一种动态感，就好像事件发生在你眼前，你真的"看到"伦敦桥倒下来一样，颇具冲击力。而第二种结构是个名词短语，中心词 collapse 是个名词，名词是静态的，描述了一幅画面，可能展现在你眼前的只是"伦敦桥倒塌"之后的断壁残垣。而这个短语要是构成一个句子，句子的重点显然不只是"伦敦桥倒塌"这件事，还包括倒塌之后发生了什么，这句话接下来的谓语、宾语都讲了些什么，例如 The collapse of London Bridge marked the end of an era. 之类，这句话里的 the collapse of London Bridge 不过是个静态事件，不包含动态含义。

再来看两个句子体会一下：

㊹ Lily destroyed the letters secretively.

莉莉秘密销毁了这些信件。

㊺ Lily's destruction of the letters was secretive.

莉莉对信件的销毁工作是秘密进行的。

这两个句子中，例 44 使用了 destroyed 这个动词，动态性相对更强。如果在上下文中强调 destroyed 这个动作，或不转译成名词并不影响句意表达，那么就不需要转译，直接译成动词"销毁"即可。而例 45 中，原文使用了 destruction 这个名词，很显然，例 45 的语域较高，或者作者的语言表达习惯就是如此，或者叙述口吻相对客观。这里的 destruction 就无须转译成动词，直接保留其名词形式，选择补充"工作"这个范畴词，也符合中文的表达方式。

总而言之，语言转换的过程中，词性本身便是译者的拦路石，翻译时不能死盯着原文的词性，需要结合上下文灵活转换，但也不能教条死板，认为一旦英文里遇到名词，就必须转换成汉语里的动词。是否要进行转换，要结合上下文，缜密分析后再决定。这里的"度"可能你在大量练习之后才能有所体会。

不过，翻译是"戴着镣铐的舞蹈"，其美感大概也包含在这一次次辗转腾挪与绞尽脑汁之中吧。

第三章　增译与减译

咱们还是先来看个"老句子"：

My hunger and the shadows together tell me that the sun has done much travel since I fell asleep.

我感到很饿，又看到树影在地上跑了老远，才发现我睡了很长时间。

这是我们在"中英语言差异：物称与人称"中讲过的一个句子，其将英文里的物称主语 hunger 和 shadows 转译成了人称主语。但不知道大家有没有发现，在物称主语转译成人称主语之后，句子增补了"感到""看到""发现"等动词和"很""才"等副词，又省略了原文里的 together、tell 等词，然后句子才变得流畅起来。

由于中英语言之间存在固有差异，英语的语法严谨、句式完整，各个成分均须有序完整，这样就需要用大量的连接虚词来黏合句子的各个成分。汉语重意合，可以根据说话者的意图省略句子中的任何成分，因此相对简化。既然语言之间无法直接转换，就需要各种翻译技巧来帮助译者产出流畅译文。在这些技巧中，增译与减译便是非常重要的两个方法。本章我们就来探讨一下。

一、增译

尤金·奈达认为："好的译文一般会略长于原文，因为原文读者在阅读原文的时候很少有语言文化上的障碍，而译文读者并没有这样的便利。因此译者往往要把原文中的一些隐含成分用增补来加以说明，便于理解。"这就很好地说明了增译适用的条件，即增补原文字面没有但隐含在句内的词汇。也就是说，增译并不是真正"增加含义"，而是增补在翻译过程中需要在译入语中显化的信息。

常见的增译情况可以分为以下两大类。

1. 根据句法需要

英文不喜重复，因此在构句时经常会将形式相同或含义相近的部分省略掉，但若译成中文，某些被省略的部分就需要被还原，增补进译文中。这种增补常见于以下几种情况。

（1）增补原文中省略的动词

省略动词是英文中比较常见的情况，这些动词在英译汉的过程中大多会被还原，如：

❶ Reading makes a full man; conference a ready man; and writing an exact man.

读书使人充实，讨论使人机智，写作使人严谨。

（试比较：读书使人充实，讨论机智，写作严谨。）

❷ We don't retreat, we never have and never will.

我们不后退，我们从没有后退过，将来也绝不后退。

（试比较：我们不后退，我们从没有，将来也不会。）

例 1 中原文省略了动词 makes，例 2 中省略了动词 retreat。这种为了避免重复进行的省略在英文中十分常见，但中文里需要补足，否则中文译文就会变得很奇怪，好像有什么含义没有表达完整，造成理解不便。此时的增补大多是重复上文的动词。

（2）增补原文中比较句的省略部分

除省略动词外，英文中的比较句也因须避免重复而省略含义，这些被省略的含义也应在英译汉时予以补足，例如：

❸ Better be wise by the defeat of others than by your own. = It is better to be wise by the defeat of others than (to be wise by the defeat) of your own.

从别人的失败中汲取教训，要比从自己的失败中汲取教训来得好。

（试比较：从其他人的失败中汲取教训要更好，比起从你自己的。）

❹ Oceans do not so much divide the world as unit it. = Oceans do not so much divide the world as (oceans) unit it.

与其说海洋将世界分隔开来，不如说是海洋将世界联系在一起。

（试比较：与其说海洋将世界分隔开来，不如说连在一起。）

以上两例便是比较句中省略的典例。例 3 中省略了 to be wise by the defeat，例 4 中省略了名词 oceans。英文中的省略可以使句子显得更简洁流畅，文辞隽永，但若译成中文时不加以补足，句意便会变得模糊不清。因此，在处理这类比较句时，如有省略部分，要予以还原补足。

（3）增补原文含蓄条件句的省略部分

与比较句类似，英文里的含蓄条件句也会出现省略情况，这时也应根据句意予以补足，例如：

❺ Had we found him earlier we could have saved his life. = If we had found him earlier, we could have saved his life.

要是我们当时早点找到他的话，就可以救活他。

这是含蓄条件句省略的最典型的情况，非常容易识别。英译汉时需要补足连接词，如果不补足就无法表达完整含义。这种情况就不再赘述，接下来我们主要讲讲不那么容易识别的含蓄条件句，如：

❻ I should be happy to go with you. = I should be happy if I could go with you.

如果能同你一道去，我会很高兴。

（试比较：我应该会很开心跟你一起去。）

❼ To have studied harder, you would have passed the examination. = If you have studied harder, you would have passed the examination.

你若是能学得更用功些，早就考及格了。

（试比较：你学习更用功些，本应该可以及格。）

❽ Without their support the project would not have been conceivable. = If there weren't their support, the project would not have been conceivable.

要是没有他们的支持，这个项目根本想都不敢想。

（试比较：没有他们的支持，这个项目根本想都不敢想。）

这几例都是很典型的含蓄条件句，都是用情态动词表示"条件"这个虚拟概念，再与不定式或介词短语搭配，就可以省略表示条件的连接词 if。在英译汉中，这类表示条件的连接词应予以补足，将英文用句式形态表达的含义清晰传递出来，这其实也是"英文重形合，中文重意合"的一种体现。例 6 和例 7 中，参考译文和括号内的译文差异比较明显，而例 8 可能会让有的同学有些困惑，觉得例 8 中括号内的译文也不是说不过去。但翻译的结果是为了寻求最佳译文，而不是"还说得过去"的译文。经比较后可以发现，例 8 的参考译文增补了表示条件的逻辑连接词，很显然要比括号内的译文更加流畅。

2. 根据意义和修辞需要

除因句法需要的增译外，在英译汉实践中，我们遇到的大多都是根据意义和修辞的需要而进行的增译。这样的增译五花八门，不胜枚举。这里就实践中常出现的一些情况加以说明。

（1）增补动词

这里的增补动词与之前提到的增补省略的动词不同，这里的增补并不是因为原文里省略了动词，而是要根据句意在中文里增补动词，如：

❾ Because there is simply no other way to achieve universal health coverage and the Sustainable Development Goals.

除此之外，没有其他方式可以实现全民健康覆盖，达成可持续发展目标。

（试比较：除此之外，没有其他方式可以实现全民健康覆盖和可持续发展目标。）

本例中，achieve 后面带了两个宾语，若不增补动词，一个动词带两个宾语会显得有些冗长，增译"达成"，与"可持续发展目标"构成一个分句，符合中文流水句的构句习惯，也符合"中文好动态"的语言特点，译文显得自然流畅。

例 9 中，即便把动词 achieve 译成"实现"之后不增译另一个动词，其与后面的两个宾语在搭配上也不算太突兀，但有的动词与后面的宾语实在不能搭配，这时则应酌情考虑增译，如：

⑩ Although the vaccines continue to provide strong protection against severe disease and death, fully vaccinated people can be infected by, and transmit, Delta.

尽管疫苗继续为预防重症、对抗死亡提供了强有力的保护，但完成疫苗接种的人群仍可能会被感染或传播德尔塔变种病毒。

本例中，protection 与前面的 continue to provide strong 一起处理成"继续为……提供强有力的保护"。给什么提供保护呢？against severe disease and death，针对重症和死亡提供保护。这时候，如果将原文译成"继续为针对重症和死亡提供强有力的保护"未免有些翻译腔，因此选择将 against 转译成动词，译成"预防"，译文就会变成"继续为预防重症和死亡提供强有力的保护"。但"预防重症"说得通，"预防死亡"是什么意思？这个搭配不恰当，于是还需要增补一个动词，这里选择了可以与"死亡"搭配的"对抗"，保证了中文的合理搭配。

⑪ In the evening, after the banquets, the concerts and the table tennis exhibitions, he would work on the drafting of the communique.

晚上，在参加宴会、出席音乐会、观看乒乓球表演之后，他还得起草公报。

（试比较：晚上，在宴会、音乐会、乒乓球表演之后，他还得起草公报。）

⑫ There is no such thing as an abstract happiness, an abstract goodness or morality, or an abstract anything, except in terms of the person who believes and who acts.

世上没有空泛的幸福、没有抽象的美德、没有空洞的道义，也没有无形的事物，若真的有，也只存在于信其有并践其行的人身上。

（试比较：世上没有像空泛的幸福、抽象的美德、空洞的道义和无形的事物这样的东西，若真的有，也只存在于信其有并践其行的人身上。）

这两例中的动词也都是增补进去的。可以比较一下，就算保留译文中所有其他部分，只把增译的动词删掉，译文依旧会显得冗长，没有韵律感，而动词构成的述宾短语能够最大限度发挥中文的韵律感，不仅表意更加清晰，语言节奏也更加流畅。

（2）增补名词及量词

除增补动词外，增补名词及其配套的量词在英译汉中也很常见，可以结合句意增补具象名词或范畴词，也需要根据句意，在名词前增补量词。

①增补具象名词

⑬ Day after day he came to his work — sweeping, scrubbing, cleaning.

他每天来干活——扫地，擦地板，收拾房间。

（试比较：他每天来干活——扫、擦、收拾。）

本例便结合句意增补了具象名词。如果不增补名词，直译为"扫、擦、收拾"，句意难免会有些缺失。扫什么？擦什么？收拾什么呢？可见增补具象名词可以让语义更加流畅。

⑭ The typewriter is indeed cheap and fine.

这部打字机价廉物美。

（试比较：这部打字机便宜又好。）

⑮ He is a complicated man — moody, mercurial, with a melancholy streak.

他是个性格复杂的人——喜怒无常，反复多变，还常有几分郁郁寡欢。

（试比较：他是个复杂的人——喜怒无常，反复多变，还常有几分郁郁寡欢。）

以上两例中，"价""物""性格"虽不像例13中的"地""地板""房间"那样是真正的物品，但也可以为后面的形容词"廉""美""复杂的"框定具体范围。什么"廉"？价廉。什么"美"？物美。什么是"复杂的"？性格复杂的。在形容词前增补具象名词充当其逻辑主语，让语义更加明确，表达更加流畅。

②增补名词前的量词

⑯ A red sun rose slowly from the calm sea.

一轮红日从风平浪静的海面冉冉升起。

（试比较：一红日从风平浪静的海面冉冉升起。）

⑰ The very earth trembled as with the tramp of horses and murmur of angry men.

连大地都震动了，仿佛万马奔腾，千夫怒吼。

（试比较：连大地都震动了，仿佛马的跋涉和生气的人的低沉声音。）

在例17中，部分名词采用了复数形式。因英文是形合语言，表示名词复数的词缀在英文中是有具体含义的，但中文是意合的语言，无法通过词形变化表达复数概念，因此需要增补量词来表示名词的复数概念。这点在翻译名词复数时要尤为注意。

例16中增补了量词"轮"与"红日"搭配，更符合中文的表达习惯，可以凸显语言美感。例17中，若不增补量词对 tramp of horses and murmur of angry men 加以处理，便会导致译文实在不像中文，让人摸不着头脑。同时，tramp 引申成"奔腾"，本身也可以与 angry 对应，而 angry 也没有直译成"生气的"，而是与前文的 murmur 一起译成"怒吼"，取 murmur 这个词 to make a quiet continuous sound 的含义。由此我们可以看出，要想产出好译文，只用一个技巧的情况少之又少，大部分情况下都是结合上下文整体考量，综合使用各种技巧。

然而，若复数名词在英文中表示类指，指代某类人或物，则无须增补量词，如：

⑱ All men must die.

所有人都会死。

本例中，men 代指人类，前面已经有 All 修饰，因此无须增加量词也可以完整表述含义。

③增补范畴词

除增补具象名词和名词前的量词外，增补范畴词在英译汉中也十分常见，如：

⑲ The plan has three strategic approaches: integrate, accelerate and account.

这项计划有三大战略方法：整合流程、加快进程、承担责任。

（试比较：这项计划有三大战略方法：整合、加速、负责。）

⑳ Check out the DNA analysis and you'll find out.

看看 DNA 分析结果，你就知道了。

（试比较：看看 DNA 分析，你就知道了。）

这两个例子即是增补范畴词的典例。范畴词的概念我们在"中英语言差异：静态与动态"部分已经讲过，这里不再赘述。在这两例中，通过比较可以发现，添加了范畴词的译文更加符合中文的表达习惯，语义流畅自然。

（3）增补形容词和副词

英文的很多名词和动词本身是具有形容词和副词含义的，这样的词在英译汉时就须将其对应的形容词或副词含义增补进去，以完整表达含义。

①增补形容词

㉑ The plane twisted down, trailing flame and smoke.

飞机螺旋下降，拖着烈焰浓烟掉了下去。

（试比较：飞机扭转下去，拖着火焰和烟。）

㉒ Music blared out from the open window.

喧闹的音乐从敞开的窗中传出来。

（试比较：音乐大声地从敞开的窗户中传出来。）

这两例都在名词前增补了形容词。例 21 中的 flame 不仅仅是"火焰"，而是 a hot bright stream of burning gas that comes from sth. that is on fire，其中 hot bright 这个含义通过增补形容词"烈"展现出来，对应的 smoke 为了保持形式平衡，也增补了形容词"浓"，因为既然是"烈焰"，就一定会散发出"浓烟"。

例 22 中，形容词"喧闹的"是通过动词 blared 增补出来的。词典中 blare 意为 to make a loud unpleasant noise，这里的 loud unpleasant 若放在动词前会显得语言有些生硬，因此挪到名词前通过增补形容词使含义完整。实际上，这也算是变相地进行词类转译，将原文隐藏的"副词 + 动词"结构转成中文中的"形容词 + 名词"结构。

②增补副词

㉓ The crowds melted away.

人群渐渐散开了。

（试比较：人群散开了。）

㉔ Tom sank down with his face in his hands.

汤姆把脸埋在手心里，一屁股坐了下去。

（试比较：汤姆把脸埋在手里，坐了下去。）

由这两例我们可以看出，英译汉时增补副词的情况与增补形容词类似，是由于动词本身有一定的副词含义，因此要在译文中将这个含义显化出来。如例 23 所示，词典中 melt 的含义为 to disappear gradually，若 melted 直译为"散开"，则无法完整确切表达原文含义，需要增补副词"渐渐"来表达原文 gradually 的含义。例 24 也是如此，sank 的原形为 sink，意为 to fall down or sit down heavily, especially because you are very tired and weak，若不增补，则无法表达 heavily 这个内涵。

（4）增补逻辑连接词

虽然我们说"英文重形合，中文重意合"，英文中的逻辑关系一般会通过逻辑连接词来表达，但也不排除英文会通过语义表达逻辑的情况。一般说来，物称主语句内含逻辑的情况比较常见，如：

㉕ Heated, water will change into vapor.

如水受热，就会汽化。

（试比较：加热了，水会汽化。）

㉖ And yet, we know that closing the finance gap is an "economic must-have" for nations to thrive in the 21st century.

但我们知道，各国若要在 21 世纪繁荣发展，弥合金融缺口是"必不可少的经济举措"。

（试比较：但我们要知道，对于想在 21 世纪繁荣发展的国家来说，弥合金融缺口是"必不可少的经济举措"。）

㉗ Today, thanks to advances in broadcasting and communications technologies, anyone, anywhere, can follow sporting action around the clock.

今天，得益于广播通信技术的进步，无论身在何地，每个人都可以全天候观看体育节目。

（试比较：今天，得益于广播通信技术的进步，任何人，任何地方都可以全天候观看体育节目。）

以上几例中，前置分词或物称主语让英文整体更简洁，条件逻辑和让步逻辑也更加隐化，而中文里不会用这种方式表达逻辑关系。所以这几句话如果直译，便会显得翻译腔十足，不像中文。因此在翻译这类句子时，首先要看出句子内部隐含的逻辑关系，再将逻辑关系显化出来，选用恰当的连接词，才能产出流畅地道的译文。

（5）增补时态词

英文因其形合的缘故，可以通过动词形态的变化表示时态，但中文不行。中文中，时间的流逝通常会由语序的排列表达，辅以时间标志词。因此在英译汉中，若强调时间流逝或时间转换，一般要增补表达时态的标志词，如：

㉘ I was, and remain, grateful for the part he played in my release.

我被释放有他的功劳，我之前很感激，现在依然很感激。

（试比较：我对他在我被释放的过程中所起的作用一直很感激。）

㉙ They say his father was a fisherman. Maybe he was as poor as we are.

听人说，他爸爸从前是个打鱼的，也许他过去跟我们现在一样穷。

（试比较：他们说他爸爸是个渔民，可能他跟我们一样穷。）

这两个例子中，英文时态本身是可以表达含义的，或者说，英文时态本身的含义是需要强调的。这时如果完全直译，则无法恰当表达原文含义，连忠实都没做到，遑论通顺了。但在增补了时间标志词，再结合其他翻译技巧之后，时间的概念被凸显出来，这时的译文便更加忠实于原文，也更通顺流畅了。

因此在英译汉中，如果强调时间的流逝或对比，就可以在中文里增加表达时间的标志词。完成时一般可用：曾、已经、过、了。进行时往往会用：着、正在、在，等等。将来时可以用：将、要、就、会、便，等等。除此之外，"过去""现在""之前""那时"等表示时间的词，也可以酌情使用。

（6）增补语气词

中文里有很多语气助词，尤其在文学作品中十分常见。常见的可能有呢、吧、啊、呀、嘛、啦、罢了、而已，等等。这些语气助词可以带来不同的语气和表达效果，英译汉时也可酌情添加。如：

㉚ At least give her time to change her shoes!

至少给她留点时间换鞋吧！

㉛ He described Latvia — its forests, its little villages, its people, their fierce nationalism — with an eloquence that could arise only out of deep love for one's motherland.

他描绘拉脱维亚的风土人情——森林啦、小村庄啦、人民啦、人民强烈的民族主义情感啦，只有对祖国爱得深沉的人才能说得如此娓娓动听、滔滔不绝。

以上两例都通过增补语气词的方式来表达原文的语气。例 30 中的 At least 突出了说话人略强硬的语气，所以添加了语气助词"吧"来凸显这种语气。大家可以尝试将"吧"换成"啦""呀""嘛"，都没有"吧"的语气强烈，但换成"啊"，语气上可能就相差无几，这种语气词上的不同可能还需要细细体会才能分辨。例 31 增补了语气助词"啦"，用在列举的词后面，以缓和列举的严肃感，也能让语言显得更加口语化，更加亲切。

增译讲完了，接下来我们来看减译。

二、减译

有增就有减，增译可以补足在英译汉过程中缺失的语言信息，而翻译过程中遇到的冗余信息则需要减译来帮助完善译文。英译汉中的减译情况也可以从以下两大角度展开。

1. 从语法角度减译

从语法角度来说，很多英语中常见而中文中不常见的词都可以在翻译的过程中省略。

（1）省略代词

省略代词可能是英译汉中最常见的情况。因为英文好替换，所以常用代词替换掉上下文的其他词汇，或用来连接语篇。大部分情况下，这些代词都可以省略，如：

㉜ He put his hands into his pocket and then took out a phrasebook.

他把手伸进兜里，然后掏出一本常用语手册。

（试比较：他把他的手伸进他的兜里，然后掏出一本常用语手册。）

㉝ When the students finished their homework, they put away their books and had their lunch.

学生们做完了作业，收拾起书本吃午饭。

（试比较：当学生们完成了他们的作业，他们收拾起他们的书本并吃他们的午饭。）

以上两例便是省略代词的典例。不用讲太多，一经比较便可看出，这两个句子里的代词起到的都是指代上文、连接语篇的作用，没必要都译出。译出来反而显得译文冗余拖沓，不够流畅。

（2）省略非人称代词 it

与省略代词同理，英语中的非人称代词 it 也经常在英译汉时被省略，如：

㉞ It was just growing dark as she shut the garden gate.

她关上花园门时，已是暮色苍茫了。

㉟ It was only then that I began to have doubts whether my story would ever be told.

这时候我才开始怀疑，我的经历究竟能不能公之于众。

这两例中的 It 都是非人称主语，我们在"中英语言差异：物称与人称"中讲过，这些非人称主语 it 在英译汉的过程中可以转换成人称主语。

（3）省略连接词

省略逻辑连接词也是英译汉中的常见现象。英文重形合，会使用更多逻辑连接词，但中文重意合，这些逻辑连接词在英译汉的过程中可以直接内化在句子中，无须翻译。如：

㊱ If I had known it, I would not have joined it.

早知如此，我就不参加了。

㊲ He sat watching her as she got ready.

他一直坐着，看她准备停当。

㊳ **When** the meal was finished, Rachel washed up and made coffee.

吃完饭后，瑞秋洗了手去冲咖啡。

有的同学可能会产生疑惑：上面讲增补时还讲过要增补逻辑连接词，这里怎么又要省略了呢？不矛盾吗？其实不矛盾的。增补还是省略，要结合上下文构句来决定，而不是机械地进行考量。如前文的例5：

Had we found him earlier we could have saved his life. = If we had found him earlier we could have saved his life.

要是我们当时早点找到他的话，就可以救活他。

这句话看起来与例36是同样的句式，只不过例5倒装了而已。但不同的是，例36中从句的结构简单，"早知如此"四个字便可涵盖 If I had known it 的全部内容。但例5中无法采用相同句式，只能选择增补"要是"来强调这个逻辑。当然，若是口语对话，选择省略"要是"这个逻辑连接词自然也未尝不可，这就要结合全篇来整体考量了。

（4）省略冠词

因为汉语中没有"冠词"这个词类，自然也不需要冠词的语法功能。于是英语中大部分表示类指的冠词，英译汉时都可以省略，如：

㊴ **A** teacher should have patience in his work.

当老师的应该有耐心才是。

㊵ **The** old regulars complained to the manager about this.

几位老主顾去找经理投诉了。

但若冠词表达具体含义，则不可省略，如：

㊶ He left without saying **a** word.

他**一**言不发地走了。

㊷ The onlookers saw **the** little party climb ashore.

围观的人只见**那**一小队人爬上岸去。

（5）省略前置介词

大部分情况下，表示时间、地点的前置介词在英译汉时可以省略，如：

㊸ Now complaints are heard **in** all parts of that country.

目前，该国各地都怨声载道。

㊹ **In** 1949, the People's Republic of China was founded.

1949年，中华人民共和国成立了。

以上两例十分明显，无须过多讲解，有三点需要大家注意。

① 若表示地点的前置介词表示动词含义，则要转译成动词，不可省略[1]。

---

1. 详见"英译汉：词类转译"中的"介词转译成动词"部分。

② 中文里，表示时间的介词若置于句尾，则会译成"于"，不省略。如：

㊺ The People's Republic of China was founded in 1949.

中华人民共和国于 1949 年成立。

③ 表示地点的介词若在句首，翻译时往往省略，放在动词后则不省略。如：

㊻ He stood by the table silently.

译文①：他默默站在桌旁。

译文②：桌旁，他默默站着。

㊼ She hid behind the door.

译文①：她躲在门后。

译文②：门后，她悄悄躲着。

2. 从语义角度减译

就语义角度而言，英译汉的省略没有定法，只要能让译文表达得更加流畅，就能省则省，如：

㊽ There was no snow, the leaves were gone from the trees, the grass was dead.

天未下雪，但叶落草枯。

（试比较：天未下雪，但树叶从树上落下来，草也枯死了。）

㊾ University applicants who had worked at a job would receive preference over those who had not.

报考大学的人中，有工作经验者优先录取。

（试比较：有工作经验的大学申请者比没有工作经验的大学申请者会受到更多优待。）

通过以上两例可以看出，若根据原文句式结构直译的结果是冗余拖沓，则需要思考是否要省略原句中的某些部分，将某些含义意合在句子中。如例 48 中，"叶落草枯"四个字很清晰地说明了原文含义，因为叶子肯定得从树上落下来，不可能从别的地方落下来，而"死了"就是"枯"的含义，可以与前面的"落"构成四字表达，结构整齐。例 49 中，"有工作经验的大学申请者"中的"大学申请"就可以省略，因为根据上下文，肯定是在报考大学的人里面选，不可能去别的地方选，这部分含义意合在句子内部了，同时后面的比较结构也没有必要再重复一遍，不重复读者也完全能够读懂，因此也可以省略。

三、不要随意增减

最后需要提醒各位的是，虽然这里讲了很多增减译的用法，但在实际翻译过程中，其实很难把握好"度"，一不小心就会过了界，要么给原文添了本来没有的含义，要么出现了表达上的冗余。我们来看几个例子。

⑩ Renewables are advancing, absorbing much investment.

学生译文：可再生能源的使用在不断发展，吸引了很多投资。

参考译文：可再生能源正在发展，吸引了很多投资。

本例中，学生增译了"的使用"，但原文中并没有"的使用"这一含义，因此无须增补。

⑪ The spread of the super-contagious Delta variant has prompted new restrictions around the world.

学生译文：德尔塔变异病毒具有极强的传染性，这种病毒的传播在全球引发了全新的限制令。

参考译文：德尔塔变种病毒具有超强传染性，这种病毒的传播促使世界各地采取了新的限制措施。

本例中，学生将 restrictions 译成了"限制令"，不太符合原文表达。"令"字在中文中有很多解释，在这里比较适用的是"上级对下级发出的指示"，但原文并没有说明是上级对下级发出的指示，所以增译"令"这个词不太合适。但不增译也不合适，因此要选择不会改变原文含义，又能够表达语言内涵的范畴词，这里选的是"措施"。

⑫ In a global- and globalizing-era, all of the old structures of political reality, all the old ways of saying who we are and what we are for and what we are against, seemed to be melting away into air.

学生译文：在全球化和正在全球化的时代，所有旧的政治现实结构，所有过时的我们是谁，我们的目的以及我们在反抗什么的阐述方式，似乎都在空气中烟消云散。

参考译文：在一个不断全球化的时代，所有政治现实的旧结构，所有表达我们是谁，表达我们是非立场的旧方法，似乎都已灰飞烟灭。

本例中，a global- and globalizing-era 被学生译成"全球化和正在全球化的时代"，melting away into air 译成"在空气中烟消云散"，都属于该省译但没有省译的情况。a global- and globalizing-era 这样译倒是没有错，但"全球化和正在全球化的时代"很明显不符合中文的表达方式，不如直接省译成"不断全球化的时代"。而后面的 melting away into air 中的 into air 就无须译出。"烟消云散"还能消散到哪里呢？肯定是消散到空气中嘛。所以这里的"在空气中"就是冗余信息。

通过以上分析我们可以发现，增减译并不是随意增减，而是要结合原文信息恰当增减。总体而言，增减译要遵循的原则是：增词不增意，减词不删意。无论增加的是名词还是动词，增译的词汇不能增加原文含义。同理，无论减译的是什么内容，省略的部分也不能删掉原文的含义。这样才能保证译文忠实于原文。要时刻牢记，我们是译者，不是作者。译者的目的，就是要在译入语读者心中创造与源语读者心中同样的心理感受，这才是好译文的标准。

第四章 重复与反面着笔

重复与反面着笔也是英译汉中比较常用的技巧,只不过与上一章"增译与减译"相比篇幅较少,这里放在一章一并分析。

一、重复

重复其实也是增词法的一种,只不过增加的词就是上文刚刚出现的词,如:

❶ We talked about ourselves, our prospects, our trip, about each other — about everything but our host and hostess.

我们谈到自己,谈到前途,谈到旅程,谈到彼此的情况——谈到一切,只是不谈我们自己的另一半。

这句便是重复的典例。英文中的 talk about 作谓语,后面连续接了好几个名词短语作宾语,中文好重复,所以会重复前面的动词,而这种重复本身又能起到强调的作用。

请注意,中文也追求简洁明快的表达,但由于英文不喜重复,常常会省略或替换文中词汇,因此英译汉时须重复上文以明确语义,或使表达生动。

1. 为了语义明确而重复

英文好替换和省略,译成中文时常重复上文替换或省略的部分,常见以下几种情况。

(1) 重复被省略的名词

英文中如果有被省略的名词,英译汉时可以重复该内容,如:

❷ They began to study and analyze the rules and regulations.

他们开始学习规章制度,研究规章制度。

❸ But it will be on my timetable, not yours.

但要依照我的计划,不是你的计划。

❹ The story of Jurgis is a story of groans and tears, of poor human beings destroyed by the capitalist industrial machine.

尤吉斯的故事是一篇充满呻吟和泪水的故事,是资本主义工业机器摧残不幸之人的故事。

以上几个例句的译文均重复了原句中省略的名词。例 2 中,原文省略了 study 后的宾语,例 3 省略了 timetable,yours 即 your timetable,例 4 省略了逗号后面的 a story,译文均将这几个名词重复了一遍。

(2) 重复被省略的动词

这种情况与增补类似，只不过增补的是与上文同样的动词，如：

❺ The blow hurt not only his hands but his shoulder too.

这一击不仅震痛了他的手，也震痛了他的肩膀。

❻ I had a vivid dream about my old school and my lovely classmates.

我做了一个非常逼真的梦，梦见了我的母校，也梦见了我可爱的同学们。

这两个例句的译文均重复了前文的动词，这种一个动词带好几个宾语的情况，要记得将这个动词分配下去，可以结合语境选择是重复前文动词，还是换用同义词增补。

(3) 重复从句的先行词

除重复上文省略的名词和动词之外，定语从句和同位语从句的先行词也经常被重复，否则无法流畅表达从句的语义，如：

❼ We have to lower into the ground and haul out of the ground great lengths of drill pipe which are rotated by an engine at the top and are fitted with a cutting bit at the bottom.

我们必须把很长的钻杆一节节钻入地下，然后再从地下拉出来，钻杆顶部安装的发动机带动钻杆旋转，钻杆底部装有钻头。

本例中，which 引导的定语从句修饰限定 drill pipe，引导词在从句中作主语，翻译时必须要重复先行词才能流畅表达含义。这点在讲解定语从句相关内容时还会详细探讨。

❽ The President announced, with obvious relish, that the planes took off from "Shangri-La", the fictional, remote retreat in the Himalayas.

这位总统洋洋得意地宣称，这批飞机是从"香格里拉"起飞的，但"香格里拉"是书里的世外桃源，位于遥远的喜马拉雅山脉中。

本例中，同位语 the fictional, remote retreat in the Himalayas 用来作 Shangri-La 的同位语，解释说明 Shangri-La 的位置，在英译汉的过程中，为了保证语言的流畅性，一般要重复同位语的限定词。

(4) 显化代词所指

英文好用代词，英译汉要显化代词所指，可以选用重复前文的方式处理代词，如：

❾ The world is not converging anymore; it's diverging.

世界不再互相融合；世界正在分道扬镳。

❿ It was a painful lesson, one I would never forget.

这是一个痛苦的教训，一个我永远不会忘记的教训。

⓫ In fact, fruit flies are so common in African mangoes that America has banned their import altogether to protect its own orchards.

实际上，非洲芒果的果蝇问题屡见不鲜，美国已禁止从非洲进口芒果，以保护本国果园免遭果蝇之害。

（5）重复省略的语义

除功能性地重复前文省略的单个词之外，前文省略的语义在英译汉时也会重复，如：

⑫ I can't deal with them now, he thought. Maybe in five minutes, or ten. But not now.

我无能为力，他想。可能五分钟之后，或十分钟之后会有转机，但现在，我无能为力。

（试比较：我现在不能处理，他想。可能五分钟之后，或者十分钟，但不是现在。）

⑬ But as for writing clearly, simply, with attention and openness to their own thoughts and emotions and the world around them — no.

但若是让他们清晰、简洁地写作，毫无障碍地阐明自己的想法和情绪、描述他们身边的世界——他们做不到。

（试比较：但若是让他们清晰、简洁地写作，毫无障碍地阐明自己的想法和情绪、描述他们身边的世界——不。）

这类重复大多是为了让表意更清晰。英文不习惯将重复的语义翻来覆去讲好几遍，但中文不怕重复，重复前文语义能让译文更加清晰明了，不会因使用代词而出现指代不明的问题。这也是"英文好替换，中文好重复"的一种体现。

2. 为了表达生动而重复

其实，中文也注重表达的简洁多样，过多重复同一词汇会给人以呆板生硬之感，因此为了表达的生动多样，英译汉时可以选择重复前文语义，但换用不同词汇的方式会让表达更加生动流畅，如：

⑭ He wanted to send them more aid, more weapons and a few more men.

他想给他们增加些援助，增添些武器，增派些人手。

（试比较：他想送给他们更多的帮助，更多的武器和更多的人手。）

⑮ But there had been too much publicity about his case.

然而，他的事已经搞得满城风雨，人尽皆知。

（试比较：但他的案子已经有太多关注。）

这两例都是同义反复的典例。例 14 将 send 这个动词分配到后面每一个宾语前，分别换用了"增加、增添、增派"三个动词与不同宾语搭配，符合中文的搭配习惯和表达方式。例 15 将 too much publicity 译成"满城风雨，人尽皆知"，运用同义反复的方式强调了 too much 这个表示程度的表达，处理得也很是巧妙。重复这一手段不仅可以用来处理原文中表示程度的表达，还可以用来处理强调句，如：

⑯ So beautifully did she sing that the audience burst into applause.

她唱得甚是美妙动听，全体听众都为她鼓掌。

本例中，So 置于句首的倒装结构也是通过"甚是美妙动听"来处理的，不仅用了"甚"这个程度词，还通过"美妙"和"动听"的反复突出了 beautifully 的含义，体现了原文倒装所表示的强调含义。

同时，我们也要注意的是，重复作为一种修辞手法，不仅可以用在中文里，英文里也不鲜见。这种根据表达的需要，重复使用同一语句或词句的修辞手法，叫作反复。这种辞格，在中英两种语言中都经常使用。反复可以突出思想感情，分清层次脉络，增添旋律美，加强节奏感。例如：

⑰ A thin man in a thin overcoat watched them out of thin, emotionless eyes.

一个骨瘦如柴，衣衫单薄，双目失神的男子注视着他们。

本例中三个 thin 连用，很显然是为了突出"thin"这个概念。这时就要我们分清三个 thin 分别是什么含义，再选择恰当词汇与后面被修饰的名词搭配，突出原文中的人物形象。

⑱ It was a day as fresh as grass growing up and clouds going over and butterflies coming down can make it. It was a day compounded from silences of bee and flower and ocean and land.

绿草萋萋，白云冉冉，彩蝶翩翩，这日子是如此清新可爱；蜜蜂无言，春花不语，海波声咽，大地音沉，这日子是如此静谧无声。

本例中不仅应用了反复的修辞手法，还把很多 and 连在一起用。这种多连词，不加逗号的修辞方式叫作连词叠用（polysyndeton），可以使作品更具节奏感，营造一种回环往复，连绵不绝的效果。这种效果在中文里无法体现，只能通过其他方式加以补偿。译文通过重复"这日子是"实现原文的重复，同时通过选用了四字词和韵律统一处理原文连用的叠词，恰如其分地体现了原文的节奏感和韵律感。

综上而言，重复作为增译的一种，主要起到补足语义、强调语气、丰富表达的作用，是增译中比较常用的手法。中文好重复，英译汉中多见重复，若重复用得好，则能让译文的表达更流畅，语言更生动。

二、反面着笔

反面着笔，包括正说反译或反说正译，也包括译文处理视角的转换。采取这个译法时，被反面处理的可以是词、短语，甚至整个句子。

其实，反面着笔的使用大部分都是被逼出来的，因为按照原文角度无法译下去了，所以便

"反其道而行之"，从反面试一试。不过有些情况采用这个译法是为了让译文行文更加流畅优美，不是说正面译一定不行。接下来，我们从几个常见角度来探讨一下反面着笔的常见情况。

1. 正说反译

⑲ The explanation is pretty thin.

这个解释相当不充分。

（试比较：这个解释很薄。）

⑳ The subversion attempts proved predictably futile.

不出所料，颠覆活动毫无效果。

（试比较：颠覆活动证明是可以预见的徒劳。）

㉑ This problem is above me.

这个问题我解决不了。

（试比较：这个问题在我之上。）

以上几个例子中，原文并没有出现否定词，但文中译文的某些词汇在语境中包含否定含义，这就是使用了"正说反译"的技巧，从反面着笔，恰当表达原文含义。

在使用"正说反译"技巧时，尤其要注意的是，有些看起来很"正面"的表达，表达的其实并不是字面含义，如：

㉒ My guess is as good as yours.

我也不知道，跟你一样都是猜的。

㉓ You may leave at once for all I care.

你尽可以离开，我才不管你。

㉔ For all we know, the files we were supposed to photograph were already been shot.

说不定那些应该由我们去拍摄的文件已经被人拍好了。

以上几例便是容易"望文生义"的典例。例 22 中，原文直译过来应该是"我的猜测跟你的一样好"。但"猜测一样好"是什么意思呢？再往前深入一层，剥开原文的语言外壳去看它的内涵，就会发现"猜测得好"其实就是"不知道"的意思。所以原句的含义应该是"我猜的跟你猜的一样好"，左右都是猜的，所以这句话的意思实际上是"我也不知道，跟你一样都是猜的"。

例 23 中，for all I care 的实际含义是 you are not interested in or worried about what someone else is doing，表示并不关心别人在做什么，不感兴趣，因此实际上表达的是否定含义，通常译作"我才不管；与我何干"之类的表述。例 24 同理，for all (one) knows 这个短语的解释为 when one is uncertain or has limited details about something，实际上就是"我就知道这么多，剩下的我都不知道"，所以常常译成"说不定"。

2. 反说正译

除"正说反译"之外,英译汉中更常见的是"反说正译"的情况。这种"反说正译"有的是原文带有含否定前缀的词汇,有的是原文中有否定词。这些句子在"正译"走不通的情况下,都可以尝试从反面着笔,如:

㉕ He was an indecisive sort of person and always capricious.

他这个人优柔寡断,还总是反复无常。

(试比较:他是个非决定性的人,总是反复无常。)

㉖ He answered her unspoken question.

他知道她要问些什么,提前做出了回答。

(试比较:他回答了她没有说出口的问题。)

㉗ Don't lose time in posting this letter.

赶快把这封信寄出去。

(试比较:不要在寄出这封信上浪费时间。)

以上几例中,例 25、例 26 中存在含有否定前缀的词汇,例 27 中有否定词,是个否定句,经过比较我们会发现,若译文中保留原文的否定结构并不能恰当表达原文含义,这时就可以大胆舍弃原文的否定结构,直接采用肯定句式。

英语中也常见双重否定现象,这种双重否定的句子,英译汉时也常译成肯定形式,如:

㉘ There is no rule that has no exception.

凡立规必有例外。

㉙ She knew without a shadow of a doubt that he was lying to her.

她十分清楚他在对她撒谎。

但若保留原文的双重否定不影响中文含义的表达,也可保留,如:

㉚ Today, there's scarcely an aspect of our life that isn't being affected by the Internet.

今天,我们生活中的方方面面无不受到因特网的影响。

除此之外,英文中也常用否定形式表达肯定含义,这种"迂回式肯定"也常直接被译成肯定形式,如:

㉛ It wasn't half good.

这可不是一般的好。

㉜ I couldn't agree with you more.

我太赞成你的看法了。

㉝ If that isn't what I want!

我要的就是那个呀!

以上几例都是"迂回式肯定"的典例。例 31 中，wasn't half good 直译为"不是一半的好"，那么肯定是"整个儿地好"咯，所以译成"不是一般的好"。例 32 和例 33 也都是很常见的固定搭配，这些固定搭配与表达只有我们在平时阅读中多多积累，才能在翻译时识别其所表达的含义，写出正确译文。

下面再列举一些英语中常见的，可表达肯定含义的否定结构。

㉞ What he said was nothing less than a lie. (nothing less than)

他说的纯属谎言。

㉟ He was nothing if not clever. (nothing if not...)

他真的太聪明了。

㊱ It is a good man that never blunders. (It be + adj. + n. + that + 否定)

智者千虑，必有一失。

㊲ His speech was too good not to stir the audience. (too... not to)

他讲得太好，观众心潮澎湃。

3. 改换视角

除直接在肯定、否定上进行转换之外，改换视角也是反面着笔的一大特色。有些句子，原文从一个角度出发，而译文无法从同样的角度出发，或从原文角度出发得到的译文不流畅，这时就可以思考是否可以通过改换视角来翻译。这种改换既包括主语和宾语的转换，也包括相对含义的转换，甚至还可能出现时间或意象的转换，如：

㊳ She has been a widow only for six months.

她丈夫去世至今才不过半年。

（试比较：她成为一个寡妇只有六个月。）

本例中，原文直译为"成为一个寡妇"不太符合中文的表达习惯，看起来怪怪的，而改换视角，将其转换为"丈夫去世"则流畅许多。后面的 for six months 直译过来是"只有六个月"，但"六个月"乍一看并不短，但与前面的"只有"似乎有些矛盾，于是做了时间上的转换，译成"不过半年"，这个时间单位和数量的组合让这段时间看起来短了一些，语义上流畅了很多。

㊴ This vision is promoted by elected representatives and city policy-makers, who see it as a strategic lever for innovation when it comes to tackling contemporary urban issues, whether on an economic, social or environmental front.

各地当选代表与城市决策者也纷纷支持这一愿景，视其为实现创新发展的战略途径，以解决经济、社会、环境等方面的现代城市问题。

（试比较：这一愿景由各地当选代表与城市决策者支持，他们将其视为实现创新发展的战略途径，以解决经济、社会、环境等方面的现代城市问题。）

本例是典型的主宾视角转换，从根本上讲，这种转换是由原文的被动句式带来的。其实，仅就 who 前面的分句来说，直接保留被动形式，译成"这一愿景由……推动/支持"也不是不可以，但与后文的衔接就不紧密了。如果前面保留被动句式，后面势必要增加代词"他们"进行指代，无端将一个表达完整含义的整句割裂为表达两个含义的分句，语义上不连贯。这样一来，就不如将原文的被动换成主动，直接将视角转换到"各地当选代表与城市决策者"上，后接"支持""视其为"和"解决"所在的三个分句，语义流畅自然。

㊵ Both art critics and the public received this new movement with derision and outrage.

这场新运动遭到艺术评论家和大众的嘲笑，引起了他们的愤慨。

（试比较：艺术评论家和大众以嘲笑和愤慨回应了这场新运动。）

本例也是主宾视角转换，不过并不是因为被动语态。原文中 received 这个动词如果直译非常难处理，直译过来的译文不流畅。这时就可以考虑是否要换个主语表达。就这句话的含义而言，正面走不通，就可以从反面着笔，原文的主语不能用，就可以从其他地方入手，比如宾语。于是把原文的宾语拿出来作主语，增补了谓语"遭到"和"引起"，恰当表达原文含义。

4. 注意视角及表达不同带来的不同含义

有的同学可能会说，既然反面着笔这么好用，那就经常用嘛。看见一个句子就反面一下，看见另一个再反面一下，行不行呢？

答案肯定是否定的。视角的转换会带来重心的转移，也可能会给句子的含义带来些微影响。我们举几个例子说明一下。

㊶ He is free with his money.

译文①：他花钱大手大脚。

译文②：他花钱从不吝啬。

㊷ The criminal is still at large.

译文①：罪犯还未捉拿归案。

译文②：罪犯仍逍遥法外。

㊸ It's no less than a fraud.

译文①：这简直是一场骗局。

译文②：这无异于一场骗局。

㊹ The moon lies fair upon the straits.

译文①：长峡托孤月。

译文②：明月落峡湾。

以上几个例子都有多种译法。经过比较我们会发现，视角不同，句子的含义也发生了些微改变。例 41 中,"大手大脚"和"从不吝啬"都是对 free with money 的诠释,但其蕴含的感情色彩截然不同。"大手大脚"是批评他花钱如流水,而"从不吝啬"则在褒扬他出手大方。这时我们就要结合上下文判断原文的感情色彩,选择恰当的译文。

例 42 的"还未捉拿归案"和"仍逍遥法外"从含义上来讲也没什么不同,但说话的出发点不一样。前者强调警察还未成功,而后者强调罪犯尚未落网,放在不同的上下文语境中,可能会带来不同的表达效果。

例 43 中,"简直是"和"无异于"所蕴含的感情色彩也不相同。"简直是"说明说话人对这场"骗局"很是气愤,语气有些重,表达也有些口语化;而"无异于"相对更加书面化,有"可能做事的人没觉得是在骗人,但说话人看来就是在骗人"的意思。至于究竟选择哪种译法,依然要结合上下文语境才能确定。

例 44 也是一个视角不同导致画面不同的典例。若以"长峡"为视角,则整体描绘的更像是仰视的视角,好像人站在地上,与长峡处于同一水平面,仰头看着天上的孤月"托"于长峡之上,景色平添些许壮丽。而若以"明月"为视角,则整体为平视或俯视视角,人与画面齐平,明月落于峡湾之中,景色静谧幽深。

从以上几例可以看出,究竟是否要进行视角转换,如何进行视角转换,还是要结合篇章整体判断。若不转换就无法翻译,则必须进行转换;如若不转换也能处理,则要结合上下文语境,看看原文是否有强调之处,是否要表达某些感情,是否有语体特征,随后再决定到底要不要进行视角转换。

综上所述,视角转换确实会使译者"绝处逢生",但也不能滥用,要结合上下文语境,用得在理,用得巧妙,方不会有"过译"之嫌。

第五章　从句的处理

从句可能是英译汉的过程中最难处理的部分，但其实大多数从句都可以按照其语序顺句翻译，并不需要做特殊处理。本章中，我们就来看看英语中三大从句的基本译法，以及在翻译中可能会遇到的特殊情况。

一、名词性从句

大多数名词性从句都很好理解，可以直接通过原文含义，顺句驱动，无须调整语序，如：

❶ What he told me was only half-truth.

他告诉我的不过是些半真半假的东西而已。

❷ It is rumored that the meeting will be held in June.

据传，这个会议将在六月举行。

以上两个从句都是主语从句。从例句中可以看出，无论是正常的主语从句（例1），还是 It 作形式主语，后面由主语从句充当真正的主语（例2），都可以通过理解原文，用顺句驱动的方式处理句子。例1中，主语从句直接充当主语，无须调整语序，可以直接顺句翻译；例2这类固定搭配有其固定含义，只需要将固定含义顺句译出即可。类似的搭配还有：

It is said... that...	据说；据称	It is announced... that...	据公布；有人宣告
It is reported... that...	据报道	It is hoped... that...	人们都希望
It is believed... that...	人们都相信	It is expected... that...	人们都期待
It is agreed... that...	人们都同意	It is thought... that...	人们都认为

除主语从句外，大多数宾语从句、表语从句和同位语从句也可采用顺句驱动的方式处理句子，如：

❸ I don't know whether he will come or not.（宾语从句）

我不知道他会不会来。

❹ I told him that because of the last conditions, I'd have to turn down his offer.（宾语从句）

我告诉他，因为最后这几项条款，我只得谢绝他的邀约。

❺ I wanted to make it clear whether he was a foreigner or not.（it 作形式宾语的宾语从句）

我想弄明白他到底是不是外国人。

❻ **My idea is** that the child should be sent to school．（表语从句）

我的看法是，应该把这个孩子送去上学。

❼ **Money is** what we are badly in need of．（表语从句）

钱就是我们急需之物。

❽ **There is no indication** that this will change．（同位语从句）

没有迹象表明这件事会发生改变。

❾ **He was prepared to prove his theory** that two different weights would fall to the ground at the same time．（同位语从句）

他准备证明他的这一理论：两个重量不同的物体将同时落地。

❿ **It suddenly hit me** that Jane wanted to borrow money．（It 作形式主语的主语从句）

我突然意识到，简想借钱。

以上例子均为顺句驱动，大多都无须讲解，只有两个值得分析一下。首先是例 7，这句话当然也可以译成"我们急需的是钱"。只不过语序不同，带来的语气也不同，同学们可以仔细体会一下。同时，是否要调整语序也要结合上下文决定。其次是例 10，这里 It 充当形式主语，但主语里的动作 hit 其实作用在宾语 me 身上，这时可以将句中的人称主语提出来充当译文的主语，符合中文好人称的特点[1]。

但名词性从句中，也有一些特殊情况需要特殊处理，这里分述如下。

1. 主语从句的前置

大部分由 it 充当形式主语的主语从句翻译时需要调整原文语序，将主语从句的内容提到句子前面来，如：

⓫ **It doesn't make much difference** whether he attends the meeting or not．

他参不参加会议没有多大关系。

⓬ **It is a miracle** that she wasn't hurt．

她居然没有受伤，真是个奇迹。

⓭ **It is inconceivable** that the minister was not aware of the problem．

那位大臣竟然没有意识到这个问题，这实在让人感到难以置信。

以上几个例句中，It 均作形式主语，真正的主语是后面的主语从句，这时可以将主语从句的内容挪到前面去，代替 It 充当中文的主语。但有时会遇到主语从句过长的情况，这时可以用逗号将前后两个分句分开（例 12），也可以用"这"指代前面的分句，使分句变成外位语成分（例 13）。一般来说，如果前面的分句不太长，就无须用"这"指代，如果前面的分句略长，就可以用"这"指代前文，避免衔接不流畅的问题。

---

1. 详见"中英语言差异：物称与人称"部分。

2. 宾语从句中，添加"说""道"等词处理间接引语

宾语从句除直接表达内容之外，还有很常见的一个用法，就是作间接引语来转述别人的话。在翻译这类句子时，可以增译"说""道""表示"等说明语，提起下文，如：

⑭ The senator replied that he was not in a position to comment.

参议员回答说他不宜发表评论。

⑮ He would remind people again that it was decided not only by himself but by lots of others.

他再三提醒大家说，这事不是他自己能决定的，还有很多其他人。

以上两例中，动词 replied 和 remind 都暗含了"说"的含义，后面的宾语从句其实是间接引语，这时就可以显化原文隐藏的含义，增译"说"这样的说明语，让译文变得更加清晰。

3. 同位语从句的前置

除主语从句之外，同位语从句也存在需要进行语序调整的情况，常见以下两点。

(1) 将同位语从句前置，译成独立分句

无论充当主语的同位语，还是宾语或表语的同位语，若同位语从句的内容发生于主句之前，且同位语从句的内容较多，句子较长，就可以将同位语从句提到其解释说明的内容前译成独立分句，这时通常会用"这"来进行指代。如：

⑯ The fact that he succeeded in the experiment pleased everybody.

他的实验取得了成功，这让大家很高兴。

⑰ The statement by the driver of the vehicle that he didn't see the lorry was rejected by the court.

该名汽车司机说自己并没有看见那辆卡车，但法庭并未采信这一说法。

例 16 中，很明显，he succeeded in the experiment 发生于主句谓语 pleased 之前，因此可以将同位语从句前置，符合中文的逻辑表达方式，例 17 同理。

(2) 将同位语从句前置，译成修饰成分

除译成独立分句外，同位语从句还可以译成其他成分，置于被解释说明的词之前，如：

⑱ Paul showed no indication that his position had changed since last week's extended floor speech.

自上周那段冗长发言以来，保罗没有表现出任何改变立场的迹象。

（试比较：自上周那段冗长发言以来，保罗并没有表现出任何迹象，他的立场可能会改变。）

⑲ This does not alter the fact that our bodies change dramatically somewhere in our mid-30s.

这并不能改变我们的身体在 35 岁左右会发生巨大变化这一事实。

（试比较：这并不能改变这一事实，我们的身体在 35 岁左右会发生巨大变化。）

以上两例中，同位语从句均紧缩成修饰成分前置于被解释说明的词之前，这是因为同位语从句本身不长，紧缩后前置于名词前并不会让译文过于冗长，若在名词之后反而会让句子含义模糊或显得拖沓。以上两例中，若非要将同位语从句置于句末不调整原文语序，需要在同位语从句构成的分句之前加上"即、表明、以为"等连接语，或干脆用冒号或破折号隔开。如例 18 也可译成：自上周那段冗长发言以来，保罗并未展现出任何迹象表明他的立场可能会改变。例 19 也可译成：这并不能改变这一事实，即我们的身体在 35 岁左右会发生巨大变化。比较之后我们会发现，同位语从句后置之后，句子明显变长了，显得稍微有些拖沓[1]。

此外，若作同位语的不是一个句子，而是一个词或短语，用来说明前面名词的称号、身份等，也通常会置于被解释说明的词之前，如：

⑳ Elon Musk, CEO of Tesla, has been named *Time*'s 2021 Person of the Year.
特斯拉首席执行官埃隆·马斯克被《时代周刊》评为 2021 年度人物。

㉑ Mr. Smith, our new teacher, is very kind to us.
我们的新老师史密斯先生对我们很好。

二、定语从句

定语从句也是英译汉过程中需要处理的常见从句，在翻译中也为我们造成了很多障碍。接下来我们来看看定语从句的常见处理方式。

1. 前置

（1）缩合前置，置于名词之前

无论是限定性定语从句还是非限定性定语从句都可以缩合前置。适合这种处理方式的定语从句大多不长，紧缩成前置定语放在名词前不会有冗长拖沓之感，如：

㉒ The lady who moved in last week plans to go abroad this year.
上周搬来的那个女士打算今年出国。

㉓ Modern alpinists try to climb mountains by a route which will give them good sport, and the more difficult it is, the more highly it is regarded.
现代登山者总想找一条能给他们带来运动乐趣的路线来攀登山峰，道路越险越带劲儿。

㉔ He liked his sister, who was warm and pleasant, but not his brother, who was aloof and arrogant.
他喜欢热情讨喜的妹妹，不喜欢冷漠高傲的哥哥。

---

[1]. 但也并不是说这两个句子不可以这样译。究竟采取哪种译法，要结合上下文综合决定，不能以单句作为全部依据。

（2）拆分前置，重复先行词

除缩合前置之外，也可以把定语从句拆成独立分句前置，此时大多会重复定语从句的先行词，如：

㉕ We are living in one of those periods in human history which are marked by revolutionary changes in all of man's ideas and values.

纵观人类历史长河，总有那么一些时期，人类的思想和价值观发生了翻天覆地的变化，而我们现在生活的时代，就是这样一个时代。

㉖ World War II was, however, more complex than World War I, which was a collision among the imperialist powers over the spoils of markets, resources and territories.

第一次世界大战是帝国主义列强之间的分赃之战，是各国之间因争夺市场、资源和领土而爆发的冲突，而第二次世界大战比第一次世界大战更为复杂。

以上两个例句中，无论原文是限定性定语从句还是非限定性定语从句，译文都将定语从句置于主句之前。通过分析句意能够看出，前置的定语从句从含义上均可视为主句动作或事件的背景信息。如例 25 中，以"总有那么一些时期，人类的思想和价值观发生了翻天覆地的变化"为背景，在这个背景下，再来叙述主句的 We are living in one of those periods，同时重复了限定词 periods。例 26 中，介绍第一次世界大战的定语从句依然充当主句的背景，英文里可以先说"'二战'比'一战'复杂"，再补充说明。但中文里，只有先介绍定语从句的信息，才能引出主句里"第二次世界大战比第一次世界大战更为复杂"这个信息，否则主句里的"比"就无处可来。

因此，定语从句拆分前置大多发生在定语从句的内容为主句动作或事件的前提或背景的情况下，此时定语从句的句子大多较长，信息较为复杂，一般会选择将其拆成独立分句置于主句之前。这也符合"英文前重心，中文后重心"的表达习惯。

2. 拆分后置，重复或省略先行词

大部分定语从句都适合后置的处理方式，这类定语从句大多较长，表达的含义也较为独立，因此可以被拆成独立分句，表达独立信息。

大多数定语从句都可以拆分后置，如：

㉗ He managed to raise a crop of 200 tomatoes that weighed up to two pounds each.

他居然种出了二百个西红柿，每个重达两磅。

㉘ I told the story to John, who told it to his brother.

我把这件事告诉了约翰，约翰又告诉了他弟弟。

㉙ After dinner, the four key negotiators resumed their talks, which continued well into the night.

晚饭后，四位主要谈判代表继续进行会谈，一直谈到深夜。

从以上几个句子中可以看出，无论是限定性定语从句还是非限定性定语从句，只要定语从句表达的信息相对独立，就可以拆成单句。在实际翻译中，大家可以先将定语从句前置，如果发现不通顺，就可以考虑后置。后置时大多要重复先行词，但若重复先行词后显得冗余，则可以考虑省略先行词。

有的定语从句信息太多、太独立，且主语与主句的主语也不一致，此时便可以考虑将其译成独立句后置，与主句之间用句号连接，如：

㉚ The tweet drew thousands of responses, many from employees *who said they do not disclose the real reason they need time away from work, or feel pressured to lie about it because they are embarrassed*.

这条推文引发了上千条回应。许多雇员*称他们不会说出想要休假的真正原因，或者因羞于启齿而不得不说谎*。

3. 融合成一个整句

也有一些定语从句无须前置也无须拆分，可以直接缩合成一个整句，如：

㉛ There are many people *who want to see the film*. = There are many people. They want to see the film.

许多人*想看这部电影*。

㉜ There are people *who make a philosophy out of believing in nothing*. = There are people. They make a philosophy out of believing in nothing.

有些人的*人生哲学是怀疑一切*。

能够这样处理的定语从句，主句大多是 there be 句型。之前我们在"中英语言差异：静态与动态"部分讲过，there be 句型是典型的静态结构，本身并没有什么实际含义。若 there be 句型与定语从句结合在一起，定语从句的内容才是句子要表达的主要含义，there be 句型不过将句子变得更加静态客观而已。因此，可以结合上下文将 there be 句型与定语从句融合成一个整句，让译文更加流畅简洁。

4. 定语从句的其他逻辑

其实，定语从句除从事其"本职工作"，表示"修饰限定"之外，还可以行使状语从句的"职能"，表达某些状语逻辑。这时就需要我们具体问题具体分析，认真理解原文含义，将其译成符合逻辑的状语结构。

定语从句表达状语含义的常见情况有以下几种。

(1) 译成因果分句

有些定语从句可以译成因果分句，如：

㉝ To some extent, the situation in Japan can be explained by its continued struggles with the coronavirus, which have kept shoppers at home.

在某种程度上，日本出现这种情况是由于持续抗击新冠疫情，因为疫情让消费者无法出门。

㉞ A memorial was to be raised to the British soldiers who died defending its narrow North Gate at a critical moment on June 18, 1815, when Wellington carried the day.

人们要建立一座纪念碑来纪念那些英国士兵，纪念他们在 1815 年 6 月 18 日惠灵顿公爵获胜的关键时刻因镇守狭窄的北门而牺牲。

例 33 中，"日本出现这种情况"是因为"疫情让消费者无法出门"，因此，定语从句看起来是个定语从句，但其实表示原因，相当于一个原因状语从句。译文中用"因为"点明了隐含在句内的因果关系。例 34 同理。人们为什么要建立纪念碑纪念那些英国士兵呢？就是因为他们在镇守北门的战斗中牺牲了，因此这个定语从句也表达了原因状语的含义。但这里如果译成"因为他们……"显得不太通顺，因此重复了一次原文的谓语，把定语从句内的状语提前，将 who died defending its narrow North Gate 所体现的因果关系译为"因镇守狭窄的北门"内含在句子内部。

看到这儿可能有的同学会问，"中英语言差异：前重心与后重心"里不是讲了中文"先因后果"吗，为什么这两句里不把表示原因的分句放在表示结果的分句之前呢？这是因为原文并不是用原因状语从句这种强因果链条来表示因果，而是选用了定语从句这一弱因果链条，因而这里的"原因"更多地表达了"补充说明"的意味，也就是补充说明一下前面这件事的原因。因此在中文里，也不需要用强因果逻辑来强调原因，只需要在后面补充说明一下即可。大家在译这类从句时，需要注意不要将其处理成前置定语。

除了表示原因，定语从句还可以表示结果，如：

㉟ In 1929, there was an acute financial crisis which almost destroyed the whole nation.

1929 年发生了一场严重的经济危机，几乎葬送了整个国家。

㊱ There was something original and independent about the plan that pleased all of them.

这个方案有其独创性和独立性，他们都很喜欢。

以上两个例句便是定语从句表示结果的典型。例 35 中，almost destroyed the whole nation 就是主句里 financial crisis 的结果，而例 36 中，pleased all of them 也是主句里 something original and independent about the plan 的结果，因此在译文中也后置译成了结果分句。

(2) 译成条件分句

除表示因果之外，定语从句还可以表示条件，这时可以根据含义译成条件分句，如：

㊲ Men become desperate for work, any work, which will help them to keep alive their families.

人们极其迫切地要求工作，不管什么工作，只要能让他们养活一家人就行。

㊳ Countries, which were faced with breaking up and the inability to fully realize or maintain their democratic system, must receive every support from the international community.

任何国家，若面临分裂态势，不能完全实现或维护其民主体制，就应得到国际社会的全力支援。

(3) 译成让步分句

让步逻辑也是定语从句的常见逻辑之一，这时可以根据原文含义译成中文的让步分句，如：

㊴ They insisted on building a stadium, which they had no use for.

尽管并无需要，他们依旧坚持要建个新的体育场。

㊵ My assistant, who had carefully read through the instructions before doing his experiment, could not obtain satisfactory results, because he followed them mechanically.

尽管我的助手在实验之前已经从头到尾仔细阅读了实验说明，但由于他生搬硬套，所以依然无法得到满意的实验结果。

(4) 译成目的分句

定语从句也常用来表示目的，这时可以根据原句含义译成目的分句，用"用来、来、以便、以……"等词与主句连接，如：

㊶ The imperialist states maintain enormous armies and gigantic navies which are used for oppressing and exploiting the people in distant lands.

帝国主义国家维持了庞大的海陆军队，用以压迫和剥削遥远的他国人民。

㊷ China will continue to adhere to the Five Principles of Peaceful Coexistence that will help create a more harmonious global environment.

中国将继续坚持和平共处五项原则，以创造更为和谐的国际环境。

三、状语从句

大部分状语从句处理起来都比较简单，直接按照状语从句的逻辑处理即可，如：

㊸ Her parents died while she was still at school.（时间状语从句）

她还在读书时父母就过世了。

㊹ He had just drifted off to sleep when the phone rang.（时间状语从句）

他刚睡着电话铃就响了。

㊺ I unpacked my bags as soon as I arrived.（时间状语从句）

我一到就打开了行李。

㊻ Just because I don't complain, people think I'm satisfied.（原因状语从句）

就因为我不发牢骚，大家便以为我满意了。

㊼ The crops failed because the season was dry.（原因状语从句）

（因为）气候干旱，作物歉收。

㊽ Sure, there're jobs. There is even his job if you want it.（条件状语从句）

当然，工作是有的。只要你肯干，甚至可以顶他的空缺。

㊾ You won't get paid for time off unless you have a doctor's note.（条件状语从句）

除非你有医生证明，否则你不上班便拿不到工资。

㊿ Although small, the kitchen is well designed.（让步状语从句）

尽管很小，厨房却设计得很好。

(51) While this is true of some, it is not true of all.（让步状语从句）

虽有一部分是如此，但不见得全部如此。

(52) Whatever decision he made I would support it.（让步状语从句）

无论他做了什么决定，我都会支持。

(53) All those concerned must work together in order that agreement can be reached on this issue.（目的状语从句）

所有相关人员必须通力合作，以便能在这个问题上达成一致。

(54) I spoke slowly so that the audience could understand me.（目的状语从句）

我讲得很慢，好让听众能听懂我的话。

以上这些状语从句都能根据其表达的含义译成中文，但也有一些特殊情况，接下来我们来讨论一下。

1. 时间状语从句译成定语

同定语从句一样，时间状语从句也可以表示其他逻辑，最常见的是定语，如：

(55) When it is wet, the buses are crowded.

下雨天的公交车很挤。

（试比较：当天下雨的时候，公交车很挤。）

(56) When he arrived, I was having a bath.

他来的那会儿我正在洗澡。

（试比较：他到了的时候，我正在洗澡。）

以上两例中，When 引导的时间状语从句被译成了前置定语。通过比较可以发现，译成前置定语可以让译文更加流畅简洁。其实，when 引导的时间状语从句含义很丰富，且大部分情况下都不表示"当……的时候",这点我们会在下一章的"长句与润色"部分进一步分析。

2. 时间状语从句译成并列分句

除译成定语之外,时间状语从句还可以译成并列分句。例如:

57 He shouted as he ran.

他一边跑一边喊。

本例中,as 本身就可以理解成"一边……,一边……",表示两个动作同时发生。这里的 as 就无须译成"当……的时候"。

58 She claimed to be 18, when I know she's only 16.

她自称 18 岁,可是我知道她才 16 岁。

本例也是 when 的一个典型用法。这里的 when 并不表示"当……的时候",而相当于 although,有"尽管,但是"的含义。当然,这句也可以译成"尽管我知道她才 16 岁,但她自称 18 岁"。选择哪种译法,要结合上下文决定。

3. 原因状语从句译成并列分句

除时间状语从句之外,原因状语从句也可以译成并列分句,用语序或副词来表示因果关系,如:

59 The days were short, as it was December.

现在是 12 月,白天短了。

60 After all, it did not matter much, because in 24 hours, they were going to be free.

无所谓,反正他们 24 小时之后就自由了。

例 59 中,原因分句前置,语序上先因后果,没必要非得用因果连词把这两个句子连起来,直接译成并列分句即可。例 60 中,结合前面的"无所谓",后文选用了"反正"这一副词连接分句,补充说明"无所谓"的原因。

4. 条件状语从句的后置

条件状语从句在英文中前置或后置均可,但在中文里一般会前置,这点我们在"中英语言差异:前重心与后重心"中已详细介绍过。但也不是说没有后置的情况。如果条件分句后置,大部分表示补充说明,就好像说话人先说完了他想说的主要内容,突然又想起了条件状语从句中所表达的内容,所以补充在后面一样。例如:

61 You can drive tonight if you are ready.

你今晚就可以出车,如果你愿意的话。

(试比较:如果你愿意的话,你今晚就可以出车。)

㉜ I can come as soon as possible if necessary.

我可以尽快赶来，如果有必要的话。

（试比较：如果有必要的话，我可以尽快赶来。）

以上两例中，译文中均将条件分句后置，起到补充说明的作用。当然，这里的条件分句也可以前置，只不过语气上那种"突然想起来，补充一下"的意思就没有了。

5. 目的状语从句的前置

状语从句开篇时，我们看过目的状语从句的例子。大部分目的状语从句都可以后置，直接顺句翻译，但也不排除有前置的情况，如：

㉝ The bodies of the infected were burned for fear that they might infect the living.

译文①：感染者的尸体都被烧掉了，以免它们会感染活人。

译文②：为了不感染活人，人们把感染者的尸体都烧掉了。

本例中，通过两个译文的比较很容易可以看出，译文②更流畅一些。因此，若目的状语从句放在句末会导致译文不流畅，我们就可以将目的状语从句提到句首来翻译。但在有些情况下，两种译法都很流畅，如：

㉞ All those concerned must work together in order that agreement can be reached on this issue.

译文①：所有相关人员必须通力合作，以便能在这个问题上达成一致。

译文②：为了能在这个问题上达成一致，所有相关人员必须通力合作。

本例中的两个译文都很流畅，那么语序的调整是为什么呢？相信已经有同学能想到了。对，就是为了强调。将目的状语置于句首，可以起到强调的作用。因此，是否要将目的状语从句置于句首，还是要结合上下文语境来决定。

本章的内容可能比较多，我们探讨了三大从句在英译汉中的常见处理方法和特殊情况。请同学们一定要注意从句处理的特殊情况，结合语境具体问题具体分析，综合运用多种翻译技巧，这样才能产出忠实流畅的译文。

第六章　长句与润色

探讨过句子的各个组成部分之后，这章我们终于开始打终极大 BOSS，来看看英文中长句的处理。在"中英语言差异：长句与短句"部分我们讲过，英文因其形态变化丰富，主谓结构控制核心，词形变化表达含义，连接手段连接从句，代词用来前后呼应，因此常见主谓长句；而中文少有形态变化，词语之间的语法关系主要是通过语序和词汇来实现的，因此常见流水短句。因此在英译汉的过程中，我们要尽量将英文的长句化为中文的短句。

"化长为短"听起来特别有道理，但在实际操作中，其实不啻一句非常"正确的废话"。都知道要化长为短，但如何化长为短呢？本章我们就来探讨一下。

一、长句的拆分

英文好长句，中文好短句，所以化长为短的第一步就是要拆。怎么拆呢？我们分成以下两个部分来讨论。

1. 不好译的词单独拿出来译

英译汉的过程中，总会有很多"左译也不是，右译也不是"的词或短语，总觉得无论是引申还是转译词类，增补还是删减，都无法完整表达这个词所要表达的含义，总是"差那么一点儿"。这时就可以考虑是否要将这个词拎出来单独成句。通常情况下，拎出来单独成句，就可以解决大部分问题。

（1）单词拆成句子

很多不好译的名词、形容词或副词在翻译时，都可以拆成独立分句，如：

❶ A movie of me leaving that foxhole would look like a shell leaving a rifle.
我离开那个散兵坑的速度之快，要是拍成电影的话，看着就像出膛的子弹一样。

本例中，名词 movie 被拆成了短句"要是拍成电影的话"。如果不拆，这句话直译过来应该是"我离开那个散兵坑的电影看起来像出膛的子弹一样"。"电影"怎么能像"出膛的子弹"呢？这是说不通的。因此这里就必须要进行转换。但无论增词还是减词都无法忠实表达原文含义，因此这里选择了将这个不好译的名词 movie 拿出来单独译。

这里的 movie 实际上涵盖了一个条件逻辑，即 if it is a movie。为什么能看出这样的逻辑呢？因为原文表达的肯定是"我离开散兵坑的速度像出膛的子弹一样"，那么这里的 movie 就相当于将"我离开散兵坑"这件事可视化了，变成：If there is a movie of me leaving that foxhole, then the process would look like a shell leaving a rifle. 因此将 movie 拎出来单独译，全句译文即如上所示。

❷ The moon leapt up white and burst through the air.

月光骤然而起，蹿向空中，白得耀眼。

本例中的 white 很难处理，如果直译就会译成"月光跳起白色，蹿向空中"。但"跳起白色"是什么意思呢？这样译出来的中文很难理解。重新阅读原文，原文的意思应该是月光跃到空中，是白色的。于是把 white 单独拎出来处理成分句，全句译文即如上所示。

❸ He opined that resources should more justifiably be spent on services with more pressing needs, such as those relating to education and welfare.

他认为，资源应投放在那些更迫切的需求上，例如与教育和福利相关的需求，这才是合理的。

本例中，副词 justifiably 被拎出来单独处理了。这类副词经常被拿出来单独处理，因为就其与动词的修饰关系而言，如果译成"资源应该被更合理地放在……"，中文显然不通顺，所以将其拿出来单独处理成分句，全句译文即如上所示。

（2）短语拆成句子

除单个词之外，短语也可以在翻译的过程中拆成句子，如：

❹ He didn't choose to leave with the girl, a relatively easy task.

他并未选择同那个女孩一起离开，虽然跟她走也不是什么难事。

本例中，a relatively easy task 被拎出来单独处理成分句。这里的 a relatively easy task 指的就是前文 choose to leave with the girl，如果直译会译成"他并未选择同那个女孩一起离开，一个相对简单的任务"。但这样的译文令人难以理解，所以两个分句间的逻辑也是需要我们思考的内容。

这两个分句间是什么逻辑呢？我们可以问自己，为什么"跟她走"很简单，但他没跟她走呢？可能是有什么不得已的苦衷或内情。于是前后逻辑就应该是：即便跟她走没什么难的，他依然选择不跟她走。前后两个分句之间是让步关系。不过本句并不是用让步状语从句表示的，说明原文也不是很强调这个让步关系，因此并未将后面的分句前置，而是用"虽然"这个语气不太强烈的连词连接，并将其后置作补充结构。

❺ The furthest waves of light, fleeing out, seemed to be clamouring against the shore for escape, the waves of darkness came in heavily, running under toward the centre.

跑得最远的光浪，像是想要溃逃的败兵，叫嚷着冲向堤岸，暗夜下的浪头重重打来，从下面向中心压去。

本例中，fleeing out 这个分词短语与后面的 for escape 合并，译成了"像是想要溃逃的败兵"。flee 的本意是"逃跑"，但很明显 waves 不可能逃跑，因此这里是使用了暗喻。后文又有 for escape，与这里的含义类似，于是合并在一起进行翻译。

（3）句子的一部分拆成句子

除不好译的词和短语外，若翻译时遇到了不好处理的句子成分，或直译难以契合译文表达的句子成分，也可以选择拆成单句，如：

❻ **I can tell** by the way he will look lost and puzzled suddenly, all expression dying away from his dear face as though swept clean by an unseen hand, and in its place a mask will form, a sculptured thing, formal and cold, beautiful still but lifeless.

他怎能瞒过我的眼睛？有时，他显现出茫然若失的样子，可爱的脸上，所有的表情消失得一干二净，仿佛被一只无形的手一把抹去，取而代之的是一副面具，一件雕塑品，冷冰冰，一本正经，纵然不失英俊，却毫无生气。

这句话很长，如果直译，前面就会译成"我能通过他突然会看起来茫然若失的样子分辨，所有的表情从他可爱的脸上消失……"，很显然，这样译并不能忠实表达原文含义，因为"通过……的样子分辨"与后文"所有的表情从他可爱的脸上消失……"无法衔接，而且"分辨"这个动词后也没有宾语。通读全文后会发现，后文所有的信息都是围绕着"他"来说的，讲的都是"他"的表情，"他"的状态，实际上跟这句话的主语"我"没什么关系。于是这里选择将前面的 I can tell 单独拿出来，译成单句。又因为 I can tell 表示"我能分辨出来"，既然我能分辨出他的情绪，就意味着他的情绪逃不过我的眼睛。于是又转换了视角，依然从"他"的角度出发，与下文衔接，同时把这部分译成问句，起到提起下文的作用。

❼ **Did the Holy Virgin mean for** her to live in a wilderness and die of starvation?

她就非得栖身荒野，死于饥饿？难道这就是圣母的意愿？

本例是个短句，其实直译也可以。直译过来就是：难道圣母想让她栖身荒野，死于饥饿吗？看起来没什么问题。但例句的译法其实是参考了上下文语境的。我们来看一下这句话所处的语境：

> The room where she read these letters was warm. The lights were pink. She had a silver ashtray like a signora, and, if she had wanted, in her private bathroom she could have drawn a hot bath up to her neck. <u>Did the Holy Virgin mean for her to live in a wilderness and die of starvation?</u> Was it wrong to take the comforts that were held out to her? ...but why should she be compelled to return and drink sour wine in the darkness of the hills?

她现在坐着读信的房间非常温暖，周围环绕着粉红色的灯光。她像个主妇一样，也有一个银质的烟灰缸。只要她愿意，她就可以在自用的洗澡间里把热水一直放到脖子底下，洗个痛快。<u>她就非得栖身荒野，死于饥饿？难道这就是圣母的意愿？</u>享受现成的东西，难道就错了吗？……只是，她为什么一定得回去，在黑洞洞的山坳里喝发酸的酒呢？

从上下文我们可以看出，这段描写主人公之前所处的环境十分恶劣，而现在却"像个主妇"一样，说明她喜欢现在的生活环境，并不想回去。同时，上下文连续用了好几个问句，好像是作者在问读者，但其实是主人公在反问自己。因此在翻译的过程中，译文也需要表达出原文主人公反问自身的语气和情绪。

从这个角度出发，原文这句话译成"难道圣母想让她栖身荒野，死于饥饿吗？"就显得略有些平淡了，于是选择将其拆成两个问句，用连续问句的方式凸显人物情感。

2. 长句拆分三步走

从以上分析可以看出，英文的长句若想译成地道中文，拆分是必不可少的。英文之所以会有长句，是因为其将不同的事件按照先后主次的顺序排列，"塞"进句子里用来充当不同成分，因此在译成中文的过程中，我们需要反其道而行之，将这些被"塞"进不同成分的"事件"拆开，再按照逻辑顺序排列，最后再润色语言。总结说来就是：拆分—排序—润色。

接下来，我们用实例来分析一下。

❽ She moves down the stairs, avoiding the blood, avoiding the body.

先来看这个短句。首先把这句话拆开，看看句子一共讲了几件事。很容易能分辨出这句话一共讲了三件事：

① moves down the stairs 下楼梯

② avoiding the blood 避开血迹

③ avoiding the body 避开尸体

然后再对拆出来的这三个信息进行排列，这里是按照动作先后顺序进行排列的。我们之前讲过，英文是主谓句，重要信息放在主句而非从句，因此一定是先避开血迹和尸体，再走下楼梯。而中文是用语序来表示顺序的，所以先发生的动作放在前面，后发生的动作放在后面，于是这句话译成：她避开血迹，避开尸体，走下楼梯。

❾ Europeans only started importing the seeds of Theobroma cacao, a tree native to the Andes foothills between the Amazon and Orinoco rivers, after Christopher Columbus's fourth and final mission to the Americas in 1502.

接下来我们来看这个长句。这么长的一个句子，要先做什么呢？肯定是先拆分嘛！这个句子不难拆，我们可以把它拆成如下两部分。

① Europeans only started importing the seeds of Theobroma cacao after Christopher Columbus's fourth and final mission to the Americas in 1502　1502 年，克里斯托弗·哥伦布第四次，也是最后一次航行至美洲之后，欧洲人才开始进口可可树的种子。

② (cacao is) a tree native to the Andes foothills between the Amazon and Orinoco rivers 可可树原生于亚马逊河与奥里诺科河之间的安第斯山脉的丘陵地带

这样拆完之后，我们得到了两个长句。分句①不难理解，只要加几个逗号把它切分开就是流畅的中文，所以不用管。分句②也不难理解，不需要加逗号就是流畅的中文了。于是现在的问题是如何排列这两个句子。

如何排列呢？我们来思考一下，如果世界上没有可可树，欧洲人能引进可可树种子吗？自然是不能的。所以可可树的原生地是前提，然后才是欧洲人引进可可树这件事。于是按照逻辑顺序把分句②放在前面，译成：

可可树原生于亚马逊河与奥里诺科河之间的安第斯山脉的丘陵地带。1502年，克里斯托弗·哥伦布第四次，也是最后一次航行至美洲之后，欧洲人才开始进口可可树的种子。

⑩ I sat with my doll on my knee, till the fire got low, glancing round occasionally to make sure that nothing worse than myself haunted the shadowy room.

再来看这句话。还是老办法，先拆分，看看这句话一共讲了几件事。经过分析会发现，本句一共讲了以下几件事。

① sat with my doll on my knee 把玩偶放在膝上坐着

② till the fire got low 直到炉火暗下去

③ glancing round occasionally 时不时四处看看

④ make sure that nothing worse than myself haunted the shadowy room 确定昏暗房间里除我之外，再没什么更坏的东西

接下来对以上几个信息进行排列。根据事情发展的先后顺序可得，"我"应该是①把玩偶放在膝上坐着，③时不时四处看看，④确定房间里没有除我之外更坏的东西，②一直坐到炉火暗下去。根据这个顺序，再对文字进行润色后，本句就可以译成：

随后，我把玩偶放在膝头上枯坐，还不时东张西望，看看有没有什么比我更坏的东西光顾这昏暗的房间，这样直坐到炉火黯淡。

⑪ The street was deserted. I stood alone under a tree with an entanglement of bare branches overhead, waiting for the last bus to arrive.

咱们先拆分，看看句子一共讲了几件事。

① The street was deserted 街上一个人也没有

② I stood alone under a tree 我在树下面站着

③ an entanglement of bare branches overhead 头上是交缠的树枝

④ waiting for the last bus to arrive 等着最后一辆车到来

这几个信息按照什么顺序排列呢？大家可以想象一下这个画面，如果你想用中文描述同样

的画面，会从哪里开始呢？如果你手里拿着一个摄影机，按照原文的描述拍摄一个类似的画面，是不是应该先从远景推到近景，也就是先照向空无一人的马路，然后聚焦到大树，然后再聚焦到树下的人。所以这里的排列顺序即是描写的先后顺序。按照这个顺序，本句可译成：

在空无一人的马路旁，树枝交横的大树下，候着最后一辆客车的，只有我一人。

⑫ Almost all the TV viewers were deeply impressed by Titanic's huge mass and her ruined splendor of a lost age.

最后来看这句话。这句话看起来不长，但依然需要拆分后才能处理。原文讲了几件事呢？大家可以先自己拆一下。

有没有同学拆完之后译成"所有电视观众都被泰坦尼克号巨大的体积和逝去时代的毁掉的辉煌所震撼"呢？我相信一定有吧。恭喜你，你已经掌握翻译腔了。中文不会写这样的句子，这是纯纯的欧化汉语。那么，这句话应该怎么拆呢？其实我们可以这样，先挑主结构。这句话的主结构是：

① Almost all the TV viewers were deeply impressed 所有电视观众都被震撼

② Titanic's huge mass and her ruined splendor of a lost age 泰坦尼克号的巨大体积和逝去时代的毁掉的辉煌

看到这儿你可能会说，这跟我拆的也没什么区别嘛。但这样拆完之后并不能产出流畅译文，这时就要思考，是不是拆得不够细。回头看被拆开的第二部分会发现，这部分并不通顺，同时也很长，这时就可以思考把其中的信息再次进行拆分。

但如何拆呢？这时可以思考两个分句之间的关系。为什么电视观众会被震撼呢？是因为泰坦尼克号体积大，而且又能展现逝去时代的辉煌，所以分句②其实讲了不止一件事。同时，分句②还有一个信息，就是 ruined。泰坦尼克号不是正常的 splendor，而是 ruined splendor of a lost age，这个 ruined 很难处理，就可以把它单独拿出来处理。于是分析过后，这句话可以拆成如下四个分句。

① Almost all the TV viewers were deeply impressed 所有电视观众都被震撼

② Titanic's huge mass 泰坦尼克号体积巨大

③ her splendor of a lost age 能展现逝去时代的辉煌

④ ruined (splendor) 已经损毁

拆分过后，新的问题又来了。这几个信息应该如何排列呢？根据正常的讲述逻辑可知，本句表达的基本含义应该是：泰坦尼克号太大，又能展现过去时代的辉煌，所以电视观众被震撼了。但这个 ruined 应该放在哪里呢？根据原文可知，原文的逻辑是 her ruined splendor...impressed...，即便 ruined，但依然有 splendor，所以能够 impressed TV viewers。一系列分析过后，本句可以译成：

泰坦尼克号船体庞大，虽已损毁，但依然可见昔日的富丽堂皇，给几乎所有电视观众都留下了深刻的印象。

通过以上几个句子的分析，相信大家已经对长句拆分有了一些理解。对于长句的英译汉，首先要将其拆分成能够表意的信息，拆完之后，还要将拆出来的信息按照逻辑顺序排列起来。

但对于有些描写场景的句子，分析逻辑可能有些困难，这时可以闭上眼睛好好想象一下，想想原文究竟描绘了一幅怎样的图像，再用恰当的语言描述这幅图像。这个过程中，要尽量抛开原文的语言结构，只关注原文的含义和内容。

我们来看两个实例。

⑬ Medical teams rushed forward, pushing through the police tape like sprinters crossing the finish line. The breaking of that yellow tape touched off chaos.

这两句话也不短，我们先拆一下。

① Medical teams rushed forward 医疗队冲了进去

② pushing through the police tape like sprinters crossing the finish line 像短跑运动员冲过终点线一样冲过警戒线

③ The breaking of that yellow tape touched off chaos 黄色警戒线的断裂引发骚动

分句①和分句②都不难理解，主要是后面的分句③不太好理解。为什么黄色警戒线的断裂会引发骚动呢？这时我们就可以在脑海中描绘一下这幅画面。原文描绘了一幅什么样的画面呢？

如果是个镜头，镜头里首先应该有冲向警戒线的医疗队。放医疗队冲进去后，警戒线肯定断开了。那么按照原文的描述，警戒线断开的那一刹那，四周便骚动起来。于是对于同样的场景，中文可以描述成：

医疗队冲了进去，像短跑运动员冲过终点线一样冲过警戒线。黄色的警戒线应势而断，人群骚动起来。

这样，不好译的分句③便被拆分开来，通过增译的方式补足了泛称主语"人群"，让译文流畅了很多。

再看一个例子。

⑭ The wind shook blossoms from the trees, and the heavy lilac blossoms, with their clustering stars, moved to and fro in the languid air. A grasshopper began to chirrup by the wall, and like a blue thread a long thin dragon-fly floated by on its brown gauze wings.

这两句话是纯景色描写。长句处理第一步，照例还是要拆开。

① The wind shook blossoms from the trees 风吹动了树上的花朵

② the heavy lilac blossoms moved to and fro in the languid air 沉的丁香在慵懒的空气中前后摆动

③ (the heavy lilac blossoms) with their clustering stars（沉的丁香）有一簇簇小星星
④ A grasshopper began to chirrup by the wall 一只蚱蜢在墙边上叫
⑤ (a long thin dragon-fly is) like a blue thread 一只细长的蜻蜓像一条蓝色的线
⑥ a long thin dragon-fly floated by on its brown gauze wings 一只细长的蜻蜓扇着棕色的薄薄翅膀飘着

拆完之后我们会发现，这几个信息其实很清晰，只需要按照原文描绘的方式，按照描写顺序排列起来即可。如果按照拆分过后的译文直接组装，就会译成：风吹动了树上的花朵，沉的丁香有一簇簇小星星，在慵懒的空气中前后摆动。一只蚱蜢在墙边上叫，一只细长的蜻蜓像一条蓝色的线，扇着棕色的薄薄翅膀飘着。这样译其实也没错，但实在是不优美。

怎么能让它变优美呢？这时我们就可以闭上眼睛，想象一下原文描绘的情景。原文描绘了怎样一种情景呢？那可能是个初夏的晴日，微风习习，丁香星星似的凑成一小簇一小簇的，在微风中轻轻晃着。墙根下有蚱蜢在叫，蜻蜓扇动着薄翅划过天空。实在是一幅惬意美好的图景。

于是就着这幅图景，我们抛开原文的语言结构，只着眼于信息和内容，可以将上文译为：

微风吹动了树上的几枝花朵，一簇簇星状的丁香沉甸甸地挂在枝头，在夏日慵懒的空气中摇来晃去。墙脚下，一只蚱蜢正在歌唱，纤细的蜻蜓扇动着棕色的薄翅飞过，在空中划出一道蓝色的线。

总结而言，对于英译汉长句，首先要将其拆分成能够表意的信息，一般是先拆主句，再看从句。若拆完之后产出的译文依然不好理解，那么就要继续拆分，直到能译出流畅的中文短句为止。拆完之后，要将拆出来的信息按照逻辑顺序排列起来，一般会遵循时间先后、动作先后、事件发展的先后顺序、描写顺序、因果、条件等逻辑顺序，或干脆在脑海中描绘一幅原文所描绘的图像，对原文进行充分分析之后，再来润色语言。

接下来，我们就来看看如何润色语言。

二、语言的润色

首先必须强调的是，英译汉中对于译文语言的润色，考查的不仅是译者的英语功底，还有中文功底，或者说更多的是考查译者的中文功底。所以作为译者，不仅英语要好，中文也要好才行。这里，我们介绍几种可以帮助大家提升中文功底的方法，虽无法涵盖所有方式，但希望对大家有所帮助。

1. 消除翻译腔

其实，中文功底这个东西虽然没有上限，但有下限，这个所谓的"下限"，就是我们常常提到的"翻译腔"。所谓翻译腔，可以简单理解为将源语的语言形式和表达方式机械照搬进译入语后，产生的一种"不伦不类"的译文。这类译文既不符合译入语的表达方式，也无法忠实表达原文含义，只是在"字词句"这些形式上紧扣原文而已，远算不上合格的翻译。

接下来我们就来看看常见的翻译腔，以及如何避免这些翻译腔的出现。

(1) 不要"当当作响"

余光中先生在其著作《余光中谈翻译》中曾有言："公式化的翻译体，既然见 when 就'当'，五步一当，十步一当，当当之声，遂不绝于耳了。"话说的虽然有些绝对，但也确实揭露出中文译本中，"当"字滥用的现象。

而将"当"的滥用推而广之我们会发现，这其实是对时间状语从句理解不足带来的问题。如：

⑮ When people say "culture", we think of art and history.

学生译文：当人们说到"文化"的时候，我们会想到艺术和历史。

参考译文：说起"文化"，我们会想到艺术和历史。

⑯ You're not going out until you've finished this.

学生译文：你不能出去，直到你把这事做完为止。

参考译文：你不把这事做完就不准出去。

⑰ The machine will start the moment you press this button.

学生译文：你按下按钮的时候，机器就会开启。

参考译文：你一按下按钮，机器就会开启。

以上几例中，分析学生译文与参考译文可以看出，学生译文中的"当……的时候""直到""的时候"用得实在没有必要。中文是意合的语言，这几个词所表达的含义完全可以意合在句子内部。同时，and 的使用也是如此，并不是什么时候都需要把 and 译成"和"。

那么，什么时候该译，什么时候不该译呢？我们可以把握一个原则，即：译出之后，若删掉这些连接词不影响译文表达，那么在中文中就无须将这些连接词显化；若删掉之后影响了译文表达，则需要保留。如：

⑱ Sunday is the only day when I can relax.

星期日是我唯一可以休息的日子。

（试比较：星期日是唯一一天当我可以休息。）

⑲ Can he read and write?

他能读会写吗？

（试比较：他能读和写吗？）

以上两例中，删掉连接词也不影响中文表意，这时就可以删除。但若删掉会影响中文含义的表达，则连接词不可以删掉，如：

⑳ Many families break up because of a lack of money.

许多家庭因缺钱而破裂。

（试比较：许多家庭缺钱而破裂。）

在所有连接词中，when 可能是大家在翻译实践中最头疼的一个，因为它看起来好像都在表示"当"，但其实并没有那么简单。接下来，我们就来看看 when 的常见用法。

when 作为一个连词，可以在句中表示时间顺序，也可以表示突然发生、前后转折及因果关系等含义，如：

㉑ When you finish the draft, send it to me.（时间顺序）

学生译文：当你写完草稿的时候，就发给我吧。

参考译文：你写完草稿之后就发给我吧。

㉒ He had just drifted off to sleep when the phone rang.（突然性）

学生译文：当电话铃响了的时候，他刚睡着。

参考译文：他刚睡着电话铃就响了。

㉓ He says he doesn't have any money when in fact he has thousands of dollars in his account.（转折）

学生译文：他说自己身无分文，当实际上他的银行账户里有几千美元。

参考译文：他说自己身无分文，可实际上他的银行账户里有几千美元。

㉔ How can they expect to learn anything when they never listen?（因果）

学生译文：当他们从不听讲的时候，怎么能期待着学到东西呢？

参考译文：既然他们从不听讲，又怎么能指望学到东西呢？

以上几例中，when 都不能译成"当……的时候"，而是要根据其表达的具体逻辑关系译成不同连词，这样才能忠实准确表达原文含义。

因此在翻译实践中，我们要避免"当当作响"，充分理解原文，不要做见 when 就"当"的"敲钟人"。

（2）不要"他他不绝"

在"中英语言差异：替换与重复"中我们讲过，"英文好替换，中文好重复"，英文常用代词指代上文出现过的名词，而这些代词在译成中文时应予以显化或干脆省略。如：

㉕ Dr. John resumed his experiment as soon as he came into the laboratory.

学生译文：约翰医生一进实验室就重新开始了他的实验。

参考译文：约翰医生一进实验室就重新开始了实验。

㉖ I looked up and saw his black eyes. They are bright and shiny in the dark.

学生译文：我抬头看见了他黑色的眼睛。它们在黑暗中明亮又闪耀。

参考译文：我一抬头就对上他的双眼，墨黑的眸子在黑暗中闪闪发亮。

以上两例便是"他他不绝"的情况。例 25 中，约翰医生不重新开始"他的"实验还能开始谁的实验？所以这里的"他的"可以省略。例 26 中，They 指代前文的 black eyes，但中文并不习惯用"它们"代指上文物体，这里选择了显化代词所指，用同义词替换，避免用词重复。

（3）不要"的地不休"

英文中多见长定语及定语从句、长状语和状语从句，但中文里此类表达不常见。因此在翻译这些定语和状语时，要尽量断句或转换成分，不要一直"的地"下去。

我们来看几个例子。

㉗ These data have been used by researchers to study the deleterious effects of burdensome regulation.

学生译文：研究者们用这些数据来调查冗杂的监管的害处。

参考译文：研究人员利用这些数据，分析重重监管的不利影响。

本例中，学生译者想到了要将原文的被动语态转换为主动语态，但 the deleterious effects of burdensome regulation 处理得不好。中文里，除科技文体中因信息点太多无法避免多个"的"的长定语外，能处理的长定语都要处理掉，不要在名词前堆好几个"的"。参考译文用"重重"代替了"冗杂的"，避免两个"的"连用，更符合中文的表达方式。

㉘ The study found that non-smoking wives of men who smoke cigarettes face a much greater than normal danger of developing lung cancer.

学生译文：这项研究表明抽烟男子的不抽烟妻子罹患肺癌的危险比一般人大得多。

参考译文：这项研究表明，妻子不抽烟而丈夫抽烟，妻子罹患肺癌的概率比一般人大得多。

本例中，学生译者对定语从句的处理不够熟练，"抽烟男子的不抽烟妻子"很显然不通顺。这时我们可以思考将定语从句拆成单句，按照"条件—事实"的逻辑顺序将拆解后的信息排列起来，译文才能够流畅。

除"的"字连用之外，定语的处理中还有一个常见问题，请大家阅读下面两个例子，看看自己能否找到学生译者的问题。

㉙ Education is, in the medium and long term, the most effective means of reducing poverty and inequality and encouraging social inclusion.

学生译文：在中长期看来，教育是减少贫困和不平等现象，以及鼓励社会包容的最有效方式。

参考译文：从中长期来看，教育是推动减少贫困和不平等现象、促进社会包容的有效手段。

㉚ But for many, the fact that the poor people are able to support themselves almost as well without government aid as they did with it is in itself a huge victory.

学生译文：但对许多人来说，穷人能够不靠政府帮助自己养活自己而日子过得几乎和过去靠政府帮助时一样好的事实，本身就是一种了不起的胜利。

参考译文：但在许多人看来，穷人能不靠政府救济就养活自己，而且生活得几乎和过去依靠政府救济时一样好，这件事本身就是一场巨大的胜利。

以上两例的问题，均是名词前的定语过长。我们在"中英语言差异：长句与短句"中讲过，英文是"首封闭、尾开放、右分支、顺线性延伸"的语言，所以可以一直往右堆积修饰成分，习惯使用长句，但中文与之相反，不喜在名词前堆积长定语，因为这会让中文变得无法理解且句式冗长。因此，无论是介词短语、分词短语还是定语从句构成的长定语，都要首先考虑拆分开来，拆分成单个信息再按照逻辑顺序排列起来，最终形成中文的流水短句。

除定语之外，状语滥用"地"的情况也很常见。如：

㉛ The muddy water slowly cleared.

学生译文：浑浊的水慢慢地变得清澈起来。

参考译文：浑浊的水慢慢变得清澈起来。

本例中，学生译者将 slowly 译成"慢慢地"，但其实中文里的"慢慢"本身便可以充当副词，并不需要"地"。类似的表达还有"渐渐地—渐渐""悄悄地—悄悄""悠悠地—悠悠"，等等。

总之，大家在用"的"和"地"时要小心，不要随着原文亦步亦趋，要注意译文的可读性。

（4）不要"被被层叠"

"被"字的使用也是英译汉时需要注意的地方。这其实对应了中英互译中主被动的转换。关于这方面的内容，我们在"中英语言差异：物称与人称"部分已经探讨过，这里再举两例：

㉜ These questions should not be confused.

学生译文：这些问题不应该被混在一起。

参考译文：不应该把这些问题混为一谈。

㉝ This question will be discussed in the next chapter.

学生译文：这个问题将在下一章被讨论。

参考译文：这个问题将在下一章予以讨论。

再啰唆一次，"英文好被动，中文好主动"并不是说英文中不可以使用主动语态，或中文中不用被动语态。在翻译实践中，需要具体问题具体分析，结合上下文语境选择恰当的语态。

（5）不要"字字对译"

无论是"当当作响""他他不绝"，还是"的地不休""被被层叠"，其实从其底层逻辑来看，都是因为译者没能深入理解原文含义，只能在原文结构上做文章。一旦我们紧随原文结构，不敢放开手脚表达原文内涵，就会出现"字字对译"的现象，无法产出流畅通顺的译文。

那么，究竟如何判定自己是否"字字对译"了呢？我们举一个经典例子。

㉞ Mr. Dewar slipped and fell outside his official Edinburgh residence on Tuesday morning. He picked himself up and went on to carry out two lunchtime engagements.

译文①：杜瓦先生滑了和跌倒在外面他的官方爱丁堡居所在星期二早晨。他拣自己起来和继续去实行两个午餐约定。

译文②：星期二早晨杜瓦先生滑倒在他的爱丁堡官邸外面。他爬起来继续去参加两个午餐约会。

译文③：星期二早晨，杜瓦先生在爱丁堡官邸外滑倒了，但他仍爬起来继续去参加两个午餐活动。

译文④：杜瓦先生的官邸在爱丁堡。星期二早晨，他不小心在屋外摔了一跤。不过他仍然奋力爬起，去参加了两场午餐活动。

分析以上几个译文我们可以看出，从译文与原文的"距离"上看，从译文①到译文④，译文①"距离"原文最近，而译文④"距离"原文最远；而就表意的忠实性与流畅性而言，译文④最忠实流畅，译文①最难理解。

在翻译实践中，译文①和译文②显然是无法接受的，译文③和译文④是可以接受的，而译文③不如译文④流畅，表达上略有歧义。

译文④为什么最流畅呢？因为它"距离"原文最远，很好地摆脱了原文的束缚，用符合译入语表达方式的语言表达了原文的含义。这才是忠实流畅的译文。

翻译的过程就像"解码"，要脱掉源语的"外壳"，透过语言现象看到语言本质，再把原文表达的"真实含义"用译入语的恰当表达方式重现。

2. 锤炼中文表达

那么问题又来了，怎样才能找到译入语的"恰当表达"呢？英译汉时，什么才算是中文的"恰当表达"呢？这其实是所有译者在入门之后面临的一个重大问题。很多译者在有了一定翻译实践之后就会发现，制约我们翻译发展的往往不是我们的英文水平，而是我们的中文水平。一开始可能还会出现"读也读不懂，写也写不出"的情况。

于是大致分下来，我们需要解决的问题有两个：读得懂，写得出。

先来看"读得懂"。

(1) 了解英文的"成语"

这里我们探讨的"读得懂"，不涉及基础语法范围内的语言理解，只探讨基础语法之外，英语中的那些固定表达。在英译汉的过程中，我们得先读懂这些固定表达，然后才能找到合适的中文去表达。

然而，没有哪一本书能穷尽这些表达，译者只能平日不断地积累。这里大致介绍一些英文"成语"的处理方式，希望对大家有所帮助。

①直译

首先是直译。对于某些字面含义比较简单的英文"成语"，可以直译，如：

| a gentleman's agreement | 君子协定 |
| a wolf in sheep's clothing | 披着羊皮的狼 |

或者，有些英文中的"成语"有比喻义和典故，但其比喻义和典故已被中文读者所知，在译文中不会带来困惑和歧义，此时也可以选择直译，如：

| the Trojan horse | 特洛伊木马（比喻暗藏的敌人或危险） |
| a Judas kiss | 犹大之吻（比喻背叛行为） |

②套译

中英两种语言中，有些"成语"可能会用类似意象表达类似含义，这时可以选用中文里的"成语"套在英文"成语"上，将其译成中文。如：

kill two birds with one stone	一石二鸟／一箭双雕
kill the goose to get the eggs	杀鸡取卵
rob Peter to pay Paul	拆东墙补西墙
fish in the air	水中捞月／缘木求鱼

③意译

但其实，英文中的大部分"成语"都无法使用以上两种方式译成中文，这时就要根据其背后典故或上下文含义，将其意译为恰当的中文。如：

make a monkey of sb.	愚弄某人
get cold feet	开始感到怀疑、胆怯或害怕
bend an ear to	聚精会神地听，倾听

总之，对于英文中的"成语"，需要我们平时着意积累，翻译时深入分析，才能最终产出忠实通顺的译文。

"读得懂"，还得"写得出"。接下来我们来看"写得出"。

(2) 善用四字结构

短期内提升中文表达的一个小方法，就是善用四字词。中文双音节词居多，因此组词成句喜欢用"四六骈句"，这就形成了汉语中很多的四字词。这些四字词便是我们英译汉时的好帮手。然而，这些四字词也需要我们平时注意积累，才能在遇见英文词汇的时候，想得起来用四字词表达。例如以下这些词，可以用怎样的四字词表达呢？大家可以先想一想。

> pregnant、sweet、bluntly、capitulate、hurriedly、someday

想出来了吗？我这里列了几个：

pregnant	身怀六甲	有孕在身	怀胎十月	
sweet	娇柔妩媚	温婉可人	甜美温柔	楚楚可人
bluntly	开门见山	直截了当	直言不讳	单刀直入
capitulate	屈膝投降	缴械认输	甘拜下风	
hurriedly	着急忙慌	火急火燎	风风火火	匆匆忙忙
someday	有朝一日	总有一天		

这几个词的译法其实不局限于我列出的这几个，根据上下文不同，还可能会有其他很多不同的译法，但显而易见的是，四字词，例如"身怀六甲"，就要比"怀孕的"读起来更有音韵感，更有文采，更加流畅地道。

于是，这样的四字词就可以用在句子翻译中，如：

㉟ Both heritage and creativity lay the foundations for vibrant, innovative and prosperous knowledge societies.

文化遗产与创意一道，为打造充满活力、不断创新、繁荣昌盛的知识社会奠定基础。

（试比较：文化遗产与创意一道，为打造有活力的、创新的、繁荣的知识社会奠定基础。）

㊱ Each semester I hope, and fear, that I will have nothing to teach my students because they already know how to write.

每个学期我都满怀期待，同时也惴惴不安，生怕我没什么东西可以教给学生，毕竟学生们都知道怎样写作。

（试比较：每个学期我都希望且害怕，生怕我没什么东西可以教给学生，毕竟学生们都知道怎样写作。）

㊲ There is a certain literal-mindedness in the recent shift away from the humanities.

近年来，这种偏离人文学科的趋势，反映了人们对学科的认识是"只知其一，不知其二"。

（试比较：近年来，这种偏离人文学科的趋势，反映了人们对学科的认识是死脑筋的。）

相比不用四字结构的译文，四字结构的使用能让译文更贴合中文的表达方式，让译文读起来流畅自然，朗朗上口，也显得更有文采。

但四字结构的使用也要贴合语境，并不是处处可用。例如在小说翻译中，若原文的主人公是个农家女，就需要注意她的语言特点，如：

㊳ Louisa (a peasant girl): As you have come to my house, I feel greatly honored!

译文①：路易莎（一位农家姑娘）：大驾光临，不胜荣幸！

译文②：路易莎（一位农家姑娘）：您来我家，我真是太高兴了！

这两种译文，哪种合适呢？看起来译文①要比译文②有文采，但一个农家姑娘大概率不会说"大驾光临，不胜荣幸"这样文绉绉的话。这时译文就没有贴合原文的人物形象，这样的译文就不够忠实。

再比如，原文描绘的是个美丽的西方女郎，译文中就要注意这点，如：

㊴ She had fine, delicate features, eyes a vivid violet color and soft ash-blond hair.

译文①：她真是成熟又精巧，花容月貌，美目流盼，金褐色的雾鬓云鬟。

译文②：她的面容美丽精巧，一双紫色瞳仁眼波流转，再加上柔软的淡金色头发，标致极了。

这两个译文读起来似乎都很美，但哪个更合适呢？也是译文②。原因就在于我们一般不会用"花容月貌""雾鬓云鬟"这样的词汇去形容一个西方女郎。这样的词汇一出来，我们首先想到的可能是唐宋时期的簪花仕女，这是典型的东方形象。所以虽然译文①看起来很美，但实际上没有忠实原文。

总之，使用四字结构可以使我们的译文更符合中文表达方式，算是提升译文可读性，增加文采的一个讨巧之法。

（3）凝练中文表达

很多同学积累了很多四字结构，也想应用在译文当中，但自己写出来的译文，总觉得啰唆白话，读起来没有味道，尤其是在进行偏文学类的翻译时，感受更是深刻。为何呢？根本原因是咱们的语言功底不够扎实，或者说表达不够"凝练"。

中文虽好重复，但若论起表达凝练，似乎少有其他语言能出其右，尤其是古汉语。咱们上学时学过王安石的《泊船瓜洲》，其中有一句"春风又绿江南岸"，"绿"字一出，一幅春色画卷便在眼前徐徐展开，写尽了春风拂过大地，万物生机竞发的景象。

虽然我们肯定不如王安石这样的大家，但也可以尽量锤炼自己的语言，让自己的中文表达更加凝练隽永，这样才能给读者更好的阅读体验。

我们来看几个例子。

㊵ Most of them recorded nothing else of the buried person, but that he was born upon one day, and died upon another: the whole history of his life being comprehended in those two circumstances, that are common to all mankind.

大部分的墓碑上只刻着死者的生卒年月日：逝者生平万事，不过归于这寥寥几行，死生一事，当真人皆如此。

（试比较：大部分墓碑上除死者的生日和死亡日期之外，什么都没有：他生命的整个历史都在这两种情况下被理解了，所有人都一样。）

㊶ I could not but look upon these registers of existence, whether of brass or marble, as a kind of satire upon the departed persons; who had left no other memorial of them, but that they were born and that they died.

对于逝者的这些生死记录，不管是刻在铜牌上还是刻在大理石碑上，我都不由自主地将其看作是对逝者的一种讽刺——他们出生，他们死亡，除此之外，别无一笔留存世间。

（试比较：我不得不把这些存在记录，无论是黄铜的还是大理石的，看作是对逝去的人的一种讽刺；除了他们的出生和死亡，他们没有留下其他的纪念。）

㊷ On one of those sober and rather melancholy days, in the latter part of autumn, when the shadow of morning and evening almost mingle together, and throw a gloom over the decline of the year, I passed several hours in rambling about Westminster Abbey.

时方晚秋，肃杀悲凉，晨昏交割之时，昏黄不可分别。行将岁末，天光终日灰暗，我就在这样一天，到西敏大寺去信步走了几个钟头。

（试比较：在这样一个严肃而悲凉的日子，秋末的某一天，清晨和傍晚的阴影几乎交织在一起，给这一年的衰微蒙上了一层阴郁，我在威斯敏斯特修道院漫步了几个小时。）

通过这几个例子，大家应该能看出"炼字"的重要性了吧。当然，译出这样的译文非一朝一夕之功，非得下苦功夫不断练习才行。如果咱们暂时不行也不必气馁，也要给今后的自己留出些许进步空间嘛！

三、短句的合并

讲完了长句拆分，我们再顺便来看看短句合并。在英语中，一个句子一套主谓，主谓齐全，句子结束。但中文不是这样。中文的句子是以"话题"为基础的，如果前后几个分句讲的都是"一件事"，也就是同一个话题，那么遵循"意尽为界"原则，可以将好几套主谓结构放在同一个句子里。

于是，英文中同一话题下的短句，在中文里可以合并，连成一个句子。如：

㊸ When I negotiate, I get nervous. When I get nervous, I eat.
我在谈判时总是有些紧张，紧张了我就吃点东西。

㊹ It was on the early morning of April 2, 1971. The pilots were briefed in the ready room.
1971年4月2日清晨，飞机驾驶员都在待命室接受飞行任务。

㊺ He was clean. His mind was open.
他为人单纯且豁达。

46 Expressionism was more than a style in painting. It could be found in theatre and cinema, literature and architecture. It was a sharing of ideas and experiences across all these media.

表现主义不仅是一种绘画风格,它在戏剧、电影、文学、建筑上都有所体现,还通过这些媒介分享作者的思想和经历。

以上几例都是短句合并的例子。无论英文中前后几个分句的主语是否一致,只要话题一样,且连起来句子不会太长,都可以连成一个句子,让前后句子的含义变得更紧密。

综上,若英文的句子太长,可以通过拆分将其变成一个个短句,再按照逻辑顺序排列起来;若英文在一个话题下写了好几个短句,则可以将这几个短句译成一个中文长句。再通过各种方式润色语言,最终产出忠实通顺、明白晓畅的译文。

第三部分
汉译英

　　同英译汉一样,汉译英的过程中也存在一些实用翻译技巧,但也同英译汉一样,翻译技巧的存在反映的是中英语言的差异。所以,请同学们依然不要机械地学习技巧,而是在技巧学习的过程中注意语言差异,深入思考,以便更好地理解技巧存在的依据。

第一章　理解词义与增减译

在汉译英的过程中，理解词义是十分重要的一环。中文里，词是可以独立表意的最小语言单位，也是我们理解原文的基本语言单位，词语意义的确定在翻译过程中十分重要。可能有的同学不理解，会说："我是中国人，英文我看不懂，难道连中文我都看不懂了？"

但大家在真正开始翻译实践时便能体会到，"你以为的并不一定是你以为的"。究其原因，是因为词汇本身具备"所指意义"和"隐含意义"，中文词汇尤甚。这些词语的"不同含义"给我们理解原文带来了不小的困难。在本章中，我们将简要探讨词汇的"所指意义"和"隐含意义"及其在翻译过程中的应对策略。

一、所指意义与隐含意义

1. 所指意义

所指意义也可以叫作概念意义或指称意义，就是指词语确切的字面含义。同英译汉一样，客观世界无论在哪种语言中都有对应的客观描述，所以词语的所指意义在不同语言中大多具有基本对等的表达。比如"月亮"这个词，在中文中指代夜晚天上那个圆圆亮亮的"白玉盘"，英文中的对应表达 moon 指代的也是同样的物体。大部分客观世界的名词在中英两种语言中的所指意义均基本相同，这点在英译汉的相应篇章[1]中已有阐述，这里不再赘述。

然而，语言文字的发展历经千百年，词汇的所指意义也越发丰富，除所指意义比较单一的名词之外，大多数词语的所指意义往往并非只有一种。如：

① 她**是**我的母亲。

　She **is** my mother.

② 这小伙子**是**挺帅。

　The boy is **really** handsome.

③ 这人**是**电影就看。

　He watches **every** film he can find.

在以上例句中，例 1 的"是"是关系词，表示肯定判断，相当于英语中的 be 动词；而例 2 中的"是"其实是个副词，表示"很，非常"，相当于 really 或 very；例 3 中的"是"是个形容词，表示强调，意为"所有的，任何的"，这里译成 every。

---

1. 详见"英译汉：词义的选择与引申"中的"词义对等"部分。

从这个例子大家会发现，小小的一个"是"字在中文中就有如此多的用法，这是因为在语言发展的过程中，同一个词发展出了不同的所指意义，也正是这样多变的所指意义给我们理解原文带来了一定的困难。此时，就要求我们结合上下文的具体搭配和语言环境进行全面周密的分析，同时也要细心查证，充分理解原文的词汇含义，然后再选择恰当的英文词汇与之对应。

2. 隐含意义

除所指意义之外，词语本身还具有其隐含意义。隐含意义也称为蕴含意义，指"词语内含的情感和联想意义"[1]。而语言作为思想文化的载体，不同语言的隐含意义可能有天壤之别，甚至同一语言中意义相近的词汇，隐含意义也不尽相同。

例如中文中，"月球"和"月亮"的所指意义基本相同，但后者"月亮"或"月"在汉语语言文化中就被赋予了许多其他的隐含意义。"月"作为汉语语言中的常见意象，可以寄托思乡之情，如"举头望明月，低头思故乡"；可以衬托旷达，如"明月松间照，清泉石上流"；也可以渲染凄清气氛，如"月落乌啼霜满天，江枫渔火对愁眠"。但在英文语境下，月夜往往与阴森恐怖联系在一起，甚至有月圆之夜狼人现身的传说。类似的情况还有中文语境下的"龙"与英文语境下的dragon，中文语境中的"红色"和英文语境下的red，等等。

因此，译者在翻译的过程中需要充分考虑词语背后的隐含意义，结合语境语体选择恰当、忠实的译法，如：

> 她50年代高中毕业参加工作，性喜言谈，具有强烈的好奇心与干预别人私生活的嗜好，兼有敏锐的新闻嗅觉和惊人的采访能量。
>
> She had come here straight from middle school in the fifties and was a chatty, inquisitive busybody with a good nose for news who liked to get the low-down on everyone.

在这句话中，作者谌容刻画了一位好打听的大姐形象。原文说她"性喜言谈，具有强烈的好奇心与干预别人私生活的嗜好"，从这个描写中就能看出，作者并不是真的在赞美她"性喜言谈""具有强烈的好奇心"，所以也并没有用 eloquent、curious 这样的词汇，而是选用了 inquisitive、busybody 这样的词来刻画这位大姐的性格。在《牛津高阶英汉双解词典》中，对这两个词是这样解释的：

- inquisitive [adj.] (*disapproving*) asking too many questions and trying to find out about what other people are doing, etc. 过分打听他人私事的
- busybody [n.] (*disapproving*) a person who is too interested in what other people are doing 好事的人

从释义中可以看出，这两个词都是贬义词，符合原文"性喜言谈""具有强烈的好奇心"在

---

1. Tom McArthur：《牛津简明英语语言词典》，上海，上海外语教育出版社，2001。

语境中的隐含意义，即作者后面写的，有"干预别人私生活的嗜好"，说明作者对她的做法持批判态度，因此译者选择这两个含有贬义的词，恰合原文含义。同时，后面的"干预别人私生活"也没有译成 interfere with other's privacy。在《牛津高阶英汉双解词典》中对 interfere 和 privacy 这两个词是这样解释的：

- interfere [v.] to get involved in and try to influence a situation that does not concern you, in a way that annoys other people 干涉；干预；介入
- privacy [n.] the state of being alone and not watched or disturbed by other people 隐私

从以上释义中可以看出，interfere with other's privacy 指的是侵入或影响他人的私人空间，在英文语境中，一般指的是进入他人私人领地或窥探他人内宅等行为。但在这里，作者所说的"干预别人私生活"其实只是想表明这位大姐有些八卦，总爱打听别人的私事，并不是说她要侵入别人的私人空间，而只是喜欢打破砂锅问到底，所以选用了 get the low-down 这个表达，表示"了解某事的真相"。同时，后文"惊人的采访能量"也没有选择直译，而是与前文的"性喜言谈"放在了一起，译成了 chatty, inquisitive busybody，因为在这里"惊人的采访能量"也不是真的在说这位大姐能"采访"，只是对前文内容另一种戏谑的表达罢了。

从这句话中我们能看出，汉译英的过程中，字字对译是绝对不可取的，一定要结合原文语境，先把原文读懂读透，充分了解原文词语的所指意义和隐含意义，再在英文中选择恰当的词汇与之对应，最终产出忠实通顺的译文。

二、准确理解词义后能够采取的处理方式

理解了词语的所指意义与隐含意义之后，如何对原文进行处理呢？这时可能需要译者"八仙过海，各显神通"了。但大多数情况下，我们可以采取增减和转换两种方式对原文进行处理，下面简要来看一下。

1. 增减

与英译汉类似，在汉译英的过程中，增译和减译也是十分有效的翻译技巧和手段，首先来看增译。

（1）增译

常见的增译有以下几种情况：增补代词、增补逻辑连接词和增补其他信息以便于理解。例如：

❺ 三思而后行。

Think before you leap.（增补代词）

❻ 虚心使人进步，骄傲使人落后。= 虚心使人进步，（但）骄傲使人落后。
Modesty helps one to go forward, whereas conceit makes one lag behind.（增补逻辑连接词）

❼ 我希望，我们所有的同志，首先是老同志，不要翘尾巴，而要夹紧尾巴，戒骄戒躁，永远保持谦虚进取的精神。
I hope all our comrades, and veteran comrades most of all, will, so to speak, tuck their tails between their legs rather than stick them up, guard against conceit and rashness, always remain modest and keep forging ahead.（增补其他信息以便于理解）

在以上几个例子中，译文里均出现了明显的增补现象。例 5 中，"三思而后行"明显省略了主语，中文里这种无主句十分常见，但英文中，think 的主语 you 可以省略，写成祈使句，但 before 后面从句的主语无法省略，必须补全代词 you。例 6 中的两个分句之间意合了一个逻辑连接词"但"，在译成英文时，这个"但"要补充进去，因为英语是形合的语言，逻辑连接词外显，没有逻辑连接词便无法准确表达原文信息。例 7 中的 so to speak 含义是"也就是说"，这里原文中的"翘尾巴""夹紧尾巴"其实都是比喻用法，如果想在译文中保留喻体就需要对读者进行提示，如果不加这个 so to speak，外国读者可能会疑惑这里为什么突然提到"尾巴"，句间的连贯性就被破坏了。

总之，基于词语的增译是处理词汇含义缺失很常见的一种手段，同学们可以在翻译实践的过程中进一步体会。

（2）减译

接下来我们来看减译。减译也叫作省略、省译，就是把原文中冗余的信息直接省略掉，有以下几种常见情况：省略范畴词、消除重复表达和省略不必要的修饰词，如：

❽ 维护校园安全，整治校园暴力和学生欺凌行为。
The government makes every effort to ensure school safety, punishing school violence and bullying.（省略名词性范畴词）

从这句话里我们能明显看出，"欺凌行为"的"行为"实际上就是范畴词，因为这里的"行为"并没有任何实际含义，只是一种搭配需要。这类范畴词在汉译英的过程中可以省略。类似的还有汉语中常见的"情况""问题"等，我们之前已讨论，这里不再赘述[1]。

除了这类名词性范畴词，下面这种动词性范畴词在汉译英的过程中也可以省略，例如：

❾ 这些措施将对投机倒把活动起到限制作用。
This measure will restrict the activities of speculators.（省略动词性范畴词）
（试比较：This measure will have a restrictive effect on the activities of speculators.）

---

[1]. 详见"中英语言差异：静态与动态"中的"翻译中的处理策略"部分。

这句话里的"起到……作用"就可以看作动词性范畴词。在这句话里,"起到……作用"没起到任何作用,反而会在我们翻译的过程中导致译文冗余。"起到限制作用"就是"限制",所以可以直接译成 restrict。

中文中除了好用范畴词,也更喜欢重复,或换用不同表达重复同样的含义。但英文中不喜好这种重复,这就要求我们在汉译英的过程中适当省略,例如:

⑩ 政府的有效指导对本行业的健康合理发展尤其重要。

Government guidance is especially important for the healthy development of this industry.（消除重复表达）

（试比较：Effective guidance by the government is essential for a healthy and rational development of this industry.）

这里的"健康合理"就是重复表达,因为对于行业发展来说,合理的发展必然是健康的,"健康发展"可以涵盖"合理发展"的含义,所以只保留了"健康",删掉了"合理"。

同时,本句中前面的"有效指导"也是冗余表达,因为只要能称得上 guidance,必然是"有效"的,不存在"无效"的 guidance,所以并不需要译出 effective。

由于中英两种语言的语义分配策略不同,在中文中,这类看似"冗余"的修饰性信息可以被接受,但译成英文就会造成理解困难。再如:

⑪ 总之,就全国范围来说,我们一定能够逐步顺利解决沿海同内地贫富差距的问题。

In short, taking the country as a whole, I am confident that we can gradually bridge the gap between coastal and inland areas.（省略不必要的副词）

（试比较：In short, taking the country as a whole, I am confident that we can gradually bridge the gap between coastal and inland areas smoothly.）

在这句话中,"顺利解决"的"顺利"就没有必要出现在译文中。"解决"一定是"顺利地",不存在"不顺利地解决",因为"不顺利地解决"就是没解决。所以这里可以直接译为 bridge the gap,并不需要任何副词修饰。再比如:

⑫ 今年外国汽车进口急剧下降。

Automobile imports have declined sharply this year.（省略不必要的修饰性结构）

（试比较：Automobile imports from foreign countries have declined sharply this year.）

这句话里的 from foreign countries 就是冗余信息,因为"进口"必然是从"外国"进口,所以 from foreign countries 并不需要出现在译文中,可以删掉。

从以上几个例子中我们可以看出,中文对冗余的表达比较"宽容",即便中文原文"啰唆"一点,也不影响读者对原文含义的理解,但英文相对来讲要"精确"得多,此时恰当的减译就十分有必要。其实，能判断原文的哪些信息需要删除并能恰到好处地大胆减译，便是译者走向成熟的一大体现。

2. 转换

除增减之外，有时我们在翻译的过程中也会发现仅靠增减无法解决的问题，这时就可以考虑词汇处理的另一大法门：转换。

转换的含义比较宽泛，可以说，只要最终产出的译文是忠实流畅的，这样的转换就是可取的。不过为了方便同学们学习，我们在这里把转换分为两种：转换词类和转换表达。

(1) 转换词类

首先来看转换词类。从词上讲，英语的词性要比汉语明晰很多。"英语的词性差异体现在词形变化上，而汉语重意象轻词性，只要意义的罗列和传达能够达到目的，就不在乎各个成分的形式或结构特征。"[1] 也就是说，汉语的词性概念相对模糊，但为了便于理解，我们还是大体把中文中的词划分成实词和虚词两大类，而其中有具体实在含义的实词，还可以分为名词、动词、形容词、数词、量词、代词和副词七个大类。[2] 在汉译英的过程中，这些词类都不是固定不变的，与英译汉一样，为了产出忠实流畅的译文，在翻译的过程中需要灵活转译词类。例如：

⑬ 双方还就共同关心的其他国际地区问题开诚布公地交换了意见。
The two sides also had a frank exchange of views on other international and regional issues of common concern.（动词转名词）

⑭ 教育必须更加面向学生，必须倾听学生的心声和经历。
Education must become more student-oriented and inclusive of the voices and experiences of the students.（动词转形容词）

⑮ 反对腐败必须坚定不移、坚持不懈、绝不姑息、绝不手软。
We must fight corruption resolutely, persistently and without any leniency or mercy.（动词转副词）

⑯ 你要是不喜欢经济学的话，这本书可就对你无用了。
If you are not into economics, this book is not really for you.（动词转介词）

以上几个例句都是动词转换成其他词性的情况。例13中，"交换"由其动词形式转换成名词 exchange，构成 have a... exchange of... 的表达；例14中，"面向"和"倾听"都变成了形容词，"面向"译成了 oriented，而"倾听"译成了 inclusive；例15中，"坚定不移""坚持不懈"

---

1. 丁林棚：《高级汉英翻译实务》，北京，北京大学出版社，2011年。
2. 也有学者认为汉语的词性只有在语境中才方便判断，因此不建议把汉语词汇分成词类，而是通过语块性质来划分。但引入新的概念理解起来比较费力，这里我们还是采用比较传统的词类划分方式来讲解汉译英中的词性转换。

这两个动词短语都译成了副词，将其中的动作统一整合到了前面的"反对"，也就是 fight 上；而例 16 将原文的动词转译成了介词。

那么，为什么会出现这类转换呢？这是因为"英文好静态，中文好动态"，所以中文中常用动词表达，而这类动词表达在英文中可以转译成其他词性。通常来讲，这些由形容词、副词或名词构成的静态表达相对比较正式，一般会出现在较正式的书面语体中。

除动词转换成其他词性之外，名词也可以与其他词性进行转换，如：

⑰ 他在世界锦标赛上取得了好名次，人们很尊敬他。

He placed high in the World Championship and earned people's respect.（名词转动词）

⑱ 他们尽了最大努力帮助那些残疾人。

They did their best to help the disabled.（名词转形容词）

⑲ 南部山区是个地形复杂、古迹众多的区域。

The southern highlands are topographically diverse and archaeologically rich.（名词转副词）

以上几个例子都是名词转换成其他词性的情况。这种情况多见于一些常用的固定搭配，比如"the + 形容词"表示一类人（例 18），或保留原文结构无法在译文中产出有效含义（例 19）。但需要注意的是，并不是中文中所有的名词都需要转换成其他词性，如例 17，当然也可以译成 He got a good ranking in...，只不过这个表达相对于 placed high 而言没有那么地道，而译者的最终目的是要选择最地道的译法，所以这里转成了动词。语言学习中的一大重点就是地道表达的积累，无论是尚在备考的同学们，还是已经从业的译者，都需要日常积累这些表达，这样才能在使用的时候游刃有余。

除动词、名词之外，其他词类也有互相转换的情况，如：

⑳ 他们正在讨论给运动员做心脏病检查是否可行。

They were discussing the feasibility of screening athletes for cardiac disease.（形容词转名词）

㉑ 他们匆匆走出房子，边走边回头看。

They hurried away from the house, frequently looking behind as they went.（副词转动词）

㉒ 意志坚强的人不会因挫折而泄气。

People of strong will never give up because of frustrations.（形容词转介词短语）

以上三个例子中，例 20 的"可行（的）"译成了名词 feasibility，提高了译文的语域，让表达更正式；例 21 的"匆匆"直接内化在"走"这个动词里面，译成了 hurried，让译文更简洁也更动态化——不知道大家看到这里，有没有想到英译汉中的类似情况，只不过英译汉里我们采取的是增译策略，将带有副词含义的动词中的那个副词拆出来，显化在中文当中[1]；值得注意的是例 22，其中的形容词"意志坚强的"译成了介词短语，这也是一种很常用

---

1. 详见"英译汉：增译与减译"中的"增译"部分。

的处理方式。

同英译汉一样，汉译英中的词类转译也不是一成不变的，相对英文来讲，中文的词性更加模糊，我们在翻译实践的过程中也不必死抠词性，只要记住"英文好静态，中文好动态"的大原则，结合中文语境灵活正确理解原文，再在英文中选择恰当、地道的表达即可。

（2）转换表达

当然，每种技巧都有其局限性，这就是为什么在翻译实践中，我们需要综合使用多种技巧。如果无法通过词性转换产出恰当译文，或词性转换的过程比较困难，或者我们压根不知道应该如何转换词性，就可以思考是否可以换用其他表达方式表达原文含义，所谓"透过现象看本质"，抛开原文的语言外壳去理解原文的语言内涵。这时就会用到下一个技巧：转换表达。

转换表达，即通过各种方式在正确理解原文之后，将原文的含义用译入语恰当表达出来，这也是我们在翻译过程中常用的技巧，如：

㉓ 钢材、水泥等生产资料也大幅度增长。

There was also substantial growth in the production of capital goods such as rolled steel and cement.

中文里的"等"字有点麻烦，它有两种常见用法，一种表示"列举未尽"，一种就纯属语气词，没有什么实际含义，是虚词。结合原文我们会发现，这里的"等"其实是在为"生产资料"举例子，是"列举未尽"的含义，所以译成 and so on 并不合适。因为生产资料不可能只有钢材和水泥两种，所以选择 such as 来表示列举未尽，类似的表达还有 including。

㉔ 于是——洗手的时候，日子从水盆里过去；吃饭的时候，日子从饭碗里过去；默默时，便从凝然的双眼前过去。

Thus the day flows away through the sink when I wash my hands; vanishes in the rice bowl when I have my meal; passes away quietly before the fixed gaze of my eyes when I am lost in reverie.

在中文中，这种词语重复十分常见，重复也是中文常见的修辞手法，可以用来营造韵律，强调作者的情感和想法。原文属于典型的排比结构，句型前后一致，"过去"这个词也在文中出现了三次。但在英文中，虽然排比和重复也是常用的修辞手法，但反复使用同一词组的情况并不多见，因此译者选择用不同动词处理同一词汇，既能达意又可传神，做到了兼具信息与美感。

在同一句里为了避免重复可能会换用表达，在不同句子不同语境中更是如此，如：

㉕ 他们告诉我，他们很安全。

They told me that they were safe.

㉖ 这些研究**告诉**我们，运动能降低罹患癌症的风险。

These researches *show* that sports can decrease the risks of developing cancers.

㉗ 这些例证**告诉**我们，这是个让人兴奋的领域，值得我们进一步研究。

These examples *make it clear* to us that this is an exciting field that warrants future investigation.

以上例句中都出现了同样的动词"告诉"，但在译文中结合不同语境选用了不同表达。例 25 中的"告诉"是本意，表示"告知某人某事"，对应英文可以用 tell 或 let... know；例 26 中的"告诉"便是"展示"之意，如果硬译成 tell 或 let... know 就不符合句意了，所以转换成 show 更加符合原意；例 27 中的"告诉"也不是"告知"之意，而是"让我们知道""阐明"的意思，所以选用了 make... clear 这样的表达，更符合原文语义。

总之，转换表达是更灵活的处理方式，其宗旨就是在正确理解原文的基础上恰当表达，不拘泥于原文用词和结构，也不受限于原文的句式章法，只要译文能够使用忠实地道的表达恰如其分地传达原文含义，就是符合要求的。

综上所述，词义的理解和选择是汉译英中的重要一环。虽然我们都是中国人，我们的母语都是汉语，但由于汉语表达的模糊性，我们总会发现自己对原文也是"一知半解"。有很多同学在开始学习翻译之后总会调侃自己说："之前以为自己英文不好，到最后发现中文也不太行。"所以我们拿到汉语文本时，不能因为这是我们的母语就掉以轻心，而是要慎之又慎，仔细分析，正确理解，选择恰当的处理方式，这样才能产出忠实通顺、明白晓畅的英语译文。

第二章　分合句与选主谓

确定了词义之后，我们来看看句子的译法。汉英翻译中让大家比较头疼的应该就是汉语里的流水长句了。这里我们首先解释一下"流水长句"这个概念。可能有的同学会说，老师你不是讲过"英文好长句，中文好短句"嘛，应该是"流水短句"才对，怎么又变成"流水长句"了呢？

其实，这个概念我们在"中英语言差异：长句与短句"中也讲过。英文的句子更注重结构，一个主谓结构对应一个句子，后面要用句点表示句子结束了。而中文的句子更注重含义，可能一个句子里面每个分句的主谓都不一样。为了便于讲述，这里将英汉两种语言划分句子的标准统一，都以句号为标志，一个句号内部，都算作一个句子。

于是就会发现，中文里经常出现这样的句子：

60年来，特别是改革开放30年来，中国取得了举世瞩目的发展成就，经济实力和综合国力显著增强，各项社会事业全面进步，人民生活从温饱不足发展到总体小康，中国社会迸发出前所未有的活力和创造力。

这就是中文里典型的"流水长句"。这样的句子怎么译呢？这章我们先来看看其中两个比较重要的环节：断句与找主谓。

一、恰当断句

断句可以算是汉译英中翻译长句的不二法门。中文句子内部隐含着复杂的逻辑，这些逻辑和内涵在译成英文时都得显化出来，但英文因其形式限制，无法像中文一样灵活组合，因此在汉译英中便不可避免地需要将长句斩断，这样才能搭出英文中的主谓结构。

1. 自然句断句

首先来看自然句断句。这是最简单的一种断句方式，顾名思义就是根据原文的自然句进行断句，如：

❶ 中国与世界从未像今天这样紧密相连。// 中国政府把中国人民的根本利益与各国人民的共同利益结合起来。

Never before has China been closely bound up with the rest of the world as it is today. // The Chinese government works to advance both the fundamental interests of the Chinese people and the common interest of the peoples of the rest of the world.

❷ 能源是人类社会赖以生存和发展的重要物质基础。// 纵观人类社会发展的历史，人类文明

的每一次重大进步都伴随着能源的改进和更替。

Energy is an essential material basis for human survival and development. // Over the entire history of mankind, each and every significant step in the progress of human civilization has been accompanied by energy innovations and substitutions.

以上两句均在原文自然句断句处断句。这类断句方式最简单，能充分贴合原文含义，也最好操作。

2. 逻辑转换处断句

汉译英实践中更常见的则是句内断句。一个流水长句在汉译英时，通常会被断为两句或几句。根据什么判断在哪里断句呢？一般来讲会根据原文的行文逻辑。这里介绍几种常见的断句逻辑。

（1）先概括后具体

中文里的某些长句符合"先概括后具体"的构句逻辑，这样的句子可以在概括性长句后断句，如：

❸ 但他性情不同，// 既不求官爵，又不交纳朋友，终日闭户读书。

He was, however, eccentric. // He did not look for an official post, and did not even have any friends; all day he studied behind closed doors.

本例中，"他性情不同"为概括性信息，后面的"不求官爵""不交纳朋友"和"闭户读书"为"性情不同"的具体体现，这时就可以在"性情不同"后面断句。

❹ 今年不同，// 战争费用估计只要用去年的一半。

This year it will be different. // It is estimated that the outlays for war will come to only half last year's figure.

本例中，"今年不同"为概括性信息。怎么不同呢？后文解释说明了为什么"不同"，因此可以在"不同"后断句。

❺ 又比如城市青年，// 或者进学校，或者到农村去，或者到工厂去，或者到边疆去，总要有个安排。

Or take the urban youth for example. // Arrangements must be made for them in one way or another — they can go to school or work on a farm, in a factory or in a frontier area.

本例中，"城市青年"包括了后文"或者……"句，或者说后文"或者……"句的内容均为对"城市青年"的举例说明，因此可以在"城市青年"后断句。又因为"英文前重心"，因此后句在翻译时调整了语序，将"总要有个安排"放到了句首，中间的举例说明部分用破折号引出，放在句末。

(2) 先具体后概括

除"先概括后具体"外，还有些句子的构句逻辑为"先具体后概括"，这时可以在最后的概括信息之前断句，如：

❻ 另一种态度，学习的时候用脑筋想一下，学那些和我国情况相适合的东西，即吸取对我们有益的经验，// 我们需要的是这样一种态度。

The other attitude is to use our heads and learn those things which suit our conditions, namely to absorb whatever experience is useful to us. // That is the attitude.

本例中，"我们需要的是这样一种态度"是对前文信息的总结，可以在总结前断句。

❼ 各种语言嘈杂极了，有的在吵架，有的在患难中谈情说爱，// 真是一个热闹的小世界。

People quarreled, and lovers, in spite of the hard times, talked to each other affectionately in a babel of languages. // It was a lively little place.

本例中，"真是一个热闹的小世界"对前文"各种语言……""有的……""有的……"进行总结，可以在这个分句前断句。

❽ 照片中的大地没有了她的身影，天空抹去了她的眼睛，// 那些世界死了。

The photographs no longer had her figure in the foreground, and her eyes were wiped from the skies. // Those worlds were all dead.

本例中，"那些世界死了"对前文"没有了她的身影""天空抹去了她的眼睛"作以总结，可以在这个分句前断句。同时，"没有了她的身影"和"天空抹去了她的眼睛"也处理成了单句，用 and 连接起来以处理连续信息。"那些世界死了"很明显是对前文的总结，断句后处理成一个短句，总结的意味更强，阅读的冲击感也更强。

(3) 隐含某个逻辑

无论是"先概括后具体"还是"先具体后概括"，基本都是在句子两头做文章，要么在第一个分句后断句，要么在最后一个分句前断句。但除此之外，句中若有逻辑上的变化，也很容易出现断句的情况，如：

❾ 白球撞击黑球的速度向量也基本没有变化，// 因而两球之间的动量交换也没有变化，// 所以五次试验中黑球当然都被击入洞中。

The velocity of the white ball striking the black ball also remained basically the same throughout. // Thus, the transfer of momentum between the two balls didn't change. // Therefore, in all five experiments, the result was the black ball being driven into the pocket.

本句中有两个关系词"因而""所以"，同时每个分句都有自己的主谓逻辑，所以在汉译英的时候就需要考虑是否要断句。这里，"因而"和"所以"分别与前面的分句构成因果关系，且分句内部的主谓逻辑也很明晰，分句间换了主语，同时每个分句译成英文也并不短，因此可以直接断开，处理成三个句子，同时增补逻辑连接词。

⑩ 同时，我们也面临前所未有的挑战，// 我们坚信，和平与发展是当今时代的主题，也是时代的命题。

On the other hand, we also face challenges unseen before. // However, we are firm in our conviction that peace and development remain the underlying trend of our times. Indeed, they are the call of the times.

本例的逻辑隐含在了句子之中。"我们面临挑战"和"我们坚信"之间其实是转折关系。后面的分句有点长，因此即便两个分句的主语相同，依然要选择在逻辑转折处将句子断开，增补逻辑连接词 However。

⑪ ①去年夏天，②我曾经说过不大听到蝉声，// ③现在说起月亮，④我又觉得许久不看见月亮了。

Last summer, I complained that I could seldom hear the singing of cicadas. // Now I'm sorry I haven't seen the moon for a long time.

本例是时间对比的逻辑。①和②在讲"去年夏天"的事，③和④讲的是"现在"的事。这种前后构成今昔对比的情况，可以在时间对比处断句。

3. 主语变换处断句

除逻辑转换之外，主语变换也是汉译英中断句的依据之一，就像适才在例 9 中我们提到，中文的三个分句分别换用了不同主语，同时句间又有逻辑变换，因此选择将三个分句全部断开。类似因为变换了主语导致断句的情况还有很多，如：

⑫ ①小马儿也就是十二三岁，// ②脸上很瘦，// ③身上可是穿得很圆，// ④鼻子冻得通红，⑤挂着两条白鼻涕，// ⑥耳朵上戴着一对破耳帽儿。

Little Horse was not more than twelve or thirteen. // His face was very thin, but his clothes were bulky. // His nose, red with cold, was running. // On his ears, he wore a pair of tattered earmuffs.

本例中整句都在描述"小马儿"的外貌，每个分句的语义联系紧密，所以中文里用逗号连接分句，符合中文"意尽为界"的构句特点。但英文不行，英文构句需要明确的主谓结构。观察原句可以发现，除④、⑤两个分句讲的是一件事，剩下每个分句都单独讲了一件事，有自己单独的主谓结构。因此整体上，这句话可以拆成五个分句。但回看原文又发现，②、③两个分句之间的转折逻辑联系紧密，因此用 but 连接起来，共将原文拆成四个句子。

⑬ ①在解决中央和地方、地方和地方的关系问题上，②我们的经验还不多，③还不成

熟，// ④希望你们好好研究讨论，⑤并且每过一个时期就要总结经验，⑥发扬成绩，⑦克服缺点。

Our experience is still insufficient and immature on the question of handling the relationship between the central and local authorities and that between different local authorities. // We hope that you will consider and discuss it in earnest and sum up your experience from time to time so as to enhance achievements and overcome shortcomings.

本例中，分句①、②、③讲了一件事，以"我们的经验"为主语，讲的是"我们的经验还不成熟"；而分句④、⑤、⑥、⑦总体上讲了一件事，即"我们的希望"。虽然原文用的是逗号，但在"希望你们……"处主语已经换了，不再是前文的"我们的经验"，而是"我们"，这里的主语"我们"省略了，因此在变换主语处断句，并增补被省略的主语。

4. 话题转换处断句

最后一个比较常见的断句逻辑是话题断句。中文讲求"意尽为界"，一个主题下面可能有很多个分句描述不同的话题，但因其描述的是同一个场景或同一个主题，所以中文可以用逗号连接。但英文因其句式结构的限制，一套主谓构成一个句子。因此在汉译英时，若句中有话题转换的地方，可以考虑在话题转换处断句。例如：

⑭ ①她和总工程师走过来，// ②在经过时她对他们微笑着点点头，③没说一句话，// ④但他记住了她那清澈的眼睛。

She walked over with the chief engineer. // As they passed, she smiled at him and the others, nodding lightly without saying anything. // He remembered her limpid eyes.

本句便采用了话题断句的方式。原文中，分句①和②共用了同一个主语，但没有讲同一件事。分句①讲了女主人公"她"的动作，分句②和③讲了女主人公"她"的另一个动作，分句④讲了男主人公"他"的做法。因此在汉译英时选择在话题转换处断句，将其断成三个句子。

⑮ ①不一会儿，②北风小了，// ③路上浮尘早已刮净，④剩下一条洁白的大道来。

Presently the wind dropped a little. // By now the loose dust had all been blown away, leaving the roadway clean.

本句的话题转换比较明显。①和②讲"北风小了"这件事，③和④讲"浮尘刮净，露出街道"这件事。因此在话题转换处将原文断为两个句子。

⑯ ①60年来，②特别是改革开放30年来，③中国取得了举世瞩目的发展成就，// ④经济实力和综合国力显著增强，⑤各项社会事业全面进步，// ⑥人民生活从温饱不足发展到总体小康，⑦中国社会迸发出前所未有的活力和创造力。

China has achieved remarkable progress in those 60 years, particularly in the last 30 years since reform and opening-up. // China's economy and comprehensive national strength have grown significantly and various social programs have made big strides. // The Chinese people, once lacking basic living necessities, are now leading a moderately prosperous life, and the whole society is showing unprecedented dynamism and creativity.

不仅文学类作品中会出现话题转换，政经类文本中也有同样情况，本句便是一例。虽然看起来原文都在讲改革开放之后中国的变化，但这些变化本身也有不同。在这句话中，①、②、③讲的是一件事，即"中国取得了成就"，后面几个分句各自讲的都是取得了什么成就。因此这里在第三个分句之后断句。在接下来的四个分句中，分句④和分句⑤讲的是社会成就，讲这个社会发展得好，分句⑥和分句⑦讲的是民生好，人民生活得好，社会有活力。因此这里在分句⑤之后断句，将前两个分句用 and 连起来，后两个分句也用 and 连起来。

当然，话题断句的方式并不只有一种。只要符合逻辑，也符合译入语的表达，译文可以有多种断句方式。例如例 16，也可以在分句⑦前面再断一下，不用 and 将最后两个分句连起来。

总之，汉语中的流水长句不能直接翻译，要通过各种方式将其断开，译成英文中的主谓句。

二、适当合句

长句需要断开，短句需要合并。讲完了长句，我们再来看看短句。就像之前的几个例句中提到的那样，中文里，几个短句可能讲的都是一个话题，这时可以将这几个短句合并，译成英文中的一个长句，如：

⑰ 1911 年，在一个小县城里边，我生在一个小地主的家里。那县城差不多就是中国的最东最北部——黑龙江省——所以一年之中，倒有四个月飘着白雪。

In the year of 1911, I was born into a petty landlord family in a small country town in Heilongjiang — China's northeasternmost province where there was snow for at least four months of the year.

本例中的两句话都是围绕"我生在一个小地主的家里"讲的，第二个句子是对第一个句子中"小县城"的解释，因此对这两句来说，虽然中文用句号截成了两个句子，但其实讲的是一个话题。于是这两个句子在汉译英时译成了一个句子，用破折号引出对"小县城"的解释。

⑱ 如何解决假冒伪劣商品的盛行呢？这是广大群众迫切关注的问题。

How to solve the problem of fake products was a question to which the broad masses urgently needed for a solution.

本例与上例类似，后句用"这"指代前句，同时后句里的"问题"指的就是前面这个问句，因此可以用定语从句将两句连成一句。

从例 18 中可以看出，中文的前后两句之间若构成解释说明或修饰限定的关系，汉译英时可以酌情连成一句，此时大多采用定语从句或同位语从句等形式。

⑲ 还是热，心里可镇定多了。凉风，即使是一点点，给了人们许多希望。

It was still hot but everyone felt much better, *for* the breeze, though slight, brought them hope.

本例中的两个句子之间构成因果关系。前句说的是"热，但心里镇定"。为什么镇定呢？是因为凉风给了人们希望。所以前后两句之间构成因果关系，这时可以通过因果连词将其连成一句。同时，第一句的两个分句构成逻辑上的转折关系，用 but 连成一个句子。

从这个例子中可以看出，若中文的前后两句构成某种逻辑关系，汉译英时可选用恰当的逻辑连接词将其连成一个长句。这样会让语言表达更加紧凑，也符合英文的表达习惯。

⑳ 在 1 300 年前，已经发明了刻版印刷。在 800 年前又发明了活字印刷。

Block-printing was invented 1,300 years ago, *and* movable type 800 years ago.

本例中的前后两句构成时间上的先后对比，总体上来讲说的是同一个话题，此时可以将前后两句用 and 连接起来，表达上更为紧凑。

总的来说，汉译英中的"合句"大体上可视为"断句"的"反面"，中文里表示同一话题的句子在汉译英时可选用不同方式将其译成一个长句，使语言更加紧凑，表达更加完整。不过需要注意的是，长句本身结构复杂，会对读者的阅读造成一定困扰，因此多用长句的文体一般比较正式，语域较高；而短句通俗易懂，多用短句的文体一般较为随意。因此，是否要将中文的短句合为长句，还要结合上下文语境、文章文体甚至作者的语言风格综合判断。

三、确定主谓

在刚才的内容中，我们讨论了句子的分分合合，接下来我们来看看句子里面的内容。在确定是否要断句且如何断句之后，紧接着要思考的便是每个句子该怎么译，而"怎么译"最重要的一步，便是找到主谓。

1. 找主语

首先需要找到的，是可以用来在英文中作主语的部分。

(1) 原文有主语且可以用

如果原文有主语，且可以用来在英文中作主语，那么就选用原文的主语，例如：

㉑ 经济每年增长 9.4%，居民消费每年增长 7%，进出口每年增长 16.7%。

On annual average, *the Chinese economy* grew by 9.4%, *consumption* by 7%, and *import and export* by 16.7%.

本例中，中文的三个分句各自有自己的主语，第一个分句的主语是"经济"，第二个分句的主语是"居民消费"，第三个分句的主语是"进出口"，放在译文中也可以恰当使用，因此可以直接选用原文主语。同时，三个分句的谓语都是"增长"，为了避免重复，后两个分句省略了谓语。

类似这样的句子比较容易看出用什么作主语，但有些句子就不太容易看出来，例如：

㉒ 如果处理不当，锅炉及机动车辆排出的废气就会造成城市空气污染。

Exhaust from boilers and vehicles, unless properly treated, causes air pollution in cities.

这句话的主语就比较"隐晦"。原句中包含一个条件状语从句，第二个分句里的"锅炉""机动车辆""废气"和"空气污染"都是名词，到底用哪个作主语呢？通过分析我们能看出来，第二个分句的主要含义是"废气会造成污染"。哪里来的废气呢？是从锅炉和机动车辆中排出来的。因此"锅炉及机动车辆排出的"用来作"废气"的定语（这点也可以从"废气"前面的"的"字看出来），于是第二个分句的主语是"废气"，译成了 Exhaust。

㉓ 他身材魁梧，生一副大长方脸，嘴巴阔大，肌肤呈紫檀色。

He was a giant of a man with a long square face, a wide mouth and a complexion suffused with the colour of red sandalwood.

本例中，如果把"他身材魁梧"这几个字改成类似的英文结构，应该是"他的身材魁梧"，所以第一个分句的主语看起来好像是"他的身材"。但如果用"他的身材"作主语，后面的分句势必要断句，因为"身材"无法"生一副大长方脸"。很显然，原文的四个分句都由"他"统领，分别讲"他"的身材、脸型、嘴巴和肌肤，讲的是同一个话题，不适合拆开译成两个句子。因此这时可以改换第一个分句的句型，将其变为"他是个身材魁梧的人"，就可以选用"他"来充当译文主语统领后面的全部分句，让语言表达更加流畅。

因此，如果原文有主语，而且主语译成英文之后也可以构成表达流畅的句子，就可以保留原文的主语。

（2）原文有主语但不好用

也有一些句子，原文中确实有主语，但原文的主语译成英文之后，译文显得不地道、不流畅，此时则要酌情考虑更换主语。这种情况最常见的便是将中文里的人称主语换成英文里的物称主语，例如：

㉔ 世纪之交，中国外交空前活跃。

译文①：At the turn of the century, China is very active in its diplomatic activities.

译文②：The turn of the century finds China most active in the diplomatic arena.

本例便是人称主语改物称主语的典例。相对于译文①的人称主语，译文②的物称无灵主语更符合英文的表达方式。"无灵主语 + 有灵动词"的例子我们之前已经讲了不少，这里不再赘述[1]。

（3）原文没有主语

中文里也存在很多没有主语的句子，这样的句子被称为"无主句"。但英文不行，英文的句子必须要有明确的主谓结构，这时就要求译者对原文进行处理，有以下两种常见的方式。

①增补主语

如果原文没有主语，可以根据上下文为其增补主语，如：

㉕ 自然科学方面，我们比较落后，特别要努力向外国学习。但是也要有批判地学，不可盲目地学。

In the natural sciences we are rather backward, and here we should make a special effort to learn from foreign countries. And yet we must learn critically, not blindly.

本例中，第二个句子是很明显的无主句，"有批判地学"，是谁学呢？肯定是"我们"。因为上句说的是"我们比较落后"，所以要向外国学习。因此这里根据上文补充了主语 we。

㉖ ①我们的经验还不多，②还不成熟，③希望你们好好研究讨论。

Our experience is still insufficient and immature. // We hope that you will consider and discuss it in earnest.

本例中，分句③的主语很明显不再是分句①和②的主语"我们的经验"，因此这里需要断句。同时通过分析上下文可得出，"希望"的主语应该是"我们"，是"我们"希望你们好好研究讨论，因此增补了主语 We。

②转成被动语态

第二种常用的处理方式便是转换成被动语态，用原来句子的宾语作主语，例如：

㉗ 必须认真做好准备工作。

Careful preparations must be made.

㉘ 从实际出发，才能把这个问题搞清楚。

The problem was not straightened out until practical terms were considered.

以上两例中，中文均是无主句，但宾语很清楚，译成英文时可以考虑用原句的宾语作主语，将主动语态转换成被动语态。

（4）是否要转换主语

最后来看看是否要转换主语这个问题。很多同学在学习的过程中都会问："老师我非得跟参考译文译得一样吗？""老师我这样译行不行呢？"

---

1. 详见"中英语言差异：物称与人称"中的"无灵主语"部分。

这个问题看起来简单，但讲起来可能够写上几篇论文的。其实，无论是英译汉还是汉译英，译文从来都不唯一，这也是这本书从不写"答案"，而都用"参考译文"的缘故。只要能忠实通顺地传达原文含义，很多句子都是这样译也行，那样译也可以。但各种译法之间会有些许不同，这里我们就"是否要转换主语"这个问题来探讨一下。

㉙ ①这并不是什么新发明，②老早就有了的，③马克思主义历来就是这么讲的。

译文①：This is nothing new but something of long-standing. Marxism has always taken this as a tenet.

译文②：This is nothing new but something of long-standing and has always been a tenet of Marxism.

本例中，译文①将原文从"马克思主义"前面断开，译成两个句子，原因是分句③中原文换了主语。这种译法将原文截成两个短句，句式铿锵有力，表意清晰简洁，理解成本低。而译文②将分句③的主语转换，将主动语态转换成被动语态，与前面两个分句合在一起译成了一个句子。这种译法让译文的语域提高了，显得正式了很多，叙述感更强。

通常来讲，如果断开句子不会让句式太过细碎，可以选择像译文①一样断开写成短句，但如果断开之后句式显得太过细碎——比如例 29 的上下文若都是短句——就会选择改换主语写个长句，让句式富于变化。同时，如果想不到某个主语的搭配，或某个主语不好搭配谓语，也可以通过改换主语来构句。

㉚ 乡里消息传到城里来，城里的绅士立刻大哗。

译文①：When the news from the countryside reached the cities, the gentry in town was in immediate turmoil.

译文②：When the news from the countryside reached the cities, it caused immediate uproar among the gentry.

本例的译文②也将主语进行了转换。译文①以"绅士"为主语，着眼点在"人"，重在表现人在场景下的动作；而译文②以"消息"为主语，着眼点在"物"，重在表现"物"引发了何种情况。这两种译文其实都有道理，选择哪种，主要取决于上下文语境。

通常来讲，如果通篇的叙述主体比较一致，比如例 30 的上下文如果都在讲"绅士"的事，则可以承接上文主语，不进行转换。

总而言之，主语的选择在汉译英中是第一门大学问，需要结合上下文语境和句式结构综合考虑。

2. 定谓语

确定主语之后，紧接着就是确定谓语。大部分情况下，无论是从原文里挑个主语，还是给原文添个主语，只要主语确定了，谓语就可以随之确定。如上文的例 24 中，不同的主语会搭配不同谓语。

世纪之交，中国外交空前活跃。

译文①：At the turn of the century, China is very active in its diplomatic activities.

译文②：The turn of the century finds China most active in the diplomatic arena.

译文①和②使用了不同的主语，因此根据主语选择了不同的谓语。确定谓语时，也有两点需要注意。

(1) 注意主谓一致

首先就是主谓一致的问题。英语是形合的语言，谓语的数一定要与主语保持一致，如：

31 任何新生事物的成长都是要经过艰难曲折的。

译文①：New things always have to experience difficulties and setbacks as they grow.

译文②：The development of new things is always full of difficulties and setbacks.

本例中，可以选择"新生事物"作主语（译文①），此时 New things 是复数，所以谓语动词 have to experience 用原形即可；也可以选择"成长"作主语（译文②），此时的主语 development 是单数，因此谓语 is full of 要用第三人称单数形式[1]。

(2) 注意搭配习惯和上下文语境

除主谓一致外，更重要的是搭配习惯和上下文语境，如：

32 颐和园 1900 年遭八国联军破坏。

译文①：The Summer Palace was reduced to ruins by the allied forces of the eight foreign powers in 1900.

译文②：The Summer Palace suffered ravage in the hands of the allied forces of the eight foreign powers in 1900.

本例的两个译文都说得通，译文①选择用被动语态，于是选用了 was reduced to 充当谓语结构，而译文②选择用主动语态，所以选用了 suffered 充当谓语结构。

33 中央政府不干预当地事务。

译文①：The Central Government has refrained from intervening in local affairs.

译文②：The Central Government has never intervened in local affairs.

这两版译文有什么区别呢？

译文①选用的动词是 refrained，这个词的含义是 to stop yourself from doing sth., especially sth. that you want to do，因此译成"克制"。如果选用这个词译原文的"不干预"，就相当于说中央政府本身是想干预当地事务的，但克制着自己没有干预。而译文②选用了 intervened，这个

---

[1] 主谓一致中，最容易混淆的是意义一致这部分，在使用时应注意。

词的含义是 to become involved in a situation in order to improve or help it，译成"介入"。选用这个词的含义是，中央政府不想干预当地事务，也从没有干预过当地事务。不过，最终选择哪版译文，还是要看原文整体到底想表达哪种含义。

㉞ 中国经济将融入世界经济的大潮。

译文①：The economy of China will merge into the tide of the world economy.

译文②：The economy of China will converge with that of the world.

本例与上例类似，主语很简单，就是"中国经济"，但谓语应该选用哪个动词呢？请同学们先翻开词典，查一查 merge 和 converge 分别是什么含义，再来选择。

查阅之后会发现，很显然译文②的谓语选用是合适的。译文①中 merge 的含义为 to combine or make two or more things combine to form a single thing，译成"(使)合并，结合"，不符合"融入世界经济的大潮"的含义。因为"融入世界经济的大潮"不是世界经济和中国经济"双向奔赴"后变成同样的东西，因此不合适。译文②中 converge 的含义为 to move towards a place from different directions and meet，译成"汇聚"，符合中国经济融入世界经济的含义。因为对于中国经济来讲，中国经济要加入世界经济的浪潮，而世界也开放拥抱中国，最终才能走向共赢。

(3) 注意时态

最后需要注意的便是动词的时态。英文是形合的语言，动词的形态变化可以表示含义，而谓语动词又承载着表达时间的"重任"，但汉语的时间无法用字形变化来表达，需要从句内提取时间信息。这种差异在汉译英时需要格外注意。例如：

㉟ 1978 年 12 月，中共中央召开十一届三中全会，开启了中国改革开放和社会主义现代化建设新时期。

Held in December 1978, the Third Plenary Session of the 11th CPC Central Committee ushered in a new chapter of reform and opening-up and socialist modernization in China.

本句有非常明显的时间状语——1978 年 12 月。这种过去的确定时间在英文中要使用一般过去时，因此译文的动词用了 ushered，符合时态要求。

这类有明确时间状语的句子，要注意原文的时间状语。但中文里还有很多没有明确时间状语的句子，这时就要求译者根据上下文细心推敲，选择恰当时态。例如：

㊱ 高铁大大缩短了人们出行的时间。

The CRH train has greatly shortened people's travel time.

㊲ 二十国集团发端于应对全球金融危机的国际合作。

The G20 originated from the international cooperation in response to the global financial crisis.

以上两例中，中文都没有明确的时间状语，但时间概念已暗含在句子之中。例 36 中，"缩短了"其实就表明了这句话本身是个结果，是"高铁"带来的结果，肯定是先有高铁，再有"缩短"这个结果。所以，整句话符合"过去的动作对现在产生影响"这一描述，应使用现在完成时。

例 37 中，"发端于"这个词本身便暗示了这句话的时态是一般过去时。因为"发端"肯定是过去的事，不可能将来才"发端"，所以整句话要用一般过去时。

总之，中文在时态表达上相对模糊，而英文的谓语又必须要求确定时态，因此在选用时态时一定要小心仔细阅读原文，思考哪种时态才能契合原文的表达。

汉译英时，断句是第一步。中文的"流水长句"不可以直接译成英文，要先考虑是否需要断句，需要在哪里断句。之后再就各个句子的具体情况具体分析，选择恰当的主谓构成基本句式，保证句子的主体流畅通顺。

第三章　确定修饰成分

确定了句子的主谓逻辑之后，就要开始处理其他修饰成分了。咱们先来看个例句。

1978年12月，中共中央召开十一届三中全会，开启了中国改革开放和社会主义现代化建设新时期。

Held in December 1978, the Third Plenary Session of the 11th CPC Central Committee ushered in a new chapter of reform and opening-up and socialist modernization in China.

在这个句子里，中文里的"1978年12月"作状语，译文中处理成了Held in December 1978，也作状语。"中国改革开放和社会主义现代化建设"作定语，英文中译成 of reform and opening-up and socialist modernization in China，处理成了介词结构作定语。

汉语中的语言成分比较模糊，但需要处理的修饰成分大体上包括这两种，即大部分句子中除了主谓，都会包含定语和状语这两个成分。这章我们就来看看这两个修饰性成分的处理。

一、定语的处理

在汉语中，定语指的是名词前表示领属、性质、数量等的修饰成分。例如：

❶（和暖的）阳光照耀着（波光粼粼的）湖水。
❷妈妈给我讲了（一个）故事。
❸（马可·波罗的中国之）行给他留下了（深刻）印象。

这三个句子里，括号括起来的部分都是定语。通过观察会发现，汉语中的定语往往在核心名词前面，但英语中定语的位置则比较灵活，既可以在名词前，也可以在名词后，如：

❹ The bright sun shined down on the glistening lake.
❺ The books on the top shelf were just bought.
❻ Let's try another way to do this.

由于中英两种语言的定语位置不同，汉译英中就需要对中文的定语加以处理。一般而言，汉译英中，定语的处理遵循以下原则：

· 核心名词前的修饰词长度较短，可以将形容词或分词前置；
· 若修饰语较长，则采用后置结构，如介词短语、后置形容词、后置分词、后置不定式或从句。

接下来我们具体探讨。

1. 处理成前置定语

❼ 举世闻名的万里长城

the world-famous Great Wall

❽ 他们用生花之笔描绘大千世界。

They, with their gifted pens, picture a kaleidoscopic world.

以上两个例子中，核心名词前的修饰词长度较短，可以用形容词或分词译出，直接置于核心名词前。

2. 处理成后置定语

如果核心名词前的定语太长，则需要用短语处理，置于核心名词之后，如：

❾ 大大小小形状各异的水果

fruits of various sizes and shapes

❿ 具有相同资历的申请人

an applicant with the same qualifications

⑪ 所谓丈夫，就是要喂许多张小嘴吃饭，还要听一张大嘴讲话的男人。

A husband is a man with many small mouths to feed and a big one to listen to.

以上几例中，核心名词前的定语较长，选择用短语译出，置于核心名词之后。

3. 处理成定语从句

在汉译英中，若某个修饰信息在句中处于次要地位，也可以用定语从句译出。这时，可以先将句子的主干意义译出，再将其他补充说明信息用定语从句译出，定语从句也可以作为插入成分或放在句尾。例如：

⑫ 这正是我要找的那只钢笔！

This is the very pen that I have been looking for!

⑬ 至于自己，却也并不愿将自以为苦的寂寞，再来传染给也如我那年青时候似的正做着好梦的青年。

And I, for my part, did not want to infect the loneliness I had found so bitter with those young people who were still dreaming pleasant dreams, just as I had done when young.

⑭ 发展中国家和最不发达国家也带来了它们独具特色的优势产品。

Developing and least-developed countries were also there to promote their competitive products, which represent the unique characteristics of their local economies.

以上三个句子都选择用定语从句处理修饰性信息。这几个能由定语从句处理的信息大致满足以下几点：①非主要信息，②有主谓结构，也就是说能拎出来或补充进去一个动词，这样的修饰性结构大多都可以处理成定语从句。

除修饰性成分之外，也会出现将其他结构处理成定语从句的情况，如：

⑮ 这部电影很动人，我已经看了三遍。

The movie, which I have seen three times, is very touching.

本例中，"我已经看了三遍"这个述宾结构被处理成了定语从句。原因在于这句话一共讲了两件事，一是"电影很动人"，二是"我已经看了三遍"。译者在处理这两句话时将信息分出了主次，把"电影很动人"处理成了主要结构，因此"看了三遍"这个信息就可以用定语从句呈现。做这种处理的原因大多是结合了上下文，根据上下文逻辑选择主次信息。

⑯ 他还是来帮忙了，尽管他那天有事。

He, who was not free at all that day, still came to help.

（试比较：Although he was not free that day, he still came to help.）

本例中，"尽管他那天有事"这个让步状语也被处理成了定语从句。在"英译汉：从句的处理"部分我们讲过，英语中的定语从句也可以不表达修饰逻辑，而是起到某些状语从句的作用。这里便应用了这种用法，类似的还有：

⑰ 1929 年，一场严重的金融危机几乎摧毁了整个国家。（结果）

In 1929, there was an acute financial crisis which almost destroyed the whole nation.

⑱ 人们迫切需要工作，只要能帮助他们养家糊口，任何工作都可以。（条件）

Men become desperate for work, any work, which will help them to keep alive their families.

⑲ 他们坚持要建一座体育场，尽管建个体育场对他们毫无用处。（让步）

They insisted on building a stadium, which they had no use for.

⑳ 中国将继续坚持和平共处五项原则，以促进更为和谐的全球环境。（目的）

China will continue to adhere to the Five Principles of Peaceful Coexistence that will help create a more harmonious global environment.

4. 混合处理

汉译英时，如果中文句式复杂，大多数情况下需要混合处理各种修饰性结构，结合前后置，结合词、短语和从句，才能将一个中文的句子处理成地道英文。例如：

㉑ 和平是中国人民的永恒期望，是中国发展的鲜明特征。

Peace is an ever-lasting aspiration of the Chinese people and the salient feature of China's development.

本例中，主结构是"和平是……期望，是……特征"，两个谓语是一样的，可以合并。"中国人民的永恒"都是定语，"永恒"可以只用 ever-lasting 一个词来表达，但"中国人民的"比较正式的表达就是 of the Chinese people，于是译成介词短语放在 aspiration 后面。"中国发展的鲜明"同理，"鲜明"可以只用 salient 一个词来表达，但"中国发展的"要译成 of China's development，处理成介词短语置于被修饰名词 feature 的后面。整体上综合应用了形容词和介词短语两种定语形式。

㉒ 1949年中华人民共和国成立以前，中国人民曾经遭受世界罕见的恶性通货膨胀灾祸。

Before the founding of the People's Republic of China in 1949, the Chinese people suffered from some of the worst inflation the world had ever known.

本例的主结构是"中国人民曾经遭受……通货膨胀"，后面的"灾祸"是个范畴词，可以不译。前面"世界罕见的恶性"都是修饰成分。其中"恶性"可以译成 worst，表示"非常糟糕的"，即为"恶性的"，而"世界罕见的"中包含动词含义"见"，因此可以选择用定语从句处理，译成 the world had ever known。

总而言之，英语中定语的位置和形式相对灵活，而汉语中，定语的位置相对固定。在汉译英时，要能找出中文的定语并有针对性地加以灵活处理，结合具体表达选用恰当形式进行语言转换。

二、状语的处理

与定语类似，中英两种语言的状语位置也不尽相同。请比较下列句子：

㉓ 我们今天下午三点开会。

We shall have a meeting at three o'clock in the afternoon.

㉔ 山顶终年积雪。

The mountain top is covered with snow all the year round.

比较以上两例会发现，汉语中一般将状语放在主语之后，动词之前，构成"主语 + 状语 + 谓语 + 宾语"的结构，而英语中的状语一般出现在句尾，即"主语 + 谓语 + 宾语 + 状语"的结构。

同时，状语内部各个状语的位置也有所不同。英语中的状语一般如下：

㉕ When he called, I was having dinner.

㉖ She sat near the fire, holding a book in hand.

㉗ The meeting must be put off because of the rain.

㉘ I hurriedly got up and dressed.

㉙ Some of them came from Indonesia about 2,000 years ago.

通过以上句子能看出，英语中状语大多置于句尾，时间状语及部分地点状语可以出现在句首；方式状语常见于句中，即动词前后，常为单独的副词；短语在动词之后；短状语在长状语之前。

而中文的状语位置一般如下：

㉚ 他已经走了。

㉛ 咱们上海见。

㉜ 一九四九年，我们国家举行了开国大典。

㉝ 在苏州，我们游览了拙政园美景。

通过以上句子能看出，中文的状语一般出现在句首或句中，时间状语及部分地点状语可以出现在句首；方式状语和地点状语常见于句中，基本不会将状语置于句末。

若一个句子里出现了多个状语，中英的排列顺序也有不同，如：

㉞ 他上周三早上（时间）在小饭馆里（地点）慢慢（方式）吃了早饭。

He had his breakfast slowly（方式）in a little restaurant（地点）last Wednesday morning（时间）.

㉟ 许多老师昨天（时间）在休息室里（地点）都热情地（方式）同他交谈。

Many teachers talked to him warmly（方式）in the lounge（地点）yesterday（时间）.

从以上两个句子可以看出，当表示时间、地点、方式的状语同时出现在句中的时候，汉语的排列顺序为"时间 + 地点 + 方式 + 动词"；英语的排列顺序为"动词 + 方式 + 地点 + 时间"。同时，中英文都可以将时间或地点置于句首，加以强调。

正因为中英语言在状语的位置和处理方式上各有不同，所以汉译英时要注意状语的处理方式及位置。接下来我们一一探讨。

1. 状语置于句末

大部分情况下，中文置于句末的状语，英译时也可置于句末。这种情况常见于目的状语与让步状语，如：

㊱ 我讲得既慢又清晰，以便观众能听懂我的话。

I spoke slowly and clearly in order that the audience could understand me.

目的状语在汉译英时常常后置。本例中，"以便观众能听懂我的话"即为目的状语，目的状语可以置于主句之后。

㊲ 这个规律，不论在自然界，人类社会和人们的思想中，都是普遍存在的。

This law operates universally, whether in the natural world, in human society, or in man's thinking.

本例中,"不论……中"是原文的让步状语,汉译英时也可以后置。

此外,若中文的状语为时间状语、地点状语或方式状语,汉译英时也可以置于句末,如:

㊳ 他说他 晚上九点钟 会 在他们常去的那个咖啡厅的一个角落里 看书。

He said that he would be reading a book at 9:00 o'clock in a corner at the cafe that they often visited.

本例既包括时间状语,也包括地点状语。这句话的主结构应该是"他说他会看书",剩下的都是修饰性成分。他什么时候看书呢?晚上九点,所以"晚上九点"是时间状语。在哪里看书呢?在咖啡厅的角落里,所以这部分是地点状语。什么样的咖啡厅?他们常去的。因此"他们常去的"作"咖啡厅"的定语,这里处理成了定语从句 that they often visited。

时间状语和地点状语是最常见的后置状语,按照英文的状语排列方式,时间状语本应放在地点状语之后,但鉴于地点状语后面有定语从句修饰,为了保证句式平衡,将长的挪到句尾,于是将地点状语放在句末。

㊴ 鸽子在天空中 轻柔安静地 盘旋。

The doves hovered in the sky softly and quietly.

㊵ 他 轻声 嘟囔着。

He murmured in hushed tones.

以上两例中,"轻柔安静地"和"轻声"均为方式状语,这些方式状语在汉语中大多出现在动词前,而译成英文时一般会置于动词后。

2. 状语置于句首

除后置之外,状语在汉译英中也会出现前置的情况。若状语前置,一般是为了强调这个状语,如:

㊶ 在中国,国家的一切权力属于人民。

译文①:All power of the state belongs to the people in China.

译文②:In China all power of the state belongs to the people.

㊷ 中共十八大以来,中国发展进入新时代,中国的能源发展也进入新时代。

译文①:China has entered a new era, as has its energy development since the 18th CPC National Congress.

译文②:Since the 18th CPC National Congress, China has entered a new era, as has its energy development.

㊸ 不忘初心,方得始终。=(只有)不忘初心,(才能)取得最终的成功。

译文①:We can move toward our goal only by bearing in mind why we started.

译文②：Only by bearing in mind why we started can we move toward our goal.

以上几例中，译文①均为未调整状语位置的情况，译文②均将状语提前，置于句首。经过比较能够发现，状语置于句首的时候，句子表达的语气更强烈，强调状语的意味更浓，尤其是例 26。一般来说，中文若将状语单独拿出来放在句首，译成英文时大多也会将状语前置加以强调。

3. 状语置于句中

除以上两种情况外，中英语言中均常见状语置于句中的情况，此时多为副词作状语，如：

㊹ 他慢慢朝我们走了过来。

He walked slowly towards us.

㊺ 他是个专家，从没看走眼过。

He is an expert whose eyes have never failed him.

4. 状语的转换

(1) 将原文状语处理成其他成分

除将中文里的状语直接译成状语之外，汉译英时还会出现将状语处理成其他语言成分的情况。

①副词 + 动词 → 动词

不知大家还记不记得，在讲英译汉时我们讲过，英文中有很多动词含有副词含义，英译汉时要将动词的副词含义译出来。这个技巧在汉译英时可以"反其道而行之"，将副词含义融合进动词。例如：

㊻ 她急匆匆地赶去赴约。

She dashed off to keep an appointment.

㊼ 屋里的紧张气氛开始慢慢缓和。

The tension in the room began to melt.

②副词 + 动词 → 形容词 + 名词

除直接转换为动词之外，"副词 + 动词"结构还可以转换成"形容词 + 名词"结构。由于搭配习惯上的不同，某些汉语中用来修饰动作的副词，在逻辑上却是用来修饰名词的，这时可以将其转换为"形容词 + 名词"的结构，例如：

㊽ 不要急于做决定，免得吃后悔药。

Don't make a hasty decision, otherwise you'll regret.

㊾ 他匆匆瞥了那人一眼。

He threw a hurried look at the man.

（2）将原文的其他成分处理成状语

汉语的修饰结构比较灵活，因此汉译英中，除原文的状语可处理成英文中的状语外，原文的其他成分，如定语和补语，也可以处理成状语，如：

50 他发现乡村的生活节奏慢。

He found that life moved slowly in the countryside.

本例中，"乡村的"作"生活"的定语。将原文缩句会发现，原文主要在讲"他发现生活节奏慢"这件事。在哪里的生活节奏慢呢？在乡村，于是"乡村的"这个定语便被转译成了 in the countryside，充当状语。

除定语外，汉语中的补语也可以译为状语。在汉语中，补语是放在形容词或动词之后的补充成分，例如"他跑得飞快"中，"跑"是谓语，而"飞快"是补语，中间用标志词"得"连接。这类补语在汉译英时也可酌情处理成状语。如：

51 他累得气喘吁吁，瘫倒在地上。

He was exhausted and slumped on the ground, panting for air.

本例中，"得"后面的都是补语，这两个补语都是补充说明动词信息的，译成英文时将"气喘吁吁"译成了状语，起到补充说明"累"这个动词的作用。同时也应注意，若原文的补语较长，或讲述的是原文句子的重点信息，这时句子的焦点往往已转移到补语上，此时应将补语处理成主要结构，将其他部分转换成状语，如：

52 他气得脸都白了。

He is pale with anger.

53 我这两天忙工作忙得脚不沾地。

I've been up to my neck at work these days.

5. 综合考量

总而言之，无论是什么修饰成分，在汉译英时都要准确恰当地将其识别出来，再酌情进行处理。而处理过程中，找到句间逻辑关系是最重要的一环。例如：

54 战"疫"仍在进行，胜利终将到来。

In the ongoing fight against COVID-19, victory will be ours at the end of the day.

处理汉译英的句子时，首先要找到句子的主结构。这句话的主结构是"胜利到来"。什么情况下讨论"胜利到来"这件事？"战'疫'仍在进行"的情况下，于是这部分是时间状语，这里处理成了介词短语 In the ongoing fight against COVID-19；胜利什么时候到来呢？"终将"到来，于是这里也处理成状语，译成 at the end of the day。

(55) 自 20 世纪 70 年代末实行改革开放以来，中国成功地走上了一条与本国国情和时代特征相适应的和平发展道路。

Since the policies of reform and opening-up were introduced at the end of the 1970s, China has successfully embarked on a road of peaceful development compatible with its national conditions and characteristics of the times.

本句虽然长，但处理逻辑与上文是一样的。本句的主结构为“中国成功走上一条道路”。什么时候走上这条道路的？是“自 20 世纪 70 年代末实行改革开放以来”，所以这部分处理成了状语，又因为原文的状语置于句首，因此译文的状语也置于句首。走上了一条怎样的道路？“与本国国情和时代特征相适应的和平发展”道路，于是“和平发展”这个短结构处理成了介词短语 of peaceful development 并后置于中心名词 road 之后，而“与本国国情和时代特征相适应的”这个较长的结构处理成了形容词短语放在“和平发展”后面，译成 compatible with its national conditions and characteristics of the times。

综上所述，无论是定语还是状语，在汉译英时均可以酌情将其译成英文中的定语或者状语，在处理时要结合句意灵活处理，不用字字对译。

第四章　并列与主从

汉译英时经常会遇到的一个困扰，就是到底是用并列句还是主从句。经过之前的学习我们已经知道，在汉语中，一个长句经常出现多个动词并列的情况，形式上并不区分其句子层次；而在英语中，所有简单句，不管有多长，都有且只有一个谓语动词。于是在汉译英的过程中，必须要把流水句换成主谓句，要么把这些动词并列，要么使用主从结构，用非谓语结构、介词结构、分词短语、从句等对原文进行处理。

那究竟是使用并列结构还是主从结构呢？什么时候使用并列结构，什么时候使用主从结构呢？这章我们就来探讨一下。

一、处理成并列结构

汉译英中最简单的句式处理方式就是译成并列结构。若原文有几个连续的并列含义，分句之间并没有主次之分，这时就可以将原文的各个分句处理成并列句。

1. 处理成连续动词

并列句中最常见的就是并列动词。当原文的句子中出现并列动词，且这些动词表述的事件并没有主次之分时，就可以用连续并列动词充当谓语来处理原句。政经类文体中常见这类结构，如：

❶ ①40年来，②中国广泛 开展 人权领域交流合作，③认真 履行 国际人权义务，④全面 参与 国际人权事务，⑤积极 促进 全球人权治理体系变革，⑥ 致力于 构建人类命运共同体，⑦为推动世界人权事业发展不断 作出 新贡献。

Over the four decades, China has carried out extensive exchanges and cooperation in the field of human rights, earnestly fulfilled its international human rights obligations, fully participated in international human rights affairs, actively promoted reform of the global human rights governance system, worked hard for the building of a global community of shared future, and made a consistent contribution to the international cause of human rights.

本例中原句一共有7个分句，后6个分句的主语相同，各自有不同的动词，且这几个动词表达的含义为并列关系。这时可以选择将这几个动词全部并列，译成连续动词的并列结构。这种并列6个动词的情况相对较少，类似这种长句，一般会选择在中间断句，如：

❷ ①40年来，②中国在改革开放中 尊重 人权，③在改革开放中 保障 人权，④在改革开放中 促进 人权，⑤成功 走出 了一条符合国情的人权发展道路，⑥ 创造 了人类文明发展史上人权

保障的新经验、新奇迹。

Over the four decades, China has showed respect for, protected and promoted human rights in the course of reform and opening-up. It has blazed a trail of development in human rights that conforms to the national conditions, and created new experiences and new progress in safeguarding human rights.

本例中前四个分句是并列结构，可以处理成一个句子。后面两个分句与前三个分句的联系没有那么紧密，而且前三个分句译出来已经很长了，于是选择在"成功"前面断句，用 It 指代上文主语。但断句之后，每个句子内部的动作依然是并列的，所以依旧选择用连续动词来处理并列谓语。

❸ ①经过多年不懈奋斗，②中国农村贫困人口显著减少，③贫困发生率持续下降，④解决区域性整体贫困迈出坚实步伐，⑤贫困地区农民生产生活条件显著改善。

Through decades of efforts, the number of rural poor has markedly dropped and the poverty headcount ratio has seen a continuous decrease. Solid steps have been taken to eliminate regional poverty, and the working conditions and living standards of the rural poor have notably improved.

本例中的几个分句之间存在话题转换。前三个分句讲的是纾贫解困的现状，是相对比较具体的东西，而后两个分句讲的是解决贫困后的成果，对比"贫困人口显著减少"和"贫困发生率持续下降"来说，稍微有点抽象。所以在分句④前面断句，将前三个分句译成一句，后两个分句译成一句。而在每个句子内部，各个分句实际上是并列关系，没有重要性上的差异，因此依旧选择用连续动词构成并列谓语。

2. 处理成并列名词

原文的并列结构除了处理成并列动词，也可以酌情处理成并列名词。名词的使用有助于提高语域，让表达更加正式庄重，适合政经类及说理类文体。如：

❹ 中国的社会救助形成了以最低生活保障、特困人员救助供养、灾害救助、医疗救助、住房救助、教育救助、就业救助以及临时救助为主体，以社会力量参与为补充的制度体系。

China has formed a social assistance system with subsistence allowances, assistance and support for people in extreme difficulty, disaster relief, medical assistance, housing assistance, education assistance, employment assistance, and temporary assistance as the main forms, supplemented by public participation.

❺ 传统文化的核心价值，如诚实守信、勤俭节约、天人合一、互助互爱、见义勇为等，都需要我们弘扬，但有些与当代价值观相背离的，则需要我们做出正确的评判。

Although we need to inherit and carry forward the core values of traditional Chinese culture, such as honesty and integrity, diligence and thrifty, keeping the harmony between man and nature, mutual help and compassion, righteousness and courage, we also need to properly evaluate the ones incompatible with the contemporary values.

以上两例中都有很多并列的名词结构，这些名词结构之间并没有主次之分，因此在汉译英时可以直接处理成并列名词结构。

❻ 在有些地方，他们在工作中犯了一些错误，例如：一方面排斥贫农入社，不照顾贫农的困难；另一方面又强迫富裕中农入社，侵犯他们的利益。

In some places they have made certain mistakes in their work; for example, poor peasants have been barred from the cooperatives in disregard of their difficulties, while well-to-do middle peasants have been forced into the cooperatives in violation of their interests.

本例中，原文采用了并列结构"一方面……，另一方面……"，句中采用了动宾结构，而汉译英时将其处理成了主谓结构，poor peasants 与 well-to-do middle peasants 并列构成并列句，后面同样搭配了介词结构来处理"不照顾"和"侵犯"。

总而言之，无论是名词并列还是动词并列，只要原文的几个分句之间没有主次之分，就可以处理成并列结构。

二、处理成主从结构

既然并列结构用来处理没有主次之分的信息，那主从结构自然用来表示有主次之分的信息。在英语中，介词短语、分词短语、非谓语结构和从句等都可以用来表示次要信息，其中，在句子层面比较常用的是非谓语结构和从句。

1. 用非谓语结构

非谓语结构是用来表示主从逻辑很常用的一种方式，可以表示以下几种常见逻辑。

（1）表示时间先后

表示时间先后是非谓语结构很常见的用途之一，通常用分词结构或独立主格结构处理，如：

❼ 钱全花光了，我们开始找工作。

译文①：Having spent all the money, we started looking for a job.

译文②：All the money having been spent, we started looking for a job.

译文③：With all the money spent, we started looking for a job.

译文④：After spending all the money, we started looking for a job.

译文⑤：After we had spent all the money, we started looking for a job.

本例中，"钱全花光了"一定发生在"找工作"之前，而且句子主要讲的是"我们开始找工作"，因此前面"钱全花光了"可以处理成从属结构。这样的从属结构可以选择使用非谓语结构（译文①），也可以使用独立主格结构（译文②和③），也可以选择使用"介词 + 动名词"结构（译文④），自然也可以用从句（译文⑤）。这几个结构在表意上没有什么太大区别，只是句式是否啰嗦的问题。相对来讲，译文⑤的句式啰嗦一些，因为就本句而言，从句的主语和主句的主语是一致的，这时可以选择省略主语的其他结构。

⑧ 1978 年 12 月，中共中央召开十一届三中全会，开启了中国改革开放和社会主义现代化建设新时期。

Held in December 1978, the Third Plenary Session of the 11th CPC Central Committee ushered in a new chapter of reform and opening-up and socialist modernization in China.

本例中，"1978 年 12 月"与后文的"召开"一起处理成了分词结构，表达了原文动作的时间。这也是分词结构的常见用法之一。

（2）表示条件或原因

常用于表示条件或原因的非谓语结构一般前置，常见的有分词短语和独立主格，例如：

⑨ 若把所有因素都考虑在内，他们应该能赢得比赛。

Taking everything into consideration, they ought to win this game.

⑩ 天气允许的话，我们能看见太阳冲破云霞。

Weather permitting, we can see the sun breaking through the rosy clouds.

以上两例中，非谓语结构均表示条件。除条件之外，非谓语结构也可以表示原因，同样需要前置，如：

⑪ 沃尔夫对语言与思维的关系很感兴趣，因此他逐渐形成了这样的观点，即社会中，语言结构决定思维习惯的结构。

Being interested in the relationship of language and thought, Whorf developed the idea that the structure of language determines the structure of habitual thought in a society.

（3）表示结果

可以用来表示结果的非谓语结构包括不定式和现在分词，其中以现在分词最为常见。例如：

⑫ 他开了枪，击毙了其中一名歹徒。

He fired, killing one of the bandits.

本例中，"击毙歹徒"可以看作"开枪"的结果，这种结果状语即可用现在分词表达。这类结构上的逻辑可以帮助我们理顺很多中文长句的逻辑，如：

⑬ ①1949年中华人民共和国成立，②确立了社会主义基本制度，③完成了中国历史上最为广泛而深刻的社会变革，④为中国人权事业发展奠定了根本政治前提和制度基础。

Founded in 1949, the PRC established a basic socialist system and achieved the most extensive and profound social transformation in China's history, laying down the basic political prerequisite and establishing the institutions for developing human rights in China.

本例中，分句①表示后文一系列动作的时间，同时引出后文分句的主语——"中华人民共和国"，因为"确立""完成"和"为……奠定基础"的主语只能是"中华人民共和国"，所以分句①可以处理成分词结构。在分句②、③、④中，分句④可以视为分句②和③中动作的结果，因此分句④译成了现在分词结构，充当句子的结果状语。

⑭ ①作为最早签署和批准《生物多样性公约》的缔约方之一，②中国一贯高度重视生物多样性保护，③不断推进生物多样性保护与时俱进、创新发展，④取得显著成效，⑤走出了一条中国特色生物多样性保护之路。

China, as one of the first countries to sign and approve the Convention on Biological Diversity, has always attached great importance to biodiversity conservation and preserves biodiversity with creative and up-to-date measures, achieving substantial progress on a distinctively Chinese path of conservation.

本例的主语是"中国"，因此分句①可以处理成插入语，补充说明 China，分句②和③都是中国采取的举措，而举措的成效出现在分句④和⑤。因此，分句④和⑤是分句②和③的结果，这里处理成现在分词结构作结果状语。

除现在分词外，不定式也可以用来表示结果。只不过不定式大多用来表示意想不到或不愉快的结果，大多表示说话人并不希望这个结果出现。例如这个十分经典的例句：

⑮ 我们匆匆忙忙赶到火车站，结果却发现火车开走了。

We hurried to the railway station, only to find the train had just left.

only to find 表示"结果却发现"，这个结果一定是句子主语"我们"意料之外的结果，这时可以用不定式来处理。在表示"不愉快"或"意想不到"的结果时，常用的几个不定式结构包括 only to do、so... as to do、enough to do 和 too... to do，如：

⑯ 女人往往抱怨说，她们和男人接受的教育一样，最后却在职场上被认为低人一等。

Too often, women complain that they received the same education as men, only to be considered inferior in the workplace.

⑰ 她对此实在无动于衷，这让大家都很绝望。
She is so indifferent as to make everyone despair.

⑱ 开口很大，手足以塞进去。
The opening is big enough for the hand to slide in.

⑲ 这箱子太沉了，我挪不动。
The box is too heavy for me to even move.

(4) 表示目的

用来表示目的的非谓语结构中，最常见的便是不定式，如：

⑳ ①（中国将）健全粮油市场监测网络，②提供及时、准确、全面的市场信息服务，③防范市场异常波动风险。
China will improve the monitoring network for the grain and edible oil market, to provide timely, accurate and all-faceted market information services, and to guard against abnormal market fluctuations.

本例中，分句②和③都是分句①中动作的目的。中国健全监测网络是为了什么呢？是为了提供服务，为了防范风险。因此这里的分句②和③译成了目的状语。本例的目的状语放在句末，但目的状语也可以放在句首加以强调，如：

㉑ ①以服务宏观调控、调节稳定市场、应对突发事件和提升国家安全能力为目标，②（中国将）科学确定粮食储备功能和规模。
To facilitate macroregulation, a steady market, sound emergency response, and national security, China will apply scientific rationale in designing the functions and scale of grain reserves.

本例中，分句①是分句②的目的。原文将目的前置加以强调，译文也可以将目的前置加以强调。

(5) 表示方式及伴随

表示方式和伴随的状语很难区分，在实际汉译英过程中也没必要区分，因为它们都可以用现在分词或独立主格来处理。如：

㉒ 一辆小汽车嗖地开了过去，排气管里冒出团团黑烟。
A car roared past, with smoke pouring from the exhaust.

㉓ 中国共产党根据改革开放实际，先后提出一系列人权主张，与时俱进地不断赋予中国人权发展新的内涵。
Based on the realities of reform and opening-up, the CPC has proposed a series of ideas on human rights in China, constantly adding new elements to reflect the changes in our time.

以上两例中，独立主格和现在分词均用来充当主句谓语的伴随状语，伴随着主句谓语发生。例 22 中，"排气管里冒出团团黑烟"是伴随着主句谓语"开"发生的；例 23 中，"与时俱进地不断赋予中国人权发展新的内涵"也是伴随着主句谓语"提出"发生的，因此可以用独立主格和现在分词处理成伴随状语。

㉔（中国）围绕优化布局、调整结构、提升功能，鼓励合理改建、扩建和新建粮食仓储物流设施，持续推进粮库智能化升级，增强安全运行保障能力。

Focusing on improving distribution, structure and functions, China will encourage rational reconstruction, expansion and construction of grain storage and logistics facilities, to advance the smart management of grain depots and guarantee their safe operation.

本例中，现在分词用来充当主句谓语的方式状语。中国如何进行"鼓励""改建、扩建和新建"这几个动作？是通过"围绕……"这种方式来进行的。而这几个动作的目的为何？是为了"持续推进升级""增强安保能力"，因此后面两个分句处理成了目的状语。

2. 用从句

除了用非谓语结构处理有主次之分的句子，从句也是处理主次的"一把好手"。英语中的三大从句均可以用来处理原文的从属结构，其中尤以定语从句和状语从句较为常用，如：

㉕ ①中华人民共和国的成立，②实现和捍卫了真正完全的民族解放和国家独立，③为中国人民的生命、自由和人身安全提供了根本保障，④为中国人民各项权利得到有效保障和不断发展创造了根本条件。

With the founding of the PRC, China achieved and then defended true, complete national liberation and independence, which provided the fundamental guarantee for the subsistence, freedom, and personal security of the people, and created fundamental conditions to effectively protect and continuously improve all of their rights.

㉖ ①贫困地区青少年学生营养改善计划广泛实施，②婴幼儿营养改善及老年营养健康试点项目效果显著，③儿童、孕妇和老年人等重点人群营养水平明显提高，④健康状况显著改善。

The government has carried out extensive nutrition improvement programs in poor areas for young students, infants, children, pregnant women, and the elderly, as a result of which there have been noticeable improvements in their nutrition and health.

㉗ ①中国农业人口规模巨大，②通过城镇化减少农业人口将是一个渐进的过程，③在这个过程中必须保障农民的就业和收入。

China has a huge agricultural population, and it will be a gradual process to reduce the agricultural population through urbanization, during the course of which the employment and income of farmers must be guaranteed.

以上几例均为用定语从句处理原文的情况。例 25 中，分句③和分句④用来表示结果，这里选择了用定语从句处理。例 26 中，分句④"健康状况显著改善"是前面几个分句的结果，也可以用定语从句来处理。例 27 中，分句③"在这个过程中……"是非常明显的定语从句结构，用来表示从句内容与主句内容同时发生。

除定语从句外，状语从句自然也可以用来处理原文的状语，如：

㉘ 只要坚持为了人民、依靠人民，尊重人民主体地位和首创精神，激励贫困群众自力更生、艰苦奋斗的内生动力，就一定能够战胜贫困。

As long as a country serves the people, relies on them, respects their principal status and pioneering spirit, and motivates the poor to rely on their own hard work, it is sure to defeat poverty.

㉙ （中国）在致力于消除自身贫困的同时，积极参与国际减贫合作，做国际减贫事业的倡导者、推动者和贡献者，与各国携手共建没有贫困、共同发展的人类命运共同体。

While committed to eradicating its own poverty, China has actively participated in international cooperation on poverty alleviation, acted as an advocate, facilitator and contributor to the international cause of poverty alleviation, and worked with other countries to build a global community of shared future that is free from poverty and pursues common prosperity.

以上两例中，例 28 的"只要"说明这是一个条件状语，可以用条件状语从句处理；例 29 的"同时"说明此处可以处理成时间状语从句。

总而言之，若原文各个分句之间有比较明显的主次关系，就可以采用非谓语结构或从句来处理原文的次要信息。

三、具体问题具体分析

在实际翻译实践中，判断哪里可以处理固然重要，但要不要处理更加重要。"英文重形合"，英文中的语言结构可以表达语言含义，因此主从结构和并列结构所表达的含义是不同的。很多句子既可以处理成主从结构，也可以处理成并列结构。而究竟用哪种结构，还要结合上下文语境综合判断。

下面我们来看看，英语中使用不同结构对语义有什么样的细微影响。

㉚ 今天，中国颁布"洋垃圾"禁令是造福中国人的决定，也给其他国家敲了警钟。

译文①：Today, China introduced a ban on "foreign garbage" import, which is a decision that benefits the Chinese people and gives a wake-up call to the rest of the world.

译文②：China's ban on "foreign garbage" import should be seen as a great service to the Chinese people and a wake-up call to the rest of the world.

本例的两个译文都是正确的。译文①将"中国颁布'洋垃圾'禁令"抽出来作主句，剩下的内容处理成补充性信息，通过句式结构有效突出了"颁布'洋垃圾'禁令"这项举措；而译文②将"颁布'洋垃圾'禁令"处理成了名词结构，将"造福中国人的决定"和"给其他国家敲了警钟"处理成了并列谓语，目的是突出禁令的作用和效果。两版译文侧重点不同，究竟用哪种还得结合上下文语境具体斟酌。

㉛ 地方储备粮主要用于区域市场保应急、稳粮价、保供应，是国家粮食安全的第一道防线。

译文①：Local grain reserves are mainly used in the regional market to meet emergencies, stabilize grain prices and guarantee supply, which serves as the first line of the defense of national food security.

译文②：Local grain reserves, mainly used in the regional market to meet emergencies, stabilize grain prices and guarantee supply, is the first line of the defense of national food security.

本例与上例类似，两个译文都是正确的，但译文①将"第一道防线"处理成了非限定性定语从句，突出前面主句的内容，即"保应急、稳粮价、保供应"；而译文②将"保应急、稳粮价、保供应"处理成了插入语，用来说明地方储备粮的用途，将"第一道防线"视为主要结构。两版译文的侧重点不同，依然要结合上下文语境慎重选择。

综上所述，在汉译英时，并列结构和主从结构都是常用的句式结构。总体上来讲，原文分句地位相当选并列，分句地位有差选主从，而原文的分句地位是否相当，就要结合上下文语境具体分析了。

第五章　成语与修辞

很多同学平日里可能体会不到中文中有这么多成语和俗语，但一到汉译英的时候，这些成语与俗语就都跑了出来，让我们挠头不已。这章我们就来看看汉译英中另一个困扰我们的点——成语与修辞。

一、成语与俗语的英译

首先来看成语。成语这个概念我们都很熟悉，在中文中，成语是经过长期使用、锤炼而形成的固定短语。成语的意义具有整体性，不能分开来理解，结构上也比较固定，形式以四字居多，也有三字或多字的情况。大部分成语都有熟悉的语义渊源，有可能来自古代经典著作，也可能来自著名历史故事，如三顾茅庐、前车之鉴、未雨绸缪等。

汉语中的俗语是指在群众口语中流传，具有口语性和通俗性的语言单位。相对成语来讲，俗语的语义比较通俗，在大众口语中广泛流行，简练而形象，形式也比较固定，通常不能加以改变，如"物以稀为贵""按下葫芦浮起瓢"等。

通过以上几个例子我们可以发现，无论是成语还是俗语，都蕴含了丰富的文化内涵，具有无法替换的典型意象。但中英两种语言差异巨大，这些承载了文化信息的典型意象在英译时有些可以保留，但大部分需要采取其他方式加以处理。

1. 保留汉语意象

最简单的一种处理方式就是保留原文意象。这类成语或俗语中的意象通常比较普世化，其在中英两种语言中承载的文化含义没有太大差异。这样的成语或俗语在英译时，可以保留原文的意象或结构，直接英译。如：

春意盎然。	Spring is in the air.
君子协定	a gentleman's agreement
披着羊皮的狼	a wolf in sheep's clothing

以上三例中，"春""君子""羊"和"狼"这几个意象在中英两种语言中没有太大差异，整体表达在两种语言中也没有什么含义上的区别，因此可以直接保留。

2. 用英语中的固有表达替换汉语意象

然而，大部分成语和俗语中的意象在中英两种语言中都不太一致，这就需要译者在英译过程中对其加以处理。对于某些成语或俗语来说，虽然意象无法直接转换，但英文中有类似的"套语"可以表达相同或相似的含义，这时就可以用英文中的固有表达替换中文意象。如：

胆小如鼠	as timid as a rabbit
艳若桃李	as red as a rose
不眠之夜	white night
纸上谈兵	armchair strategy
好了伤疤忘了疼。	Once on shore, one prays no more.

以上几个成语或俗语中，英文均对汉语里的意象进行了不同程度的替换。英文中的 mouse 没有"胆小"这个含义，这个含义被放在了 rabbit 身上，于是将"鼠"换成了 rabbit。同理，"桃李"也是很中式的意象，英文中更习惯用 rose。下面几个更是将整体意象均进行了替换。white night 的含义即为 a sleepless night，可以用来表达"不眠之夜"；armchair strategy 即为"在椅子上指点江山"，恰好就是"纸上谈兵"之意；而"好了伤疤忘了疼"与 Once on shore, one prays no more. 的含义类似。

英文的"套语"除了可以用来英译汉语中的成语或俗语，也可以用来译某些非成语的表达，让译文更贴合译入语语境，表达也更隽永，如：

❶ 我一句也不敢多说，一步也不敢妄行。

I'm terrified of saying one word out of turn or taking one false step.

本例中，"多说"和"妄行"都用了英文中的"套语"加以处理。我们先来看看这两个英文表达本身都是什么含义。

- out of turn: to say something when you do not have the right or authority to say it
- false move/step: a small movement or action that will result in harm

由此便可以理解，out of turn 对应原文的"多说"，false step 对应原文的"妄行"。译文的处理既贴合原文含义，又贴合译入语表达，实乃佳译。

3. 摒弃汉语的意象，只传达意义

能够保留一部分原文意象，或能在英文里找到对应表达的成语或俗语，只占中文整体成语或俗语的一小部分。对大部分成语或俗语来说，其中的意象都无法直接或间接在英文中表达。这样的成语或俗语就需要译者摒弃汉语意象，结合其本身含义与上下文语义，传达出内在含义。如：

成竹在胸	have a well-thought-out plan
开门见山	to come straight to the point

以上两例中，无论是"成竹在胸"还是"开门见山"，其意象都无法在英文中找到对应表达，因此只能抛弃原文意象，直接解释其所表达的内涵。"成竹在胸"出自宋朝苏轼的《文与可画筼筜谷偃竹记》，指画竹前竹子的完美形象已在胸中，比喻处理事情之前已有完整的谋划打算，所

以可以直接取其"有完整的谋划打算"的含义，译为 have a well-thought-out plan。"开门见山"同理，可以取其"直截了当，不拐弯抹角"的含义，译为 to come straight to the point。

不过，处理这样的成语也有些需要我们注意的地方。作为中国人，这些成语在我们日常表达中俯拾即是，我们可能很少会关注到它们在句子中究竟起到了什么作用。但其实，这些成语本身是有其结构的，比如上文这个"成竹在胸"，整体上是个主谓结构，如果构句，可以直接理解成一个动词，用来充当谓语。

因此，在传递成语或俗语的含义时，可以着重关注这些成语或俗语究竟是什么"词性"。

(1) 名词

有些成语可以直接看作名词结构，这样的成语在英译时，也可以选择名词结构来处理，如：

赤胆忠心	extreme loyalty
胡思乱想	vain imaginings
高风亮节	noble character
大势所趋	the trend of the times

以上几个成语在构句时，前面基本可以加上"他的"这类限定结构，因此均可以看作名词结构，英译时也可以按照名词结构处理。

(2) 动词

有些成语可以直接看作动词结构，这样的成语在英译时，也可以选择动词结构来处理，如：

化为乌有	dissolve into thin air
如愿以偿	meet one's expectation
寄人篱下	live under one's roof
流芳百世	leave a good name for a hundred generations

以上几个成语在构句时，前面大多会加一个主语构成主谓结构，因此均可以看作动词结构，英译时也可以按照动词结构处理。

(3) 形容词

有些成语可以直接看作形容词结构，这样的成语在英译时，也可以选择形容词结构来处理，如：

千变万化	ever-changing
淋漓尽致	deep and vivid
息息相关	vitally interrelated
繁荣昌盛	flourishing

以上几个成语在构句时，大多用来修饰某个名词，表示某个名词的特征或特点，因此均可以看作形容词结构，英译时也可以按照形容词结构处理。

(4) 介词短语

同时，用来修饰某个名词，表示某个名词的特征或特点的成语或俗语可以用介词短语来处理，如：

五花八门	of a wide variety
迫在眉睫	of the utmost urgency
从容不迫	with great ease
杯水车薪	of little or no use

以上几个成语在构句时可以用来修饰名词，也可以用来充当状语，比如"五花八门的借口""他走得从容不迫"。这类结构可以酌情处理成介词短语。

当然，以上几种处理方式并不能涵盖所有的成语与俗语，只能帮我们大致分类，为我们处理成语或俗语提供些许思路，因为很多成语或俗语有多种英译方式，如：

淋漓尽致	luxuriate in description / deep and vivid
息息相关	vitally interrelated / be closely bound up with
开诚布公	speak frankly and sincerely / come into the open
旁敲侧击	without coming straight to the point / in a roundabout way

因此，在处理成语或俗语时，还是要结合上下文语境，选择恰当的方式进行处理。这里我们用《红楼梦》里面的几句话为例[1]，来分析一下成语或俗语在句子中的处理方式。

❷ 邢王二夫人等在里头也听见了，都唬得魂不附体，并无一言，只有啼哭。(《红楼梦》，第一百一十二回)

Their Ladyships overhearing this inside were frightened out of their wits. Speechless, they could only sob.

本例中，"魂不附体"即为"极端惊慌"之意，译者没有保留原文"魂"这个意象，而是将其与前面的"唬"合并，处理成 were frightened out of their wits（吓得神志都没了），简洁得体，也能恰当表达原文含义。

❸ 只因他虽和黛玉一处长大，情投意合，又愿同生同死，却只心中领会，从来未当面说出。(《红楼梦》，第六十四回)

Though he and Daiyu had grown up side by side and were kindred spirits who longed to live and die together, this was simply tacitly understood by both but had never been put into words.

本例中，"情投意合"被处理成 kindred spirits，kindred 的含义为"类似的，相似的"。宝玉和黛玉确实有十分相似的灵魂，这样才能走到一起，因此将原文"情""意"等意象均抛弃，只译出了含义。"同生同死"又作"同生共死"，含义直白简单，因此译文采取了直译，译为

---
1. 这里采用的是杨宪益、戴乃迭的译文。

who longed to live and die together，英文读者也能读懂其含义。

4. 其他四字结构与引用诗词古语的英译

（1）其他四字结构的英译

除成语和俗语外，中文里也常见非成语的四字词，这些词能够让中文表达更贴合中文含义，更具中文美感，但一样会给翻译带来困扰。对于这样的四字词，在英译过程中不能拘泥于语言形式，要多从语言内涵上下功夫，"得其意而忘其形"，才能写出忠实流畅的译文来。

❹ 我久久地伫立于湖畔，聆听一种生命悄然拔节的声音，心头如有暖流滚滚！

I stood for a long time by the shore of the lake, listening to the sound of life, with warm currents filling my heart.

本例中，"悄然拔节"的意象没有保留。"拔节"本用来形容禾本科植物到一定发育阶段时，主茎的各节长得很快，后也用来表示生命成长的过程。这个意象十分中式，于是这里只取语言含义，抛弃了语言形式。而"暖流滚滚"直译过来也能够被读者理解[1]，因此可以保留。

❺ 那瀑布从上面冲下，仿佛已被扯成大小的几绺；不复是一幅整齐而平滑的布。岩上有许多棱角，瀑流经过时作急剧的撞击，便飞花碎玉般乱溅着了。

Rushing from above, the water seemed like a smooth, neat piece of cloth that had been torn into several differently sized bundles of thread. Because of the many bulges and lumps, when the water struck the rocks as it fell, it sent out random splashes like flying flowers or broken shards of jade.

本例中，"飞花碎玉"描写的是瀑布水流撞到岩石上飞溅出的水滴，像飞花般翩翩飘零，像碎玉般晶莹无暇。译文中保留了"花"和"玉"两个意象，因为在英文世界中，flower 也可以代表美好，jade 也可以代表纯洁。这个译文可以被英文读者理解，因此可以保留。

❻ 我的话匣子一开，激光磁盘便响个不停，滔滔不绝。无奈我闲人忙，听众逐渐稀少，终于门庭冷落，只剩一屋子广阔天地，任我独来独往，随意挥洒。

Whenever I broke the ice, I began to pour my words, in a flow of eloquence, as continuously as a laser disc. Unfortunately, I was jobless while they were so busy that they almost melted away until few knocks came at the door and the world became vacant again. Now I alone can occupy it and go my own way.

本例用了大量成语、俗语与四字结构，这些成语、俗语中有很多无法在英译时保留意象，在处理时均抛弃了语言形式，只保留了语言含义，如：话匣子、广阔天地；有些可以用英语的对应表达加以处理，如滔滔不绝、我闲人忙、门庭冷落、独来独往、随意挥洒。尤其需要注意

---

[1] 怎么能知道这种译法可以被读者理解呢？这就需要平时多积累，或者也可以借助搜索引擎，去看英文世界中有没有类似的用法，通过平行文本帮助确定。

的是原文中的"响"。这个动词对应的是其主语"激光磁盘",但译成英文之后,主语换成了 I,谓语也得对应转换,这里结合语义译成 pour my words,既可以表达原文"响"的含义,也能体现出"我"爱说话的特点。

(2) 引用诗词古语的英译

除此之外,诗词古语的引用在汉语中也不鲜见。若诗词古语中的意象和表达译成英文能被读者理解,则可以保留;若无法被读者理解,则无须保留。大部分情况下,引用的诗词古语不需要保留语言形式,只要将语言内涵表达出来即可。如:

❼ "天高任鸟飞,海阔凭鱼跃。"我始终认为,宽广的太平洋有足够的空间容纳中美两个大国。

The sky is unlimited for birds to fly at ease, as the ocean is boundless for fish to leap at will. The vast Pacific Ocean has ample space for China and the United States.

本例中,"天高任鸟飞,海阔凭鱼跃。"化用自玄览禅师的诗作,后也缩略为成语"海阔天空"。现多用来比喻在广阔天地里,人们可以自由地施展才能和抱负。本例中保留了原文的意象,是因为这些意象和表达在英译后仍可以被读者理解,同时还可以有效地传输原文思想和理念,因此这里选择保留了大部分形式。

❽ 我知道商签协议是一个复杂的过程,但是正因为我们是兄弟,兄弟"虽有小忿,不废懿亲",问题总是可以解决的。

I understand the negotiation maybe a complex process, but differences between brothers cannot sever their blood ties, and I believe that problems will eventually be solved.

本例中,"兄弟'虽有小忿,不废懿亲'"出自《左传·僖公二十四年》:"如是,则兄弟虽有小忿,不废懿亲。"意为"兄弟间虽然有一些摩擦,但还是一脉相连的亲缘"。原文的形式较难在译文中保留,因此只选择保留了"兄弟"和"亲"两个意象,将原文的大部分语言形式抛却,只保留了语言内涵。

综上所述,无论是成语、俗语还是四字结构,还是汉语中引用的诗词古语,在英译时都应关注其表达的内涵。若保留形式不影响含义的传达,则可以保留;若影响了读者理解原文含义,则应予以舍弃,或在译文中加以补偿。

二、修辞的处理

如果说处理成语、俗语和四字结构让译者挠掉了半头秀发,那对原文修辞的处理则消耗了我们另一半头发。接下来,我们一起来拯救一下我们的头发。

中文的修辞共有 63 大类,79 小类,不过虽看起来庞杂繁复,但实际应用的也不过就那么几种。在处理原文修辞手法时,也可以采取与处理成语、俗语类似的方式,抓住修辞中的结构特点和意象形式,考虑是否能够在译文中加以保留。若保留后英文读者可以理解则可以保留,若保留后英文读者难以理解,则需要使用一些技巧,是增补还是替换,就需要译者祭出头发来思考对策了。

1. 保留原文修辞方式,直接使用原文意象

其实,大部分修辞手法是可以通过保留修辞方式,直接使用原文意象的方式来处理的。例如:

⑨ 他走出了门,消溶而吞并在夜色之中,仿佛一滴雨归于大海。(明喻)

He went out, melting into the dark night like a raindrop returning to the sea.

⑩ 地中海沿岸成为西方文明的摇篮。(暗喻)

The Mediterranean coast became the cradle of Western civilization.

⑪ 几盏街灯被雪花打得不住地眨眼。(拟人)

Street lamps appeared to be blinking amid the onslaught of snow.

⑫ 闪电像利剑一样直插下来,天空被彻底吹裂了,震碎了!(夸张)

A bolt thrust downward like a sharp sword. The sky was blown into pieces!

⑬ 燕子去了,有再来的时候;杨柳枯了,有再青的时候;桃花谢了,有再开的时候。(排比)

Swallows may have gone, but there is a time of return; willow trees may have died back, but there is a time of regreening; peach blossoms may have fallen, but they will bloom again.

以上几种修辞手法在英译时均不同程度地将其修辞方式或意象加以保留。对于比喻类、拟人类修辞来说,只要喻体能在英文中表达类似含义,英文读者可以理解,就能够保留。而对于夸张、排比类修辞来说,只要夸张得不太离谱,读者可以理解就可以保留。

2. 保留原文修辞方式,同时加以弥补

但依旧有一些修辞方式是无法直译的,这些修辞就要求译者对其进行处理。这类修辞方式中大多包含了英文读者难以理解的文化类意象,但英译时又想保留这类文化类意象,因此可以在保留意象的基础上,在句内弥补注释,帮助英文读者更好地理解含义。如:

⑭ 这对年轻夫妇并不相配,一个是西施,一个是张飞。(借代)

This young couple is not well matched, one is a Xi Shi — a famous Chinese beauty, while the other is a Zhang Fei — a well-known ill-tempered brute.

本例便是句内注释的典例。中文读者很容易通过"西施"和"张飞"了解到这对夫妇各自的特点,但英文读者并不熟悉中文语境,很可能不知道这两人是谁,因此译者选择用破折号对这两个人名加以注释,帮助英文读者理解文意。

⑮ 他走进来,用他那破锣似的声音喊我。(明喻)

He walked in, his voice as rough as a broken gong.

本例也采用了句内注释的方式。"破锣似的"也是很中式的形容方式，"锣"并不是原生于西方的乐器，很多英文读者并不了解中式铜锣的声音，更不用说"破锣"了。因此译者在译文中加入了 as rough as，用来对 broken gong 加以解释，帮助读者理解。

当然，若句内不方便注释，也可以采取句外注释，即加脚注、尾注等注解来帮助读者理解。但这种处理方式在翻译硕士考试当中不常见，这里便不举例了。

3. 不保留原文修辞方式，只传达含义

最后一种最激进的处理方式便是完全摒弃原文的修辞方式，只保留原文含义。这个办法只能用在原文意象或修辞手法完全无法保留，或保留后英文读者完全无法理解的情况下。如：

16 他敲了两下门，心还**突突**直跳。（拟声）

He knocked twice at the gate, his heart **thudding** violently.

本例中，"突突"这个拟声词在英文中无法保留，一般会将其译成某个能发出同样声音的动词，这里选择了 thudding，用来表示心脏 beat strongly，意为"有力地跳动；怦怦地跳"。这样处理之后，英文读者可以与中文读者体会到同样的语言情景，所以这种转换是可以接受的。

17 饭来张口，衣来伸手。（对偶）

One has only to open one's mouth to be fed and hold out one's hands to be dressed — lead an easy life.

对偶或对仗这类修辞在英译时很难保留，如果原文不是某首诗歌的一部分，则要以信息传递为重，抛弃原文的语言形式，传达语言内涵。但若能使用 parallel structure（平行结构）对原文加以弥补，也可以考虑，如：

18 谋事在人，成事在天。（对偶）

Man proposes, God disposes.

19 秦时明月汉时关，万里长征人未还。（对仗）

The age-old moon still shines over the ancient Great Wall,

But our frontier guardsmen have not come back at all.

对仗，指律诗、骈文等按照字音的平仄和字义的虚实形成对偶的语句。显而易见的是，中文的平仄无法完全平移到英文中来，因此需要用英文中对应的尾韵加以补足。

总而言之，无论是成语、俗语，还是各类修辞，译者在处理时均应小心应对，不能望文生义。在英文中能被理解的意象可以保留，若某个意象译成英文并不能被读者理解，则需要加以弥补或转换，或干脆抛弃。

要牢记，译者的目的是在译入语读者心中创造与源语读者同样的心理感受。

第六章 长难句的处理

经过前面五章的讲解,我们终于要开始打汉译英的终极大 BOSS——流水长句。汉译英长句的处理是个综合过程,但其实,里面的每一步在前面章节中都已经细细讲过,这里只需要把前面所有章节的内容综合起来即可。

于是,汉译英长句的处理便可以分为以下四步,即:

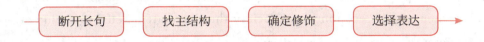

英译中文长句时,最重要的便是将中文的流水句转换成英文的主谓句,挑出原句的主结构,再去确定其他成分。接下来我们用几个例句来仔细讲解。

❶ 20世纪70年代末以来,中国作为世界上发展最快的发展中国家,经济社会发展取得了举世瞩目的辉煌成就,成功地开辟了中国特色社会主义道路,为世界的发展和繁荣做出了重大贡献。

遇到长句,首先需要思考的便是:这个长句需要断句么?读完我们会发现,这个长句只有一个主语,没有主语变换之处,话题也基本没换,只是谓语并列了而已。因此,整体上可以使用并列谓语的逻辑,并不需要断句。

接下来很容易能挑出主结构:中国取得成就,开辟道路,做出贡献。

第三步要做的,便是确定修饰性成分。这部分需要结合句意,具体问题具体分析。我们借助下表来看看,这个句子里有哪些需要注意的修饰性成分。

汉译英长句四步法:
1. 是否需要断句? 否
2. 主结构是什么? 中国取得成就,开辟道路,做出贡献。
3. 哪些是修饰成分?
　(1) 什么时间? 20世纪70年代末以来
　(2) 什么样的中国? 作为世界上发展最快的发展中国家
　(3) 怎样的成就? 举世瞩目的辉煌(成就)
　(4) 在什么方面取得了成就? 经济社会发展
　(5) 什么道路? 中国特色社会主义(道路)
　(6) 如何开辟? 成功地(开辟)
　(7) 为谁做出重大贡献? 世界的发展和繁荣

续表

> 4. 选择表达：注意选词和搭配
> （1）举世瞩目的：attract worldwide attention
> （2）开辟……道路：blazed the trail of...

对应着上表的问题，便可以确定修饰性成分应该处理成定语、状语或是其他成分。于是本句可译成：

Since the late 1970s, China, as the fastest growing developing country, has scored brilliant achievements in its economy and society that have attracted worldwide attention, successfully blazed the trail of socialism with Chinese characteristics, and made significant contributions to world development and prosperity.

❷ 中国作为国际社会的重要成员，将一如既往地推进南南合作，在经济不断发展的基础上逐步加大对外援助投入，与世界各国一道，推动实现联合国千年发展目标，为建设持久和平、共同繁荣的和谐世界而不懈努力。

本句与上句类似，都是一个主语后面带了多个谓语，因此可以采用并列结构，并不需要断句。但与上句不同的是，这句话的并列谓语后面多了个目的："为……不懈努力"，这也是汉译英长句，尤其是政经类文体中常见的句式结构。

具体分析如下：

> 汉译英长句四步法：
> 1. 是否需要断句？ 否
> 2. 主结构是什么？ 中国推进南南合作，加大投入，推动目标。
> 3. 哪些是修饰成分？
>   （1）什么样的中国？ 作为国际社会的重要成员
>   （2）怎么推进？ 一如既往地（推进）
>   （3）怎么加大？ 在经济不断发展的基础上逐步（加大）
>   （4）什么投入？ 对外援助（投入）
>   （5）如何推动目标？ 与世界各国一道
>   （6）什么目标？ 实现联合国千年发展（目标）
>   （7）这些举措的目的是什么？ 为……不懈努力
> 4. 选择表达：注意选词和搭配
>   （1）南南合作：South-South cooperation
>   （2）一如既往地：as it always has done
>   （3）联合国千年发展目标：the UN Millennium Development Goals

这样便能确定各个修饰性成分，本句可翻译如下：

As an important member of the international community, China will continue to promote South-South cooperation, as it always has done, gradually increase its foreign aid input on the basis of the continuous development of its economy, promote the realization of the UN Millennium Development Goals, and make unremitting efforts to build, together with other countries, a prosperous and harmonious world with lasting peace.

本例中需要注意的是，原文的谓语没有直接使用"推进""加大"这些动词，而是选用了 continue to do 的结构，这是因为"推进"一定是之前已经有过类似举措，现在继续加大力度，同时原文里还有"一如既往"，因此选择增补 continue 这个动词。这个表达也是政经类文本里很常见的谓语。

❸ ①国际金融危机影响尚未消退，②气候变化、粮食危机、能源资源安全、流行性疾病等全球性问题给发展中国家带来新的挑战，③国际经济发展不平衡现象日趋严重，④南北贫富差距持续拉大。

与上例同理，依然要先思考是否需要断句。这个长句需要断句么？很多同学可能会说，这话题和主语都变了，应该断句。确实可以断句，但断句之后会显得句子很碎，不符合原文的表达逻辑。汉译英长句应将中文的流水句改换成英文的主谓语，因此要求译者在看似很散的中文长句中，抽出主结构来。

这句话的主结构是什么呢？其实就是"全球性问题给发展中国家带来新的挑战"。这句话符合中文长句中常用的一个表达逻辑，即：

> 背景 + 事件 / 行为 + 影响 / 结果 / 目的 / 伴随性行为

很多中文长句都用这个逻辑构句。例2便是其中之一。在例2中，"作为国际社会的重要成员"便可视为后面所有行为的背景，而最后的"为……不懈努力"便可视为前面行为的目的。

再返回来看例3。例3如果不断句，主结构是"全球性问题给发展中国家带来新的挑战"。那么这个事件发生的背景是什么？便是分句①"国际金融危机影响尚未消退"，在这样的背景下，"全球性问题给发展中国家带来新的挑战"，结果是什么呢？结果便是分句③和④"国际经济发展不平衡现象日趋严重""南北贫富差距持续拉大"。具体分析如下：

> 汉译英长句四步法：
> 1. 是否需要断句？　否
> 2. 主结构是什么？　全球性问题给发展中国家带来新的挑战。
> 3. 哪些是修饰成分？
>   （1）在什么背景下？国际金融危机影响尚未消退
>   （2）哪些全球性问题？气候变化、粮食危机、能源资源安全、流行性疾病等
>   （3）带来了什么结果？国际经济发展不平衡现象日趋严重，南北贫富差距持续拉大
> 4. 选择表达：注意选词和搭配
>   （1）国际金融危机：international financial crisis
>   （2）粮食危机：food crisis

因此本句可译成：

With the repercussions of the international financial crisis continuing to linger, global concerns such as climate change, food crisis, energy and resource security, and epidemic of diseases have brought new challenges to developing countries, aggravating the imbalance in the development of the global economy, and widening the gap between North and South, rich and poor.

需要注意的是，在这个句子中，前文动作产生的结果是顺理成章的，不是意料之外的，因此要用现在分词短语来处理这两个结果，不能用不定式。

除政经类文本之外，其他文体的文本也可以用类似的分析方式。例如：

❹ 靠山的小后轩，算是我的书斋，在全屋子中风最少的一间，我常把头上的罗宋帽拉得低低地，在洋灯下工作至夜深。松涛如吼，霜月当窗，饥鼠吱吱在承尘上奔窜。

本句看起来很散，但其实也可以通过想象这个场景来抽出原文的主结构。不知道大家还记不记得在"英译汉：长句与润色"部分我们讲过"在脑海中描绘一幅原文所描绘的图象"。这个方式在汉译英时一样好用。

可以想象一下，在整个场景中，最核心的事件是什么呢？整句话是在讲"靠山的小后轩是我的书斋"，还是"我工作至夜深"，还是"松涛如吼，霜月当窗，饥鼠吱吱在承尘上奔窜"？

经过分析会发现，原文的主结构应该是：我工作至夜深。于是便可以随之确定各个修饰性

结构。同时，文学类文本也要结合语境，思考其中特有的一些表达，具体分析如下：

> 汉译英长句四步法：
> 1. 是否需要断句？ 否
> 2. 主结构是什么？ 我工作至夜深。
> 3. 哪些是修饰成分？
>   (1) 在哪里工作？ 靠山的小后轩
>   (2) 什么样的小后轩？ 算是我的书斋的（小后轩），全屋子中风最少的一间
>   (3) 我怎么工作？ 常把头上的罗宋帽拉得低低地，在洋灯下
>   (4) 工作的时候外面什么样？ 松涛如吼，霜月当窗，饥鼠吱吱在承尘上奔窜
> 4. 选择表达：注意选词和搭配
>   (1) 后轩： 后面的小屋 the small rear-room
>   (2) 罗宋帽： 男式棉帽 woolen cap
>   (3) 洋灯： 油灯 oil lamp
>   (4) 请思考，"松涛如吼，霜月当窗"该如何处理？

本句可译成：

In the small rear-room close to the mountain, which, least affected by the wind, was my study, I often worked by the light of an oil lamp late into the night, with my woolen cap pulled down, while the pines were soughing in the wind, the white moon shining on the window, and hungry rats squeaking and scurrying in the neighborhood of the ceilings.

❺ 我于这种时候深感到萧瑟的诗趣，常独自拨划着炉灰，不肯就睡，把自己拟诸山水画中的人物，作种种幽邈的遐想。

　　本例与上例类似，也可以通过抽出主结构来将流水句转成主谓句。那么本句的主结构是什么呢？在脑海中想象一下这个场景，我们会发现，这不就是半夜熬夜不肯睡觉的我们么！半夜熬夜不睡觉，鼓捣鼓捣手机，瞎想乱想一通，原作者描绘的也是同样的场景呀！

　　于是请大家思考一下，我们半夜鼓捣手机，胡思乱想是为什么呢？终极原因还不是不想睡觉。于是这句话的主结构也可以抽出来：我独自拨划着炉灰，不肯就睡。于是全句分析如下：

> 汉译英长句四步法：
> 1. 是否需要断句？ 否
> 2. 主结构是什么？ 我独自拨划着炉灰，不肯就睡。
> 3. 哪些是修饰成分？
>   (1) 为什么不肯睡？ 深感到萧瑟的诗趣
>   (2) 不肯睡，做了什么？ 把自己拟诸山水画中的人物，作种种幽邈的遐想
> 4. 选择表达：注意选词和搭配
>   (1) "萧瑟的诗趣"如何理解？
>   (2) "拟诸"如何理解？是"比作……"？还是"想象成……"？
>   (3) "山水画"如何译？
>   (4) "幽邈的遐想"如何处理？

本句可译成：

Seized with a poetic mood generated by the scene of bleakness, I would stay up late and sit alone poking the charcoal fire, imaging myself a figure in a traditional Chinese landscape painting and indulging in deep reveries.

根据原文的上下文可知，"萧瑟的诗趣"是由眼前萧瑟的景象引发的，因此译文里增补了 generated by the scene of bleakness，同时将这个分句前置，处理成原因状语，后面的"把自己拟诸山水画中的人物，作种种幽邈的遐想"实际上是伴随着"不肯就睡"的动作发生的，因此放在后面，处理成现在分词作伴随状语。

以上均为原文无须断句或可以不断句的情况。但有些时候，我们实在无法在原文中抽出一个主结构，或原文太长，话题转换或主语转换很明显，这时便可以将原文的长句断开，再各自抽出主结构进行处理。如：

❻ 同时，中国仍然面临严峻的贫困形势，面对的都是贫中之贫、坚中之坚，// 减贫进入啃硬骨头、攻坚拔寨的冲刺阶段，// 采用常规思路和办法、按部就班推进难以完成任务，// 必须以更大的决心、更明确的思路、更精准的举措、超常规的力度，众志成城实现脱贫攻坚目标。

本句便可以根据话题变换进行断句。断句时，先要分清楚原文讲了哪几件事，随后便可具体分析每个小句子中的修饰成分，具体分析如下：

> 汉译英长句四步法：
> 1. 是否需要断句？　是
> 2. 每句的主结构是什么？　3. 如何分析修饰成分？
>   (1) 中国仍然面临严峻的贫困形势。
>   ①为什么？（因为）面对的都是贫中之贫、坚中之坚
>   (2) 减贫进入冲刺阶段。
>   ①什么样的冲刺阶段？啃硬骨头、攻坚拔寨的（冲刺阶段）
>   (3) 难以完成任务。
>   ①怎样难以完成任务？采用常规思路和办法、按部就班推进
>   (4) 众志成城。
>   ①如何实现？以更大的……超常规的力度
>   ②为什么要众志成城？（为了）实现脱贫攻坚目标
> 4. 选择表达：注意选词和搭配
>   (1) "贫中之贫、坚中之坚"如何处理？需要直译吗？
>   (2) "冲刺阶段"如何处理？能直译吗？
>   (3) "啃硬骨头、攻坚拔寨的"如何处理？需要直译吗？

分析后，本句可译为：

But the country still faced a daunting challenge since it had to solve the most difficult problems in raising the poorest population out of poverty in the coming period. China's battle against extreme poverty had entered the toughest stage. It was hard to complete the task with conventional approaches and ideas. To achieve the goal of poverty alleviation, the nation had to pull together with greater determination, sharper thinking, more targeted measures, and extraordinary efforts.

本句中，话题变换比较明显，各个话题之间的主语变换也比较明显，因此在话题、主语均有所变换的时候，可以将长句断为短句。

有时原文的主语并没有变换，只是因为句子太长，连成长句不容易被读者理解，此时也可以选择在话题变换处断句，如：

❼ ①脱贫攻坚战取得全面胜利，②创造了中国减贫史乃至人类减贫史上的伟大奇迹，//③极大增强了中华民族的自信心自豪感和凝聚力向心力，//④极大增强了中国人民的道路自信、理论自信、制度自信、文化自信、⑤极大增强了中国人民创造更加美好生活的信心和底气。

本句便可以根据话题变换进行断句，并对每个小句子加以分析：

汉译英长句四步法：

1. 是否需要断句？ 　是　

2. 每句的主结构是什么？　3. 如何分析修饰成分？

（1）脱贫攻坚战取得全面胜利，创造了伟大奇迹。

　　①什么方面的奇迹？ 中国减贫史乃至人类减贫史上

（2）（它）极大增强了自信心自豪感和凝聚力向心力。

　　①谁的这些自信心……向心力？ 中华民族的

（3）（它）极大增强了道路自信……文化自信。

　　①谁的这些……自信？ 中国人民的

（4）（它）极大增强了信心和底气。

　　①怎样的信心和底气？ 中国人民创造更加美好生活的

4. 选择表达：注意选词和搭配

分句③、④、⑤的主语与分句②的主语一致，可增补代词指代。本句可译为：

Our complete victory over extreme poverty is an outstanding achievement in the history of both China and humanity. // It has reinforced the Chinese nation's self-belief and its sense of pride, cohesiveness and affinity. // It has strengthened the people's confidence in the path, theory, system, and culture of socialism with Chinese characteristics, and given them trust in their ability to build a better life.

当然，如果不断句，直接用 Our complete victory over extreme poverty 和后面的谓语译成一句也不是不可以，只是这样的句子略长，不便于阅读和理解。参考译文选择将后两个动词并列成句，前面断开，可以有效避免这个问题。同时要注意，原文重复了好几个"增强"，英译时要注意变换用词。

❽ ①中国消除绝对贫困的成功实践和宝贵经验，②深化了对人类减贫规律的认识，③丰富发展了人类反贫困理论，④提振了各国特别是广大发展中国家消除绝对贫困的信心，// ⑤为其他国家选择适合自己的减贫发展道路提供了参考和借鉴，⑥为破解现代国家治理难题、开辟人类社会发展更加光明的前景提供了中国方案。

本例一共六个小分句，已经很长了。从内容上来看，分句②、③、④是"消除绝对贫困的实践和经验"这件事的作用，分句⑤、⑥是这件事的意义。从构句形式上来看，分句②、③、

④采用了并列动词的方式，而分句⑤、⑥都是"为……提供"的句式。因此可以在分句⑤前将句子断开，以免句子过长，不好理解。

于是分析如下：

> 汉译英长句四步法：
> 1. 是否需要断句？ 是
> 2. 每句的主结构是什么？ 3. 如何分析修饰成分？
>   （1）实践和经验深化……，丰富发展……，提振……
>   ①什么方面的实践和经验？中国消除绝对贫困的成功（实践）和宝贵（经验）
>   （2）（这些实践和经验）提供了参考和借鉴，提供了中国方案。
>   ①给谁的参考和借鉴？其他国家
>   ②怎样的参考和借鉴？选择适合自己的减贫发展道路
>   ③给什么提供了中国方案？破解现代国家治理难题、开辟人类社会发展更加光明的前景
> 4. 选择表达：注意选词和搭配

本句可译为：
China's successful practice and valuable experience in eliminating extreme poverty have deepened human understanding of poverty alleviation trends, enriched and extended the theory of international poverty alleviation, and boosted the confidence of other countries, especially developing ones, in eradicating extreme poverty. They serve as reference for other countries to choose a suitable path of poverty alleviation, and offer China's approach to solving the problem of modern national governance and creating brighter prospects for social progress.

当然，这类长句的逻辑结构分析方式不止一种，断句方式也不止一种。只要译者所选逻辑能恰当译出原文内容，表达原文逻辑，就都是可取的。例如：

❾ ①21世纪以来，②中国政府全面深化交通运输改革，③加快建设现代综合交通运输体系，不断提升交通运输行业治理体系和治理能力现代化水平，④交通运输进入了各种运输方式交汇融合、统筹发展的新阶段。

译文①：Since the start of the 21st century, the Chinese government has furthered the reform in transport, built a modernized comprehensive transport system, improved the management system, and modernized management capacity in transport, **bringing** China's transport to a new stage that incorporates multiple modes of transport and promotes their coordinated development.

译文②：Since the start of the 21st century, **the Chinese government has deepened** the reform in transport, **accelerated** the construction of a modernized comprehensive transport system, **improved** the management system, **and given** a powerful boost to modernizing the management capacity in transport. **As a result, China's transport has stepped into** a new stage that incorporates multiple modes of transport and promotes their coordinated development.

本句的两个译文都是可取的。译文①选择将"交通运输进入了……新阶段"处理成结果状语，用分词结构表示，不断句。译文②选择在分句④处断句，用 As a result 连接上文，表示后面内容为前面几个措施的结果，也是可以的。

最后我们来看一个可以用多种方式处理的长句。

⑩ ①中国积极参与世界粮食安全治理，②加强国际交流与合作，③坚定维护多边贸易体系，④落实联合国 2030 年可持续发展议程，// ⑤为维护世界粮食安全、促进共同发展作出了积极贡献。

本句整体上是"论点 + 论据 + 总结"的逻辑，分句⑤可以看作对前文的总结。

首先来看断句如何处理。若断句，则可以在分句⑤前断句。但断句之后，里面的逻辑也可以有不同处理办法。分析方式一：

汉译英长句四步法：

1. 是否需要断句？ __是__

2. 每句的主结构是什么？ 3. 如何分析修饰成分？

　(1) 中国积极参与世界粮食安全治理。_____

　　①怎么做的？加强……合作，坚定……体系，落实……议程

　(2)（中国）作出了积极贡献。_____

　　①为什么作贡献？为维护世界粮食安全、促进共同发展

4. 选择表达：注意选词和搭配

　(1) 注意断句后是否需要连接词表示上下文逻辑

　(2) 联合国 2030 年可持续发展议程：the United Nations 2030 Agenda for Sustainable Development

如果依照这个逻辑，本句可译为：

译文①：China has been an active part of global food security governance, enhancing international exchanges and cooperation, supporting the multilateral trade system, and implementing the United Nations 2030 Agenda for Sustainable Development. In this sense, China has made a positive contribution to improving global food security and promoting common development.

当然，我们也可以不采用这个逻辑。接下来看分析方式二：

汉译英长句四步法：

1. 是否需要断句？　是

2. 每句的主结构是什么？　3. 如何分析修饰成分？

　　(1) 中国加强……，维护……，落实……
　　　　①怎么做的？（通过）积极参与世界粮食安全治理
　　(2)（中国）作出了积极贡献。
　　　　①为什么作贡献？为维护世界粮食安全、促进共同发展

4. 选择表达：注意选词和搭配

如果依照这个逻辑，本句可译为：

译文②：Being an active part of global food security governance, China has been enhancing its international exchanges and cooperation, supporting the multilateral trade system, and implementing the United Nations 2030 Agenda for Sustainable Development. In this sense, China has made a positive contribution to improving global food security and promoting common development.

当然，也可以选择不断句，直接将分句⑤处理成结果状语。具体看分析方式三：

汉译英长句四步法：

1. 是否需要断句？　否

2. 主结构是什么？　中国加强……，维护……，落实……

3. 哪些是修饰成分？

　　(1) 怎么做的？（通过）积极参与世界粮食安全治理
　　(2) 带来什么结果？作出了积极贡献
　　(3) 为什么作贡献？为维护世界粮食安全、促进共同发展

4. 选择表达：注意选词和搭配

如果依照这个逻辑，本句可译为：

译文③：Being an active part of global food security governance, China has been enhancing its international exchanges and cooperation, supporting the multilateral trade system, and implementing the United Nations 2030 Agenda for Sustainable Development, making a positive contribution to improving global food security and promoting common development.

但请注意，若将分句⑤处理成结果状语，其对上文的总结意味便不强了。究竟要采取哪种形式进行处理，还是要结合上下文语境决定。

综上所述，汉译英长句，最重要的便是将汉语的流水句转换为英文的主谓句，通过断句分开层次，通过分析修饰性结构去处理原文的次要成分，最后注意选词和搭配，这样才能产出忠实通顺、明白晓畅的译文。

第七章　古文的翻译

看完了现代汉语的翻译，我们最后来看看古汉语的翻译。近年来，古文也慢慢进入了一些院校，尤其是综合院校的选题范围，让大家惊呼"什么鬼"。其实，在 MTI 考试中，对古汉语的翻译要求没有那么高，宗旨只有两个字——达意。本章我们便从这个角度来探讨一下古汉语的翻译。

一、古汉语与现代汉语

在古汉语翻译的过程中，大部分同学遇到的第一道坎并不是英文不会写，而是中文看不懂。所以咱们先来上一节"语文课"，来看看我们究竟为什么"看不懂"古汉语。

1. 古汉语的特点

首先，来了解一下古汉语的特点。

(1) 一词多义

古文的一词多义现象比现代汉语更为常见，因此文章看起来更为"精简"，自然也有点"晦涩"。例如"兵"这个字，在古汉语里就有以下几种常见解释。

①〈名〉兵器；武器。

《殽之战》："束载、厉兵、秣马矣。"

②〈名〉军队；士兵。

《谋攻》："不战而屈人之兵。"

③〈名〉战争；军事；军备。

《论积贮疏》："兵旱相乘，天下大屈，有勇力者聚徒而衡击。"

④〈名〉战略。

《谋攻》："故上兵伐谋。其次伐交，其次伐兵，其下攻城。"

这类一词多义现象在古汉语中十分常见，需要我们平时着重积累。可以多查阅古汉语字典，如《古汉语常用字字典》《简明古汉语字典》等。

(2) 多词同义

古汉语的表达还十分"多变"，很多词都可以表达同样的含义。如现代汉语里的"都"，古汉语中可以用"皆、悉、举、咸"等词来表达，如：

《兰亭集序》："群贤毕至，少长咸集。"

《桃花源记》："其中往来种作，男女衣着，悉如外人。"

以上两例中的"咸""悉",均作"都"讲。再如现代汉语里的"假如",古汉语中可用"如、若、苟、使、令、设、即"等词来表达,如:

《芙蓉楼送辛渐》:"洛阳亲友如相问。"

《五人墓碑记》:"令五人者保其首领,以老于户牖之下……"

本例中的"如""令"均作"假如、假使"讲。"洛阳亲友如相问"的含义大家应该比较熟悉,这里不再赘述。"令五人者保其首领,以老于户牖之下"出自《五人墓碑记》,意为"假使让这五个人保全性命,在家中一直生活到老……"。

类似的例子还有很多,这里不一一列举。阅读古文时,要注意这类多词同义的现象。

(3) 普用虚词

与现代汉语不同,古汉语中虚词的使用更为普遍,这些虚词大多没有什么含义,只是用作发语词、凑语词,如:

《西游记》:"盖闻天地之数,有十二万九千六百岁为一元。"

《周南·汉广》:"南有乔木,不可休思;汉有游女,不可求思。"

"盖"便是典型的发语词,类似的还有"夫""惟"等;而"思"便是凑语词,没有什么含义,只是用来补足音韵,类似的还有"言""诸"等。

除用作发语词、凑语词外,虚词还可以用作"标点",来标识文章的句读,帮助读者断句,如用于句首的"夫、惟、盖、故"等,和用于句末的"乎、哉、矣、也、焉、之"等,如:

《论语·先进》:"有民人焉,有社稷焉,何必读书,然后为学?"

《庄子·逍遥游》:"且夫水之积也不厚,则其负大舟也无力。"

此外,虚词"之"还常用作结构助词,放在主谓之间取消句子的独立性,或用作宾语前置的标志,没有什么实际含义,如:

《邹忌讽齐王纳谏》:"吾妻之美我者,私我也。"

《师说》:"句读之不知,惑之不解。"

古文使用虚词的情况比现代汉语多得多,这些虚词需要我们在阅读古文时多加注意,辨析其应用,切不可望文生义。

2. 古今汉语的区别

古汉语与现代汉语的区别显著,其中有些词可能给我们理解古汉语造成了很多困扰。接下来我们就来看一下。

(1) 同词不同义

汉语经过几千年的演变,很多词的含义都发生了变化。如:

先帝不以臣卑鄙,猥自枉屈,三顾臣于草庐之中。(《前出师表》)

这里的"卑鄙"便是一个古今异义词。在现代汉语中,"卑鄙"的含义是"品性低劣",而古汉语中的"卑鄙"要分开理解,"卑"指"出身卑微",而"鄙"指"鄙陋",且常用作谦辞。

是故弟子不必不如师,师不必贤于弟子。(《师说》)

本例中的"不必"也是一个古今异义词。在现代汉语中,"不必"是指"事理或情理上不需要",而古义中"不必"指"不一定"。

是女子不好。(《西门豹治邺》)

本例中的"不好"也是个古今异义词。在现代汉语中,"不好"就是指"坏",而古汉语中"不好"指"不美丽",其中"好"是"容貌美丽"的意思。

类似的古今异义词还有很多,这里不一一列举。但这些古今异义词对我们阅读古文造成了一定困扰,需要多加注意。

(2) 同义不同词

除古今异义词外,还有些词的含义在古汉语和现代汉语中的表达有所不同,如:

热水(今)= 汤(古)

《送东阳马生序》:"媵人持汤沃灌,以衾拥覆。"

打水(今)= 汲(古)

《过小孤山大孤山》:"江水浑浊,每汲用,皆以杏仁澄之。"

扔(今)= 抵(古)

《海瑞传》:"帝得疏,大怒,抵之地。"

以上几个例子中,同样含义的表达在古今汉语中便有所不同。"热水"在古文中用"汤"表示,"打水"在古文中用"汲"表示,而"扔"在古文中可以用"抵"表示。

(3) 语序不对等

最后一种可能会对理解古文带来影响的便是语序不对等。古汉语中常见的倒装、倒置现象有以下几种形式。

主谓倒装:甚矣,汝之不惠!(古)= 你太不聪明了!(今)

宾语前置:时不我待(古)= 时间不等我(今)

定语后置:有亭翼然临于泉上者,醉翁亭也。(古)= 有一座像鸟儿张开翅膀一样的亭子高踞在泉上,那是醉翁亭。(今)

以上常见的倒装现象,在阅读时应多加注意,将其调整成现代汉语的语序加以理解。

3. 语际翻译与语内翻译

简单说来,语际翻译是在两种或多种语言之间进行语言转换,而语内翻译是指某一语言内部为了达到某种目的进行的词句转换。在古文翻译时,因古汉语与现代汉语的差异较大,因此有必要先将古汉语转换成现代汉语，再进行英译。例如：

❶ 环滁皆山也。其西南诸峰，林壑尤美。望之蔚然而深秀者，琅琊也。（《醉翁亭记》欧阳修）

语内翻译：环绕滁州的都是山。那西南的几座山峰，树林和山谷尤其优美。一眼望去树木茂盛，又幽深又秀丽的，那是琅琊山。

语际翻译：Chuzhou is surrounded with mountains. The forests and valleys on the southwest ridge are especially beautiful. Lying in the distance, where the trees grow luxuriantly and gracefully, is the Langya Mountain.[1]

将古文译成英文时，要先结合其特点将其译成现代汉语，然后再结合中英语言转化的规则和技巧将其译成英文。

二、古文翻译的注意事项

古汉语与现代汉语毕竟不同，因此在翻译时也有些需要注意的特点。

1. 文化负载词的处理

文化负载词可以简单理解为描述某种文化中特有事物的词、词组或习语。古汉语中文化负载词数量要比现代汉语多得多，这些文化负载词在翻译的过程中，有的可以保留，有的则需要结合上下文酌情加以替换。

（1）直接保留

对于某些古汉语特有的表达，如朝代、庙号、人名、地名或者度量单位等，英译时应予以保留，如：

❷ 晋太元中，武陵人捕鱼为业。（《桃花源记》陶渊明）

东晋太元年间（公元376~396年），武陵有个人以捕鱼为生。（语内翻译）

In the years of Taiyuan of the Jin Dynasty (376-396 AD), there lived a man in Wuling Prefecture who earned his living by fishing.

本例中，"晋"指"东晋"，"太元"是东晋孝武帝司马曜的第二个年号，"武陵"是个地名。这些特殊表达在翻译时均应予以保留。

（2）酌情替换

❸ 其中往来种作，男女衣着，悉如外人。（《桃花源记》陶渊明）

人们在田野里来来往往耕种劳作。男女的穿戴，跟桃花源以外的世人完全一样。（语内翻译）

---

1. 本章译文均选自罗经国《古文观止精选（汉英对照）》一书。

In the fields the villagers were busy with farm work. Men and women were dressed like people outside.

④ 商旅不行，樯倾楫摧。(《岳阳楼记》范仲淹)

商人和旅客不能通行，船桅倒下，船桨折断。(语内翻译)

Merchants and travelers have to put off their voyage, for the masts of the ships have collapsed and their oars broken.

例 3 中，"外人"是古今异义词，现在指"没有血缘关系的人"，而这里特指"桃花源以外的世人"。例 4 的"不行"同理，这里指"不能通行"。这些表达可以在语内翻译的过程中先译成现代汉语，再酌情加以替换处理。

2. 先看懂，再翻译

除了文化负载词与古今异义词，古文翻译的其余部分与现代汉语的英译区别不大，只是需要先进行语内翻译，再进行语际翻译。不过在翻译过程中，也有几点需要我们注意。

(1) 选择恰当词义

古汉语多词同义的现象比较常见，此时应结合原文确定词义，再进行翻译，如：

⑤ 既出，得其船，便扶向路，处处志之。及郡下，诣太守，说如此。太守即遣人随其往，寻向所志，遂迷，不复得路。(《桃花源记》陶渊明)

Once out, the fisherman found his boat and rowed homeward, leaving marks all the way. When he came back to the prefecture, he reported his adventure to the prefect, who immediately sent people to find the place, with the fisherman as a guide. However, the marks he had left could no longer be found. They got lost and could not find the way.

本例中的两个"志"含义不同，"处处志之"中的"志"将名词活用为动词，是"做标记"的意思。而"寻向所志"中的"志"是名词，意为"标记"，这里与"所"连用，含义是"所做的标记"。

(2) 删除无用虚词

古文中常用虚词，这些虚词大多没有什么具体含义，可以结合上下文语境酌情删减，如：

⑥ 若夫淫雨霏霏，连月不开……(《岳阳楼记》范仲淹)

In the rainy season, an unbroken spell of wet weather lasts for months.

⑦ 归去来兮，请息交以绝游。(《归去来辞》陶渊明)

Going home! I will cut off all human relations.

⑧ 醉翁之意不在酒，在乎山水之间也。(《醉翁亭记》欧阳修)

The drinker's heart is not in the cup, but in the mountains and waters.

以上几例中，例 6 的"若夫"是个发语词，有点类似于"像那"，这里可以直接删掉；例 7 中的"兮"是个语气助词，用作词缀来补足音节，也可以删掉；例 8 中的"乎"相当于"于"，这里与前后文连在一起，译成 in the mountains and waters，而最后的"也"是句末语气助词，表示判断语气，可以不译。

（3）恰当调整语序

最后便是语序。古文中常见倒装语序，这类句式在翻译时应先转换成正常语序，再进行语内翻译，最后译成英文，如：

❾ 孔子云："何陋之有？"（《陋室铭》刘禹锡）

孔子云："有何陋之？"（调整语序）

孔子说："有什么简陋的呢？"（语内翻译）

Confucius once said, "How could we call a room humble as long as there is a virtuous man in it?"

本例将宾语"何陋"前置，翻译时应将其调整为正常语序，其中的"之"是个语气助词，是宾语前置的标志，同时也表示强烈的反问语气，可以不译。

❿ 有亭翼然临于泉上者，醉翁亭也。（《醉翁亭记》欧阳修）

有翼然亭临于泉上者，醉翁亭也。（调整语序）

有一座像鸟儿张开翅膀一样的亭子高踞在泉上，那是醉翁亭。（语内翻译）

Above the spring rests a pavilion perching aloft like a bird with wings outstretched. This is the Pavilion of the Drunken Old Man.

本例中，"有亭翼然临于泉上"是定语后置句，翻译时应将其调整为正常语序，即"有翼然亭临于泉上"。本例中的"醉翁亭"没有直接音译，而是选择了意译，因为原文中介绍了亭子名字的由来："名之者谁？太守自谓也。"为了突出这里是欧阳修用自己的别号"醉翁"来命名，译者将亭子的名字意译出来。这样可以前后照应，也可以突出作者将亭子命名为"醉翁亭"的心境。

综上所述，古汉语的重点在于理解，只要能够正确理解原文，就可以使用之前讲过的各种翻译技巧将其译成恰当的英文。

▶ MTI翻硕书课包系列

MTI翻硕书课包

3周搞定翻译技巧

同步练　乔迪 ◎ 编著

北京理工大学出版社
BEIJING INSTITUTE OF TECHNOLOGY PRESS

版权专有　侵权必究

图书在版编目（CIP）数据

MTI 翻硕书课包：3 周搞定翻译技巧．同步练 / 乔迪编著．－－北京：北京理工大学出版社，2023.6
ISBN 978－7－5763－2406－8

Ⅰ.①M… Ⅱ.①乔… Ⅲ.①英语－翻译 Ⅳ.①H315.9

中国国家版本馆 CIP 数据核字（2023）第 093218 号

出版发行 /	北京理工大学出版社有限责任公司
社　　址 /	北京市海淀区中关村南大街 5 号
邮　　编 /	100081
电　　话 /	（010）68914775（总编室）
	（010）82562903（教材售后服务热线）
	（010）68944723（其他图书服务热线）
网　　址 /	http://www.bitpress.com.cn
经　　销 /	全国各地新华书店
印　　刷 /	三河市良远印务有限公司
开　　本 /	787 毫米 × 1092 毫米　1/16
印　　张 /	3.5
字　　数 /	87 千字
版　　次 /	2023 年 6 月第 1 版　2023 年 6 月第 1 次印刷
定　　价 /	56.80 元（全 2 册）

责任编辑 / 武丽娟
文案编辑 / 武丽娟
责任校对 / 刘亚男
责任印制 / 李志强

图书出现印装质量问题，请拨打售后服务热线，本社负责调换

目 录

● 第一部分 中英语言差异

思维导图 1

● 第二部分 英译汉

思维导图 5
第一章　词义的选择与引申 9
第二章　词类转译 14
第三章　增译与减译 16
第四章　重复与反面着笔 19
第五章　从句的处理 20
第六章　长句与润色 25

● 第三部分 汉译英

思维导图 30
第一章　理解词义与增减译 33
第二章　分合句与选主谓 36
第三章　确定修饰成分 39
第四章　并列与主从 41
第五章　成语与修辞 44
第六章　长难句的处理 46
第七章　古文的翻译 48

第一部分　中英语言差异

思维导图

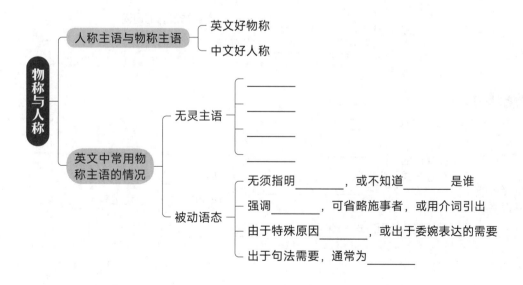

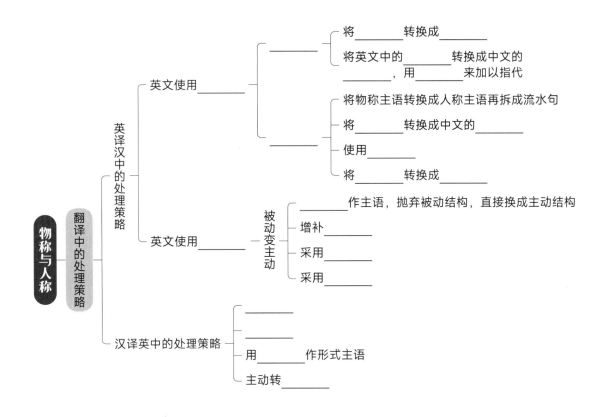

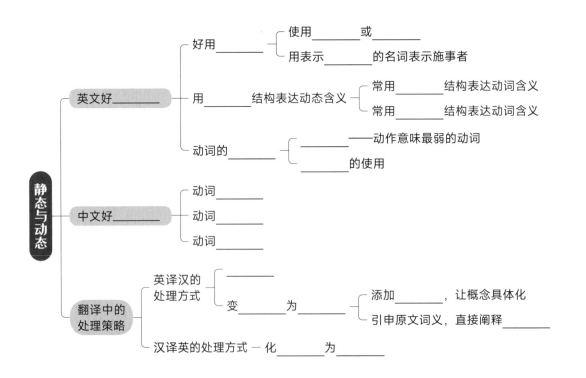

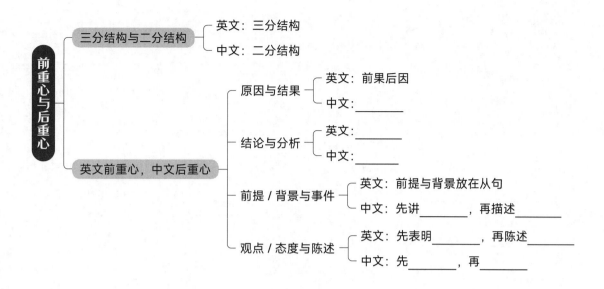

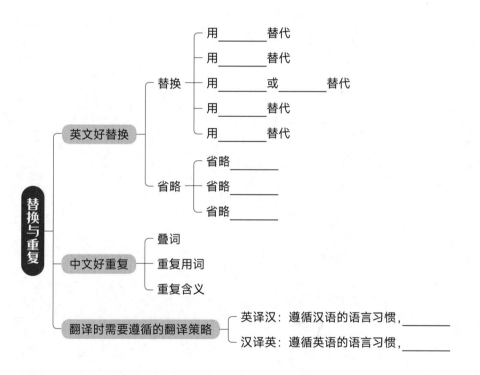

第二部分　英译汉

思维导图

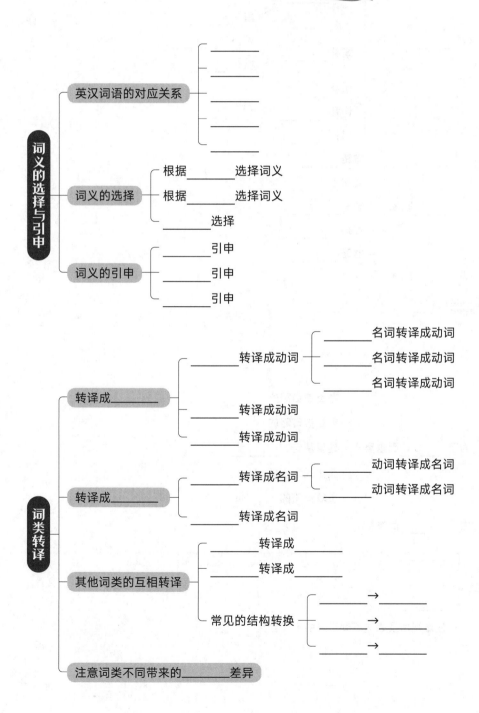

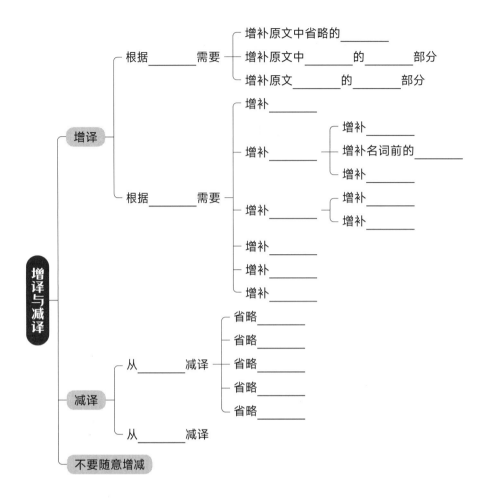

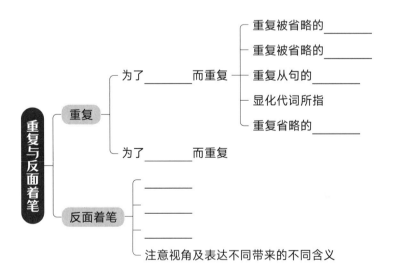

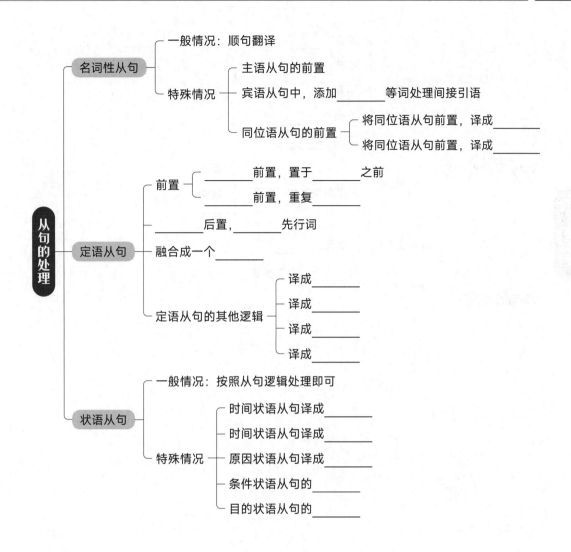

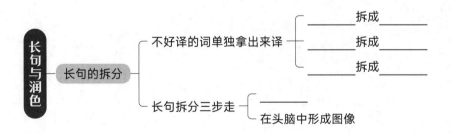

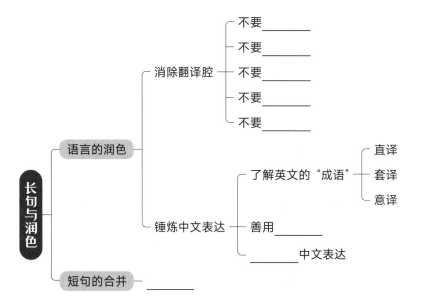

第一章　词义的选择与引申

练习题

1 翻译下列句子，注意根据词性恰当译出加粗词的含义。

(1) These glasses suit people with **round** faces. (adj.)

(2) Make it a **round** figure, let's say, forty dollars. (adj.)

(3) They've built a high fence all **round** to keep intruders out. (adv.)

(4) She looked **round** at the sound of his voice. (adv.)

(5) If the voting goes to a second **round**, Ali's camp hope that some of Blatter's supporters will cross the floor. (n.)

(6) The doctors were on their daily ward **rounds**. (n.)

(7) She put her arms **round** him. (prep.)

(8) She looked all **round** the room and finally stared at one corner. (prep.)

(9) She **rounded** her lips and whistled. (v.)

(10) We **rounded** the bend at high speed. (v.)

(11) She **rounded** off the tour with a concert at Carnegie Hall. (v.)

(12) Others **rounded** on the British government, arguing that it needed to focus on its own challenges. (v.)

2 翻译下列句子，注意根据上下文恰当译出加粗词的含义。

fine

(1) Undeniably, she gave a **fine** performance in *The Iron Lady.*

(2) I was feeling **fine** when I got up this morning.

(3) He's a **fine**-looking lad, very bright.

(4) She has inherited her mother's **fine** features.

(5) You really need a magnifying glass to appreciate all the **fine** detail.

(6) His speech was full of **fine** words which meant nothing.

last

(1) We caught the **last** bus home.

(2) He knew this was his **last** hope of winning.

(3) What's the **last** book that made you laugh out loud?

(4) It has been 20 years since England's women **last** won the game.

(5) He's the **last** person I'd trust with a secret.

(6) He came **last** in the race.

(7) This weather won't **last**.

(8) We spent every **last** penny we had on the house.

(9) Some 35 years on, it seems Amos will have the **last** laugh.

(10) These apartments are the **last** word in luxury.

3 翻译下列句子，注意恰当引申加粗词的含义。

(1) Polish folk motifs thread through some of Chopin's finest **pieces**.（具象化）

(2) If digital cash becomes so easy to use, people would stop using **the green stuff**.（具象化）

(3) Mary gets **stars** in her eyes whenever she thinks of her husband.（抽象化）

(4) Security chiefs **cry wolf** over a "likely" attack every few months, whenever they feel short of a headline.（抽象化）

(5) His brown hair was **salted** with white now.

(6) There's also a complicated **dance** of small talk that newcomers had to learn to avoid **confusion** in the office.

4 翻译下列句子，注意加粗词褒贬义的选择。

(1) This college has a good academic **reputation**.

(2) Unfortunately, he's got a certain **reputation**.

(3) The army quickly crushed the **revolt**.

(4) The people rose in **revolt**.

(5) The local clubs are making every **effort** to interest more young people.

(6) To the contrary, what we have seen is a redoubling of his **efforts** to destroy others' achievements.

参考译文

1 翻译下列句子，注意根据词性恰当译出加粗词的含义。

(1) 这款眼镜适合脸圆的人。

(2) 凑个整数，就四十美元吧。

(3) 他们在四周修了很高的篱笆防止外人进入。

(4) 一听到他的声音，她立刻回过头来。

(5) 如果投票进入第二轮，阿里方面希望布拉特的一些支持者能反过来支持自己。

(6) 医生们照例在查房。

(7) 她张开双臂搂住他。

(8) 她四下打量了一下房间，最后盯着一个角落。

(9) 她撮起嘴唇吹口哨。

(10) 我们高速驶过这段弯路。

(11) 她在卡内基大厅举行一场音乐会，以此圆满结束了她的巡回演出。

(12) 其他人则抨击英国政府，称其应专注于英国自身面临的问题。

2 翻译下列句子，注意根据上下文恰当译出加粗词的含义。

fine

(1) 毫无疑问，她在《铁娘子》中的演出十分精彩。

(2) 今早起床时，我感觉很舒服。

(3) 他是个帅气的小伙子，非常阳光。

(4) 她遗传了她母亲的清秀面容。

(5) 你确实需要放大镜才能欣赏到所有细微之处。

(6) 他的演讲华而不实。

last

(1) 我们赶上了回家的末班车。

(2) 他知道这是他获胜的最后机会。

(3) 上一本让你开怀大笑的书是什么?

(4) 距离英格兰女足上一次赢得比赛已经过去 20 年。

(5) 我要是有什么秘密，告诉谁也不能告诉他。

(6) 这次赛跑他得了最后一名。

(7) 这种天气持续不了多久。

(8) 我们把所有的钱都花在房子上了。

(9) 差不多 35 年过去了，看起来是阿莫斯会笑到最后。

(10) 这些公寓最豪华。

3 翻译下列句子，注意恰当引申加粗词的含义。

(1) 肖邦的许多名曲佳作中，都贯穿着波兰民间音乐因素。

(2) 要是使用数字货币变得如此容易，人们就会停止使用纸币。

(3) 每当想起丈夫，玛丽的眼里就充满了幸福。

(4) 只要安保部门的负责人们觉得缺头条了，就每隔几个月谎报一次军情，说"有可能"会发生袭击事件。

(5) 他棕色的头发现已泛白。

(6) 职场新手若不想在办公室里手足无措，还得学会一套复杂的闲聊招式。

4 翻译下列句子，注意加粗词褒贬义的选择。

(1) 这所大学拥有良好的学术声誉。

(2) 不幸的是，他有了这么个名声。

(3) 军队很快镇压了叛乱。

(4) 人民奋起反抗。

(5) 地方俱乐部正在尽一切努力来吸引更多的年轻人。

(6) 相反，我们看到的是他变本加厉，想要彻底摧毁他人成果。

第二章 词类转译

练习题

1 翻译下列句子，注意将加粗词转译为动词。

(1) He had surfaced with less **visibility** in the policy decisions.

(2) It was his first public **appearance** since the election.

(3) She declined the offer with a **wave** of her hand.

(4) Sleep seems like a perfectly fine **waste** of time.

(5) He has been a **loner** since he lost his job.

(6) The biggest industrial **emitters** of carbon dioxide are cement, steel and chemicals.

(7) He came to me **for** advice.

(8) The plane flied straight ahead, **across** the bridge and **over** the harbour.

(9) He's **ignorant** about modern technology.

(10) A car drove **up** and he got in.

2 翻译下列句子，注意将加粗词转译为名词。

(1) His food **exemplifies** Italian cooking.

(2) His speech **impressed** us a lot.

(3) A well-dressed man, who **walked** and **talked** like an American, got into the car.

(4) They were always expected to do the **impossible**.

(5) I felt **physically** sick before the exam.

(6) The waste is safely locked away until it is no longer **radioactive**.

3 翻译下列句子，注意恰当转译加粗词的含义。

(1) Critical thinking is an **absolute necessity** in doing research.

(2) Earthquakes are **closely related** to faulting.

(3) She seems **favourably disposed** to this project.

(4) The **average American** eats about 17 teaspoons of added sugar a day.

(5) Economists also point to **weakening demand** caused by Japan's aging population.

(6) The thief made a **trembling confession** of his wrongdoing.

参考译文

1 翻译下列句子，注意将加粗词转译为动词。

(1) 他在决策过程中已不怎么出面。
(2) 这是他自大选以来首次公开亮相。
(3) 她摆摆手，谢绝了这一提议。
(4) 睡觉似乎完全是在浪费时间。
(5) 他失业以后就不太合群了。
(6) 水泥、钢铁和化工产业排放的二氧化碳最多。
(7) 他来向我征求意见。

(8) 飞机笔直向前，越过桥梁，飞过港口。

(9) 他对现代科技一无所知。

(10) 一辆汽车开过来，他就上了车。

2 翻译下列句子，注意将加粗词转译为名词。

(1) 他的菜肴是意大利烹饪的典型代表。

(2) 他的演讲给我们留下了深刻印象。

(3) 一个穿着讲究的人上了车，他的举止和谈吐都像是个美国人。

(4) 人们总想让他们去做那些不可能的事情。

(5) 考试前，我感到身体不适。

(6) 废料会被安全封存起来，一直存放到其不再具有放射性为止。

3 翻译下列句子，注意恰当转译加粗词的含义。

(1) 要想做研究，批判性思维必不可少。

(2) 地震与地层断裂有着密切关系。

(3) 她似乎对这个项目持赞同态度。

(4) 美国人平均每天摄入约 17 茶匙添加糖。

(5) 经济学家还提到由日本人口老龄化导致的需求疲软。

(6) 小偷战战兢兢地承认了自己的罪行。

第三章　增译与减译

练习题

1 翻译下列句子，注意恰当增译。

(1) He fell hard on the substation roof, hurting an ankle.

(2) Mother insisted to this day that she thought I was joking.

(3) The mountains began to throw their long blue shadows over the valley.

(4) A seagull saw the light from my window and darted up to it.

(5) There were no speeches, no foreign diplomats, no "ordinary Chinese" with paper flags and bouquets of flowers.

(6) Art should express the energy of nature and personal feeling rather than simply representing nature.

(7) A scientist constantly tried to defeat his hypotheses, his theories, and his conclusion.

(8) They talked about inflation, unemployment and environmental pollution.

(9) For instance, for high warming scenarios, experts predict land-gobbling sea-level rise, worsening storms, more frequent droughts and floods, species loss and disease spread.

(10) Arguing from the view that humans are different from animals in every respect, extremists of this kind think that animals lie outside the area of moral choice.

2 翻译下列句子，注意恰当减译。

(1) He put up his hand in a salute.

(2) It was not until last year that China unseated Japan as Australia's biggest trading partner.

(3) The moon was slowly rising above the sea.

(4) The second floor dining room is gloomy and stuffy.

(5) I did it because he told me to.

(6) Outside it was pitch dark and it was raining cats and dogs.

(7) When the pressure gets low, the boiling point becomes low.

(8) The difference between the two machines consists in power.

参考译文

1　翻译下列句子，注意恰当增译。

(1) 他重重地摔在变电站的屋顶上，摔伤了脚踝。

(2) 时至今日，妈妈依旧坚称，她当时觉得我不过是在开玩笑罢了。

(3) 群山已开始在山谷里投下蔚蓝色的长影。

(4) 一只海鸥瞧见我窗子里透出的光，一下子扑了过去。

(5) 没有讲话发表，没有各国外交官到场，也没有"中国老百姓"挥舞纸旗、花束的场面。

(6) 艺术不应只描摹自然，而应表现自然活力，抒发个人情感。

(7) 科学家经常设法否定自己的假设，推翻自己的理论，放弃自己的结论。

(8) 他们谈到了通货膨胀、失业及环境污染等问题。

(9) 例如，专家预测，在高温情况下，海平面会升高，陆地会被海水吞噬，暴风雨将更加严重，干旱和洪水也会更加频繁，物种出现灭绝，疾病开始肆虐。

(10) 这类极端主义者认为人与动物在各个方面均不相同，因此在对待动物时无须考虑道德问题。

2　翻译下列句子，注意恰当减译。

(1) 他举手致意。

(2) 直到去年，中国才取代日本成为澳大利亚最大的贸易伙伴。

(3) 月亮慢慢从海面上升起。

(4) 二楼餐厅昏暗闷热。

(5) 是他吩咐我，我才做的。

(6) 外面漆黑一片，大雨倾盆。

(7) 气压低，沸点就低。

(8) 这两台机器的差别就在于功率不同。

第四章 重复与反面着笔

练习题

1 翻译下列句子，注意恰当重复。

(1) We should learn how to analyze and solve problems.

(2) The prisoners often got into argument with each other or with the guard.

(3) People forget your face first, then your name.

(4) But ignoring a problem does not mean solving it.

(5) When the van finally stops, we are parked at a dock, where a large motor yacht is moored.

(6) We see, therefore, how the modern bourgeoisie is itself the product of a long course of development, of a series of revolutions in the modes of production and of exchange.

2 翻译下列句子，注意使用反面着笔的技巧。

(1) Your explanation is beyond me.

(2) He arrived breathless at the top of the stairs.

(3) Haste makes waste.

(4) I'm wiser than to believe what you call money talks.

(5) Both sides thought that the peace proposal was one they could accept with dignity.

(6) Few things are impossible in themselves, and it is often for want of will, rather than of means, that men fail of success.

参考译文

1 **翻译下列句子，注意恰当重复。**

(1) 我们应该学会分析问题，解决问题。

(2) 囚犯们经常内讧，也会同看守争吵。

(3) 人们总是先忘了你的脸，再忘了你的名字。

(4) 但忽视问题并不代表解决问题。

(5) 面包车终于停了下来，停在一个码头上，码头上泊着一艘大游艇。

(6) 由此可见，现代资产阶级本身是长期发展过程的产物，是一系列生产方式与交换方式变革的产物。

2 **翻译下列句子，注意使用反面着笔的技巧。**

(1) 我听不懂你的解释。

(2) 他爬上楼梯顶，气喘吁吁。

(3) 欲速则不达。

(4) 我才不至于蠢到相信你所说的金钱万能论呢。

(5) 双方都认为可以不失体面地接受这个和平方案。

(6) 事情很少有做不成的，之所以做不成，与其说是条件不够，不如说是因为缺乏决心。

第五章　从句的处理

练习题

1 **翻译下列句子，注意名词性从句的处理。**

(1) What has happened is no surprise to us. We all know well enough what he is.

(2) It is obvious that a majority of the president's advisers still don't take global warming seriously.

_____

(3) It dawned upon me that there is a logical connection between all things that happen on this earth.

_____

(4) It never occurred to me that I might become a part of a new international trend.

_____

(5) She had explained that interviews were the only way to keep the case in public consciousness.

_____

(6) He seemed to take it for granted that he should speak as a representative.

_____

(7) First of all, I want to make it clear that I am not against the space program.

_____

(8) He has proven the theory that while English actors have many virtues, the thought process is not necessarily one of them.

_____

(9) The rumor that he was a thief turned out to be untrue.

_____

(10) But I knew I couldn't trust him. There was always the possibility that he was a liar.

_____

2 翻译下列句子，注意定语从句的处理。

(1) The people who worked for him lived in mortal fear of him.

_____

(2) He said that this was a good suggestion, which he would look into.

_____

(3) Copa-Cogeca, which represents European agricultural trade unions and cooperatives, also criticized the changes.

_____

(4) Several cases have been reported in Russia recently of people who can read and detect colors with their fingers, and even see through solid doors and walls.

(5) Those who sacrifice themselves for the people's cause are the real heroes of history.

(6) He made the sound of sympathy which comes so readily from those who have an independent income.

(7) A rambling though dilapidated farmstead called Hougoumont, which was crucial to the battles outcome, is being painstakingly restored as an educational center.

(8) Anyone who thinks that rational knowledge need not be derived from perceptual knowledge is an idealist.

(9) He wishes to write an article that will attract public attention to the matter.

(10) Guido Rossi, who took over as Telecom Italia's chairman on September 15th following the surprise resignation of Marco Tronchetti Provera, has stood out from the Italian business crowd for more than three decades.

(11) Changes in the economy that lead to fewer job opportunities for youth and rising unemployment in general make gainful employment increasingly difficult to obtain.

3 翻译下列句子，注意状语从句的处理。

(1) It took a few months of investigation before it became clear.

(2) Please turn off the light when you leave the room.

(3) Happy as they were, there was something missing.

(4) If the negotiations between the two nations make headway, it is intended that a ministerial session in December should be arranged.

(5) No matter where people go and how far they go, they will go back home enjoying family time during the Spring Festival.

(6) He fell down when he ran fast to meet her.

(7) The murderer ran away as fast as he could, so that he might not be caught red-handed.

(8) Perhaps because most of today's cross-cultural marriages occur because of "true love", these couples work hard to overcome their differences.

(9) The mineral elements from the soil that are usable by the plant must be dissolved in the soil solution before they can be taken into the root.

(10) Be it ever so humble, there is no place like home.

参考译文

1 翻译下列句子，注意名词性从句的处理。

(1) 这事儿在我们看来没什么稀奇的，我们都知道他是个什么样的人。
(2) 很显然，总统周围的大多数顾问并没有认真对待全球变暖问题。
(3) 我突然明白，这个世界上发生的所有事情之间，都存在逻辑上的联系。
(4) 我从来没想到过，我可能会成为国际新趋势的一部分。
(5) 她曾解释说，参加访谈是让公众不忘却这件事的唯一办法。
(6) 对于他应该作为代表发言这件事，他似乎觉得理所应当。
(7) 首先，我要表明的是，我并不反对太空计划。

(8) 他证明了一个理论：尽管英国演员有很多优点，但思考不一定是其中之一。

(9) 有谣传称他是小偷，结果证明是不真实的。

(10) 但我依旧无法相信他。他是个骗子这种可能性总归还是存在的。

2 翻译下列句子，注意定语从句的处理。

(1) 在他手下工作的人对他怕得要死。

(2) 他说这是个很好的建议，他一定会好好研究。

(3) 代表欧洲农业工会和农民合作社的欧洲农业组织科帕-科杰卡（Copa-Cogeca）也不同意这次修订。

(4) 俄罗斯最近报道了几个案例，有人能用手指看书、辨识颜色，甚至能透过厚厚的门和墙看到东西。

(5) 为了人民的事业而牺牲自我的人是历史上真正的英雄。

(6) 他发出了同情的声音，像他那样有独立收入的人最容易脱口而出这种同情的声音。

(7) 乌古蒙（Hougoumont）对滑铁卢战役的成败具有举足轻重的作用。如今，人们正煞费苦心地将这座广袤而破败的农庄整修成一座教育中心。

(8) 如果以为理性认识可以不从感性认识得来，他就是一个唯心论者。

(9) 他想写一篇文章来引起公众对这件事的关注。

(10) 在马可·特隆凯蒂·普罗维拉（Marco Tronchetti Provera）9月15日突然辞职后，吉多·罗西（Guido Rossi）接任意大利电信公司董事长一职。三十年来，他都是意大利商界叱咤风云的人物。

(11) 经济上的变化让青年的就业机会减少，失业率上升，从而让人更难找到赚钱的工作。

3 翻译下列句子，注意状语从句的处理。

(1) 经过几个月的调查之后，情况才开始变得明朗。

(2) 离屋请关灯。

(3) 尽管他们很快乐，但总觉得少了点什么。

(4) 若两国之间的谈判能够取得进展，则将于12月安排召开部长级会议。

(5) 无论人们去了哪里，走了多远，他们都会在春节的时候回家与家人团聚。

(6) 他飞快地跑去见她，突然跌了一跤。

(7) 凶手跑了，有多快跑多快，免得被当场抓住。

(8) 可能是因为现在大多数跨文化婚姻都基于"真爱"，所以这些夫妇都在努力克服文化差异。

(9) 土壤里的矿物质是无法被植物直接利用的，它们只有溶于土壤溶液里之后，才能被植物的根系所吸收。

(10) 金窝银窝，不如自己的狗窝。

第六章 长句与润色

练习题

1 翻译下列句子，注意长句的拆分。

(1) A clammy and intensely cold mist, it made its slow way through the air in ripples that visibly followed and overspread one another, as the waves of an unwholesome sea might do.

(2) The number of the young people in the United States who cannot read is incredible — about one in four.

(3) Whether the government should increase the financing of pure science at the expense of technology or vice versa often depends on the issue of which is seen as the driving force.

(4) The divide between rich and poor students could hardly be more vivid than it is at U.S.C., where the children of celebrities and real estate moguls study alongside the children of nannies and dishwashers.

(5) Cambridge attracts the best students and academics because they find the University and the colleges stimulating and enjoyable places in which to live and work.

(6) The major literacy campaigns on which UNESCO's history is built, and which continue today, have thus opened up a world of opportunities for millions of men and women.

(7) They wrote that management techniques like closing some areas to fishing, restricting the use of certain fishing gear or allocating shares of the catch to individual fishermen, communities or others could allow depleted fish stocks to rebound.

2 翻译下列句子，注意长句逻辑的处理。

(1) It was an old woman, tall and shapely still, though withered by time, on whom his eyes fell when he stopped and turned.

(2) Their argument ended when she slammed the door and left without a word.

(3) That is, Greenland could start to export sand in a rare positive spinoff from global warming that is melting the island's vast ice sheet and washing large amounts of sediment into the sea.

(4) The brain got rid of its own waste, not only beta-amyloid but other metabolites, by breaking it down and recycling it at an individual cell level.

(5) WHO commends the quick and transparent actions taken by China's NDA to suspend production at the company and investigate these incidents.

3 翻译下列句子，注意避免翻译腔。

(1) The fierce light of the burning house lighted his face strongly.

(2) The decline in his income has led to a change in his lifestyle.

(3) The report noted that eating less fat and more food with whole grains and other fibers can protect against cancer.

(4) The World Bank's Doing Business project lays out the basic regulatory requirements for private initiatives to grow.

(5) Twenty thousand plants are listed by the World Health Organization as being used for therapeutic purposes.

(6) It is imagined by many that the operations of the common mind can be by no means compared with those of the scientists', and that they have to be acquired by a sort of special training.

(7) Doctors are now being warned to cut back on frequent prescriptions of antibiotics except for people who really need them, and patients are being reminded to take full course of drugs to make sure no resistant bacteria survive to breed more resistant bacteria.

4 翻译下列句子，注意将加粗部分译成中文中的四字词。

(1) Naturally, there are people **who behave like beasts, who kill, who cheat, who lie and who destroy**.

(2) The works of Expressionists should **have strong colors and shapes, be relatively direct**, **untutored** and **unplanned**.

(3) In the savage fighting, Germany itself was laid **waste**, the towns and countryside were **devastated** and **ravished**, the people **decimated**.

(4) Yes, he was certainly wonderfully **handsome**, with **his finely curved scarlet lips, his frank blue eyes, his crisp gold hair**.

(5) But his **easy, spirited good-humour**, his **genial manner**, his **handsome looks**, his natural gift of adapting himself to whomsoever he pleased, and making direct, when he cared to do it, to the main point of interest in anybody's heart, bound her to him wholly in five minutes.

参考译文

1 翻译下列句子，注意长句的拆分。

(1) 可以看得见，黏湿浓重的冷雾在空中缓缓飘过，一波接着一波，一股漫过一股，像污浊的海水泛起波浪。

(2) 大约有四分之一的美国青年没有阅读能力，这简直让人难以置信！

(3) 政府究竟是减少技术研发经费转而增加纯理论科学的经费投入，还是反而为之，往往取决于把哪一方视为社会发展的驱动力量。

(4) 在南加州大学，学生之间的贫富差距体现得再明显不过了。在这里，名人、地产大亨的子女与保姆、洗碗工的子女同窗共读。

(5) 剑桥之所以能吸引一代又一代优秀学子及教师，在于其奋发向上的学习和工作氛围及愉悦舒适的校园环境。

(6) 曾经铸就了联合国教科文组织历史的大规模扫盲运动目前依旧蓬勃发展，为数以百万计的男性女性开辟了一个充满机遇的新天地。

(7) 他们写道，在一些地区实施休渔政策，限制使用某些渔具，将捕鱼量合理分配给个体渔民、社区团体等有关各方，这样一些管理政策将有助于几近枯竭的鱼类资源得到恢复。

2 翻译下列句子，注意长句逻辑的处理。

(1) 他站住，转过身来，定睛一看，那是个年迈的妇女，尽管受岁月的折磨而显憔悴，却依旧高挑有型。

(2) 她砰地关上门，一声不吭地走了，他们之间那场争论就此结束。

(3) 由于全球变暖，格陵兰岛的巨大冰盖正在融化，大量沉积物冲入海里，由此带来了罕见的积极效应：格陵兰岛可以开始出口沙子了。

(4) 大脑可以在单个细胞水平上分解 β-淀粉样蛋白及其他代谢产物，并对其循环利用，从而实现"垃圾清理"。

(5) 中国国家药品监督管理局迅速采取行动，公开透明，勒令涉事公司停产并对事件展开调查，世卫组织对此表示赞扬。

3 翻译下列句子，注意避免翻译腔。

(1) 房子在燃烧，熊熊火光把他的脸映得通红。

(2) 他收入减少，于是改变了生活方式。

(3) 这份报告特别指出，少吃脂肪，多吃全麦食品和其他含纤维素的食物，能够预防癌症。

(4) 世界银行的营商环境报告项目为私营企业的发展制定了基本的监管要求。

(5) 世界卫生组织列出了两万种药用植物。

(6) 许多人认为，普通人的思维活动绝不可能与科学家的相比，后者的思维方式需要经过特殊训练才能掌握。

(7) 现有研究告诫医生不能再频繁开具含有抗生素的处方（病人真有需要除外）；同时也提醒病人要连续按量服药，以确保具有耐药性的细菌不会存活下来，繁殖抵抗力更强的细菌。

4 翻译下列句子，注意将加粗部分译成中文中的四字词。

(1) 当然，也有人形同禽兽，他们残杀无辜、行骗撒谎、破坏成性。

(2) 表现主义作品应当色彩鲜艳，造型鲜明，看起来相对直白、不假雕琢、随心而为。

(3) 德国全境受到了野蛮战争的洗劫，市井萧条、田野荒芜、生灵涂炭、十室九空。

(4) 是的，他确实帅得惊为天人，嘴唇绯红且线条匀称，湛蓝的眼睛清澈坦荡，一头金发卷曲柔顺。

(5) 但他举止从容，精神高涨，风趣幽默，态度亲切，仪表出众；无论什么人，只要他想讨那人的欢心，就能跟那人合得来；只要他高兴，一下子就能说到人家心坎儿里，他天生就有这样的本领。因此，只要五分钟，她就完全为他的风姿所倾倒了。

第三部分　汉译英

思维导图

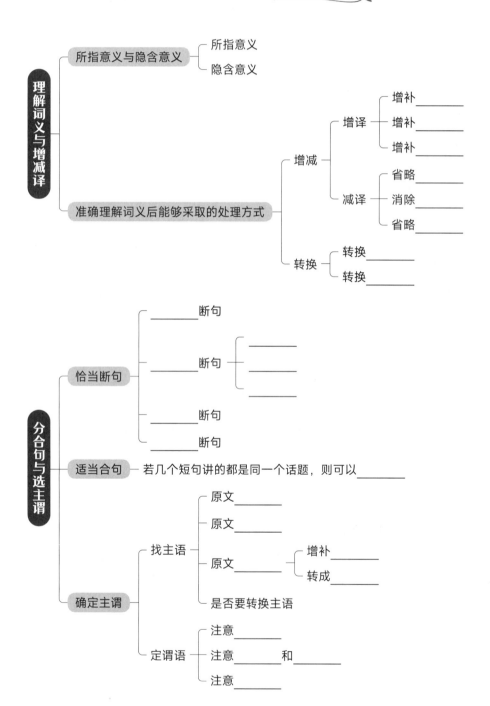

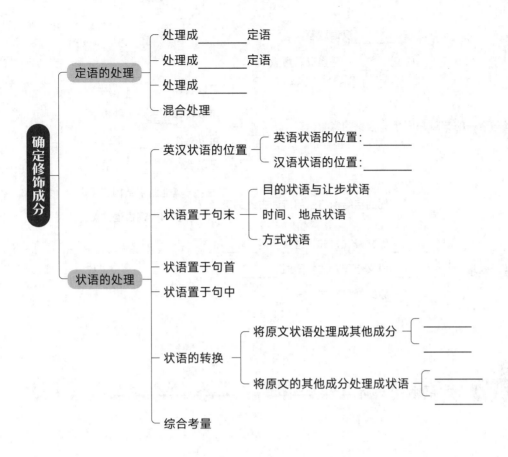

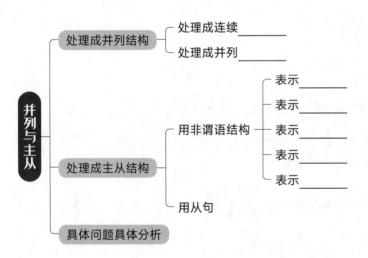

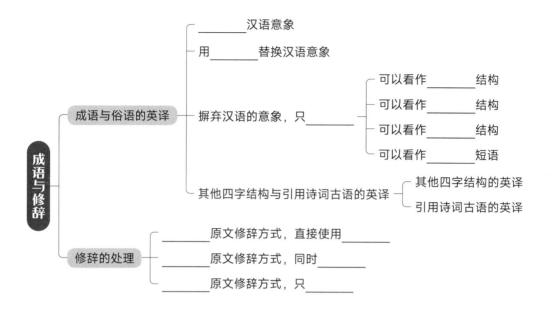

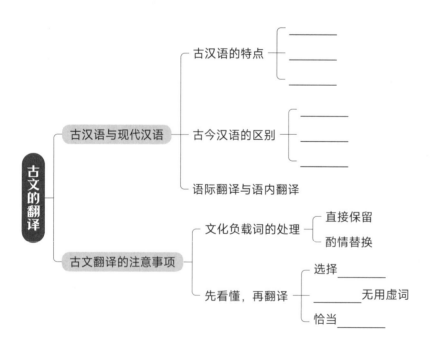

第一章　理解词义与增减译

练习题

1 翻译下列句子，注意恰当译出"运动"的含义。

(1) 运动有益身心。
_____

(2) 足球是我最喜欢的运动。
_____

(3) 我国每年都纪念"五四运动"。
_____

(4) 他们发起了一场戒烟运动。
_____

(5) 这属于运动神经疾病。
_____

2 翻译下列句子，注意恰当译出画线词的含义。

(1) 我们不仅要多写作，还要<u>努力</u>读一点历史和小说。
_____

(2) 此次会议的目的是落实十九大会议<u>精神</u>。
_____

(3) 面对前所未知、突如其来、来势汹汹的疫情天灾，中国果断打响疫情防控<u>阻击战</u>。
_____

(4) 亚洲是我们共同的家园，亚洲的和平、稳定、发展关系到亚洲各国人民的<u>共同命运</u>。
_____

(5) 二十个<u>春秋</u>，他的变化是<u>肉体的增值与精力的匮乏</u>。
_____

3 翻译下列句子，注意根据上下文恰当增译。

(1) 请把这张表填一下，填完给我。

(2) 送君千里，终须一别。

(3) 天气寒冷，河水都结冰了。

4 翻译下列句子，注意根据上下文恰当减译。

(1) 人们利用科学去了解自然、改造自然。

(2) 这些新型汽车速度快，效率高，行动灵活。

(3) 她的朋友们听到她家中的困难情况后，都主动伸出援助之手。

5 翻译下列句子，注意根据上下文恰当转换词类。

(1) 要想被录用，首先要考虑你是否合格。

(2) 这套茶具跟我的茶几很配。

(3) 官方从未公开儿童死亡人数，但是有人推测，在总共 5 000 名遇难者中，孩童占了 400。

(4) 他相信，她说的一切都是真实可靠的。

(5) 中国作为后发现代化国家，极其需要借鉴国际经验。

参考译文

1 翻译下列句子，注意恰当译出"运动"的含义。

(1) **Exercise** is good for health.

(2) Football is my favorite **sport**.

(3) The May Fourth **Movement** is commemorated in our country every year.

(4) They started a **campaign** against smoking.

(5) This belongs to **motor** nerve disease.

2 翻译下列句子，注意恰当译出画线词的含义。

(1) We should not only write more, but **find time to** read some history books and novels as well.

(2) The aim of the meeting is to implement **the guiding principles** of the 19th CPC National Congress.

(3) Facing this unknown, unexpected, and devastating disease, China launched **a resolute battle** to prevent and control its spread.

(4) Asia is the home of all of us. Peace, stability and development in Asia are crucial to **the well-being** of the people in our region.

(5) With twenty **years** passed, he had **put on weight** and **run out of energy**.

3 翻译下列句子，注意根据上下文恰当增译。

(1) Please fill in this form and give it back to me when you have finished.

(2) Although you may escort a guest a thousand miles, the parting will finally come.

(3) It was so cold that the river froze.

4 翻译下列句子，注意根据上下文恰当减译。

(1) People use science to understand and change nature.

(2) These new cars are fast, efficient and handy.

(3) After her friends heard about her family difficulties, they offered her a helping hand.

5 翻译下列句子，注意根据上下文恰当转换词类。

(1) Your primary consideration is your qualification if you want to be recruited.

(2) This set of tea cups suits my tea table well.

(3) The number of children who perished has never been released officially, but some estimates put it at around 400 — out of a death toll of 5,000.

(4) He was convinced of the reliability of what she said.

(5) As a new comer striving for modernization, China is badly in need of drawing experience from international practice.

第二章　分合句与选主谓

练习题

1　翻译下列句子，注意恰当断句。

(1) 我听说你们准备向国外借一百亿美元，有没有对象？

(2) 杭州还曾在中美建交过程中扮演重要角色，2015年1月，中国提出发展"旅游外交"。

(3) 深圳的建设速度相当快，盖房子几天就是一层，一幢大楼没有多少天就盖起来了。

(4) 中方愿与各方一道，加强团结，拓展合作，促进共同发展，实现繁荣稳定，书写东亚合作新的篇章。

(5) 同时，我们清醒地认识到，中国仍然是世界上最大的发展中国家，中国在发展进程中遇到的矛盾和问题无论规模还是复杂性都世所罕见。

2 翻译下列句子，注意恰当合句。

(1) 改善社会风气要从教育入手。教育一定要联系实际。

(2) 对于你们的帮助，我们非常感激。当然还要靠我们自己的努力。

(3) 物价问题是历史遗留下来的。过去，物价都由国家规定。

3 翻译下列句子，注意恰当选择主谓和时态。

(1) 中国是一个大市场，所以许多国家都想同我们搞点合作，做点买卖。

(2) 中国的富强和发展不会对任何国家构成威胁。

(3) 轻纺工业产品的花色品种增多，质量继续有所提高。

(4) 中国的改革开放取得了重大成果。

(5) 香港回归祖国是彪炳中华民族史册的千秋功业，香港从此走上同祖国共同发展、永不分离的宽广道路。

参考译文

1 翻译下列句子，注意恰当断句。

(1) I have heard that you are ready to borrow $10 billion from other countries. Do you have

any source of loans in mind?

(2) The Hangzhou city also played a significant role in the establishment of China-US diplomatic relations. In January 2015, China proposed to develop the "tourism diplomacy".

(3) The pace of construction in Shenzhen is rapid. It doesn't take long to erect a tall building and the workers can complete a storey in a couple of days.

(4) China is ready to work with all parties to enhance unity, broaden cooperation, promote common development and achieve prosperity and stability. Together, let us write a new chapter of East Asian cooperation.

(5) We are keenly aware, however, that China remains the world's largest developing country. The difficulties and problems that we face in development are rarely seen in any other part of the world in terms of their scale and complexity.

2 翻译下列句子，注意恰当合句。

(1) The improvement of general social conduct must be accomplished through education, and education must conform to realities.

(2) We are very grateful for your help, but of course we have to depend on our own hard work.

(3) The problem of prices has remained unsolved for many years, during which the state set all the prices.

3 翻译下列句子，注意恰当选择主谓和时态。

(1) China provides a huge market, so many countries wish to develop cooperation or do business with us.

(2) A strong, prosperous and developed China will pose no threat to any countries.

(3) Light industry and textile products are now available in better designs and quality and richer variety.

(4) China has made great achievements in its economic reform and opening-up to the outside world.

(5) Hong Kong's return to the motherland has gone down as a monumental achievement in the history of the Chinese nation. Hong Kong has since then embarked on a journey of unity and common development with the motherland.

第三章　确定修饰成分

练习题

1 翻译下列句子，注意恰当译出原文的定语。

(1) 小路穿过一条已经废弃多年不用的铁轨。

(2) 这是一个历史悠久，闻名遐迩的闽南古刹。

(3) 污染是我们必须处理的迫切问题之一。

(4) 他们俩结婚已经十年了，最近决定领养一个孩子。

(5) 这个项目还没有引起多少人注意，尽管它很有发展潜力。

2 翻译下列句子，注意恰当译出原文的状语。

(1) 她激动得心脏怦怦乱跳。

(2) 为了看日出，我常常早起。

(3) 昨天晚上，在她回家的路上，一个男人在她身后快步紧随了一路。

(4) 在艰辛的抗疫历程中，党中央始终坚持人民至上、生命至上。

(5) 因此，我们强调坚持进行结构性改革，着力解决经济中的深层次和中长期问题，让中国经济走得更好更稳更远。

3 翻译下列句子，注意恰当处理原文的修饰性成分。

(1) 目前这场危机再次十分严肃地向我们提出了人类生产生活活动应该如何开展这个重大命题。

(2) 面对形势发展带来的新机遇新挑战，各国实现共同安全、共同发展的使命更加紧迫、责任更加重大。

(3) 中国在减少贫困方面取得了显著进步，并在促进经济增长方面做出了不懈努力，这将鼓励其他贫困国家应对自身发展中的挑战。

(4) 下雪原是我所不憎厌的，下雪的日子，室内分外明亮，晚上差不多不用燃灯。

(5) 众所周知，在汉朝时期，大部分蚕丝都是沿着陆地上的丝绸之路来运输的，这些丝绸主要产于中国南部和东部的沿海地区。

参考译文

1 翻译下列句子，注意恰当译出原文的定语。

(1) The path crossed a railway which had been out of use for years.

(2) This is a famous ancient temple in the south of Fujian which enjoys a long history.

(3) Pollution is one of the pressing problems we must deal with.

(4) The couple, who have been married for 10 years, decided to adopt a baby.

(5) This program, which has much potential for development, has not yet arrested substantial attention.

2 翻译下列句子，注意恰当译出原文的状语。

(1) Her heart was pounding with excitement.

(2) I would often get up early to watch sunrise.

(3) A man was walking quickly behind her on her way home last night.

(4) Throughout this fierce battle against Covid-19, the CPC Central Committee put protecting the people and human life above everything else.

(5) That is why we underscore the need for structural reform to tackle the deep-seated and medium to long-term problems in the economy, in order to secure more efficient, solid and sustained growth.

3 翻译下列句子，注意恰当处理原文的修饰性成分。

(1) The current crisis has once again raised the serious and fundamental issue of how mankind should live and conduct activities affecting production and livelihood.

(2) Confronted with the new opportunities and challenges that come from the changing circumstances, countries face a more pressing task and greater responsibilities to achieve common security and development.

(3) China has made remarkable progress in poverty alleviation, and it has made unremitting efforts in promoting economic growth. This will encourage other poor countries to cope with their own development challenges.

(4) I had no aversion to snowfall because it brightened up my room, so much so that I could almost do without lamplight at night.

(5) As is widely known, during the Han Dynasty, the majority of silk, which was mainly produced in the southern and eastern coastal areas of China, was transported along the land Silk Road.

第四章 并列与主从

练习题

1 用并列结构翻译下列句子。

(1) 当前，一些发展中国家正在步入工业化阶段，能源消费增加是经济社会发展的客观必然。

(2) 中国是当今世界上最大的发展中国家，发展经济，摆脱贫困，是中国政府和中国人民在相当长一段时间内的主要任务。

(3) 中方愿同各方一道，促进地区经济复苏，打造世界经济的强大增长极，共同维护地区和世界的和平与稳定。

(4) 能源供应持续增长，为经济社会发展提供了重要的支撑。能源消费的快速增长，为世界能源市场创造了广阔的发展空间。

(5) 多年来，（中国）始终坚持向经济困难的其他发展中国家提供力所能及的援助，承担相应国际义务。

2 用主从结构翻译下列句子。

(1) 中国作为国际社会重要一员，高举和平、发展、合作、共赢的旗帜。

(2) 我的一家住在三楼一大间，按今日标准，至少可分成三间，真是大而无当。

(3) 果然，过了一会儿，在那个地方出现了太阳的小半边脸，红是真红，却没有亮光。

(4) 过去100多年里，发达国家先后完成了工业化，消耗了地球上大量的自然资源，特别是能源资源。

(5) 中国对外援助坚持平等互利，注重实效，与时俱进，不附带任何政治条件，形成了具有自身特色的模式。

参考译文

1 用并列结构翻译下列句子。

(1) Today, some developing countries are ushering in their own era of industrialization, and an increase of energy consumption is inevitable for their economic and social development.

(2) China is the largest developing country in the world, and developing its economy and eliminating poverty will, for a long time to come, remain the main tasks for the Chinese government and the Chinese people.

(3) China is ready to work with all parties to promote regional economic recovery, foster a strong pillar of growth for the world economy and jointly maintain peace and stability in the region and the world at large.

(4) The sustained growth of energy supply has provided an important support for the country's economic growth and social progress, while the rapid expansion of energy consumption has created a vast scope for the global energy market.

(5) Over the years, China has been providing aid to the best of its ability to other developing countries with economic difficulties and fulfilling its due international obligations.

2 用主从结构翻译下列句子。

(1) As a key member of the international community, China raises high the banner of peace, development, cooperation and mutual benefits.

(2) My family and I lived in a room on the third floor, which was really big but impractical because, according to today's standard, it could have been divided into at least three rooms.

(3) As expected, the sun soon appeared revealing half of its face, which was very red but not bright.

(4) Over more than 100 years in the past, developed countries have completed their industrialization, consuming an enormous quantity of natural resources, especially energy resources, in the process.

(5) Adhering to equality and mutual benefit, stressing substantial results, and keeping pace with the times without imposing any political conditions on recipient countries, China's foreign aid has emerged as a model with its own characteristics.

第五章 成语与修辞

练习题

1 翻译下列句子，恰当处理原文的四字结构。

(1) 刹那间，心中的春天已是万木竞秀，繁花缤纷。

(2) 花茶时时飘香，黄茶色泽耀眼，白茶药效显著，黑茶醇厚回甘。

(3) 所以这李纨虽青春丧偶，且居于膏粱锦绣之中。

(4) 偶尔有人来，不论男女老少，认识不认识，天南地北，天上地下，天文地理，谈天说地，百无禁忌。

(5) 那些弱小但又顽强不屈的草儿，以其锲而不舍的执着，昭示出一种原始的壮美，使我真切地感悟到人生的真谛和生命的意义！

2 翻译下列句子，恰当处理原文的修辞。

(1) 这些成果是人类思维的花朵。

(2) 他把桌子捶得砰砰直响。

(3) 那里的风，差不多日日有的，呼呼作响，好像虎吼。

(4) 太阳他有脚啊，轻轻悄悄地挪移了，我也茫茫然跟着旋转。

(5) 我所知道的那点只是"我的北平"，而我的北平大概等于牛的一毛。

参考译文

1 翻译下列句子，恰当处理原文的四字结构。

(1) Suddenly spring inside me blossomed into luxuriance.

(2) Scented tea smells good, yellow tea has bright color, white tea can serve as herbal medicine and dark tea tastes mellow.

(3) This young widow, Li Wan, was living in the lap of luxury.

(4) Occasionally I had some visitors, male or female, old or young, acquainted or unacquainted. We could chat about everything in the north or in the south, in the space or at the core, related to astronomy or geography, in the Heaven or in the Hell and there were no

taboos for us at all.

(5) The persevering inflexibility of that, weak, yet indomitable grass, showed a primitive magnificence and beauty which helped me vividly realize the real essence and true meaning of life.

2 翻译下列句子，恰当处理原文的修辞。

(1) These achievements are the flowers of the human brainwork.

(2) He thumped the table really hard.

(3) The wind there blew almost every day, howling like a tiger's roaring.

(4) The sun has feet, and look, he is treading on, lightly and furtively; and I am caught, blankly, in his revolution.

(5) In contrast with Peiping in its entirety, what little I know about it is probably a mere drop in the ocean.

第六章 长难句的处理

练习题

1 翻译下列句子，注意长句逻辑的处理。

(1) 亚洲和平、稳定、发展的整体氛围，促进了亚洲区域合作进程的快速发展，一个平等、多元、开放、互利的地区合作新局面正在逐步形成。

(2) 在国际地区形势加速演变背景下，传统和非传统安全威胁交织上升，气候变化等全球性挑战更加突出。

(3) 我们将继续从本国国情出发，坚持中国特色社会主义道路，坚持改革开放，推动科学发展，促进社会和谐，全面推进经济建设、政治建设、文化建设、社会建设以及生态文明建设，全力做到发展为了人民、发展依靠人民、发展成果由人民共享。

(4) 地区差别和不平衡发展是中国的一大问题，中西部地区地域辽阔、资源丰富、潜力巨大，是中国重要的战略发展空间、回旋余地和新的经济增长点。

(5) 有几次偕孩子们路过其地，孩子们如今都到了中年，每次我总要指点方位，告诉他们，那几乎不复可辨的三层楼上，过去是我们一家住过的地方。

参考译文

1 翻译下列句子，注意长句逻辑的处理。

(1) The overall peace, stability and development in Asia have led to fast progress in the regional cooperation process. A new type of regional cooperation based on equality, diversity, openness and mutual benefit is taking shape.

(2) As international and regional situations evolve at a faster pace, traditional and non-traditional security threats are increasingly intertwined and global challenges such as climate change have become more pressing.

(3) We will, in the light of our national conditions, continue to follow the path of socialism with Chinese characteristics, persist in reform and opening-up, promote scientific development and social harmony, and achieve all-round progress in the economic, political, cultural, social and environmental fields. We will ensure that our development is for the people and by the people and the fruits of development are shared among the people.

(4) One of the major problems China faces today is regional gap and imbalanced development. Blessed with a vast territory, abundant resources and huge potential for development, China's central and western regions provide important strategic space for development, convenient leeway as well as new points of economic growth.

(5) Whenever I passed by the former residence with my children, who have now reached middle age, I never failed to show them the location of our old home and tell them that the third floor of the building which had changed beyond recognition had once been our home.

第七章 古文的翻译

练习题

1 请翻译下列古文。

(1) 林尽水源，便得一山，山有小口，仿佛若有光。

(2) 自云先世避秦时乱，率妻子邑人来此绝境，不复出焉，遂与外人间隔。

(3) 古之学者必有师。师者，所以传道受业解惑也。

(4) 是故弟子不必不如师，师不必贤于弟子，闻道有先后，术业有专攻，如是而已。

(5) 杭有卖果者，善藏柑，涉寒暑不溃。出之烨然，玉质而金色。置于市，贾十倍，人争而鬻之。

参考译文

1 请翻译下列古文。

(1) At the end of the wood was the fountainhead of the stream. The fisherman beheld a hill, with a small opening from which issued a glimmer of light.

(2) They told him that their ancestors had come to this isolated haven, bringing their families and the village people, to escape the turmoil during the Qin Dynasty and that from then onwards, they had been cut off from the outside world.

(3) In ancient times, those who wanted to learn would seek out a teacher, one who could propagate the doctrine, impart professional knowledge, and resolve doubts.

(4) A student is not necessarily inferior to his teacher, nor does a teacher necessarily be more virtuous and talented than his student. The real fact is that one might have learned the doctrine earlier than others, or might be a master in his own special field.

(5) There was a fruit vendor in Hangzhou who knew quite well how to preserve oranges. The oranges in his storeroom did not rot even after a year of storage, and looked fresh and shining when taken out to the market. They were jade-like, as bright as gold. People would rush to buy them even the price was ten times what the usual one was.